決定版 コイ釣り入門

山本和由

川のコイ釣り

川の中・下流部では放流されたコイが育ち、近年はどこでも大型のコイが釣れる。写真は東京都を流れる江戸川のコイ釣り

手軽に楽しめる川の釣り

川のコイは釣りやすい。コイ釣りを始めるなら、魚影の多い中・下流部がおすすめである。平野部を流れる川の下流部は水温が高く、エサも豊富なため、真冬でもコイ釣りを楽しめるのが魅力だ。

川のコイはカーブを釣れといわれる。春から秋はカーブの内側で、カーブの頂点から下流にかけてをねらう。冬場は逆にカーブの外の頂点から下流にかけてを釣るのが基本だ。

身近にコイ釣りが楽しめるのが川釣りの魅力。川のポイントは意外に岸近くにあるから、むやみな遠投は不要だ

水が栄養豊富な下流部にはでっぷり太ったコイが多い。水温が高いため、真冬でもコイ釣りが楽しめるのも魅力だ

水底をはうように抵抗する平野湖のコイ。
その魅力は、スピードより重量感といえよう

福井県三方湖のメーターオーバー。気候が温暖な平野部のコイは成長が早いため、大ものが期待できる。日本記録の夢を追うなら平野湖だ

大ものを釣るなら平野湖

コイ釣りでは平野部の湖を平野湖と呼んでいる。その魅力はなんといっても釣れるコイのサイズだ。1mを超える大ゴイをねらうなら、広大で栄養分豊富な水を蓄えた平野部の湖沼がよい。

秋田県の八郎潟、茨城県の北浦、霞ヶ浦、滋賀県の琵琶湖、福井県の三方湖などは、いずれも釣り人の夢を叶えてくれる巨ゴイ釣り場である。

平野の湖沼を釣る

好ポイントにずらりと並ぶサオ。ここ、茨城県の北浦は巨ゴイ釣りブーム発祥の地である

山上湖を釣る

自然に抱かれて美ゴイを釣る

山上湖の釣りは、自然のなかで静かに自分だけの時を過ごすことができる。平野部に比べると大型のコイを釣ることは難しいものの、魚は美しく、力強い。

一方、ダム湖もコイ釣り場として見逃せない。地形的に釣り場が限られ、訪れる釣り人も少なくマニアックといえるが、それだけに巨大に育ったコイが生息している。天然の山上湖となると数は限られる。しかし、ダム湖は全国に数多い。今後、注目されてよい釣り場である。

写真は山梨県山中湖のコイ釣り。富士山を眺めながらサオをだす。この爽快感は山上湖ならではだ

魚のサイズは平野湖に一歩譲るが、山上湖は風景とコイの美しさが魅力。同じ黄金色でも、平野部のコイとはひと味違う

ダム湖の釣りは、激しい水位の変動との戦いでもある。基本はヘチねらい。迷ったら、流れ込みか最上流部をねらってみたい

コイエサのバリエーション

コイエサは難しいといわれてきた。コイは雑食性であるため、なんでもエサとなることが逆に釣りを難しくしていた。

日本で古くから使われてきたダンゴエサは、超大ものに強い反面、小魚の攻撃を受けやすい。使いこなすには経験が必要で、配合比率によって釣果に差が出る難しさがあった。

約 30 年前にイギリスで考えられたボイリーは、コイ釣りを簡単にしてくれた。季節によって変化する成分を考えたり、生ものを加工する手間がない。明日釣りに行こうと決めたら、ルアーの入ったタックルボックスを車に積み込むように、ボイリーを積み込めばよい。取り扱いが楽なボイリーは、コイ釣り入門におすすめのエサだ。

大粒の穀物類を配合したダンゴエサ。写真のようにダイズやサツマイモ、トウモロコシなどをクワセとしてハリ付けすることが多い

小魚に邪魔されることなく、大型だけをねらって釣れることから、関東のコイ釣りで大ブームとなったタニシ。海外のヘアリグが紹介される以前から、水郷ではヘアリグを使ってハリ付けをしていた

河川の汽水域で冬期になると絶大な威力を発揮するゴカイ。バチ抜けが始まると、ほかのエサには見向きもしなくなる川も多い

冬期にはゴカイ、サシ、アカムシなどの生きエサが効果的。写真は寒ゴイ釣りの人気エサであるアカムシ。木綿糸で束ねてハリに縛り付ける

種類が多く、カラフルなボイリー。手軽な反面、どう使いこなすかに釣り人の個性が表われる

イギリスで生まれたボイリーはヨーロッパでNo.1の人気エサ。魅力は手軽に使えて種類も豊富なことと、小魚の攻撃に強いこと。今後はさらに人気が高まるはずだ

ボイリーの釣りでは、PVAバッグという水溶性素材の袋に寄せエサを入れて投入する手法が一般的だ

ボイリーは小魚からエサを守るため硬く作られている。直接ハリには刺さず、ハリスの端線にエサをぶら下げるヘアリグという仕掛けを使う

海外のコイ釣り

　最も多くの国で楽しまれている釣りはコイ釣りだ、というと意外に思う人が多い。

　コイというと中国や日本のようなアジアの魚のイメージが強いが、ヨーロッパのコイ釣りの中心であるイギリスをはじめ、フランス、ドイツ、オーストリア、ルーマニア、スペイン、イタリア、ロシア、南アフリカ共和国、アメリカ合衆国など、世界中にファンがいる。国際大会には30カ国以上の国からエントリーがあり、日本からも毎年のように参加チームがある。

フランスやドイツ、アメリカなどでは国際規模の大会が毎年開催されている。コイ釣りが世界で広く愛されている証である

2004年、レデュータ湖で行なわれたワールド・カープ・カップの入賞チーム

2005年、アメリカ合衆国で開催されたワールド・カープ・チャンピオンシップで優勝したイギリスチーム

2009年、フランスのマディーヌ湖で開催されたワールド・カープ・クラシックに初参加した日本チームは16位となった。過去に初参加のチームはすべてノーフィッシュという大会で一躍注目された

淡水の王者と出会うために

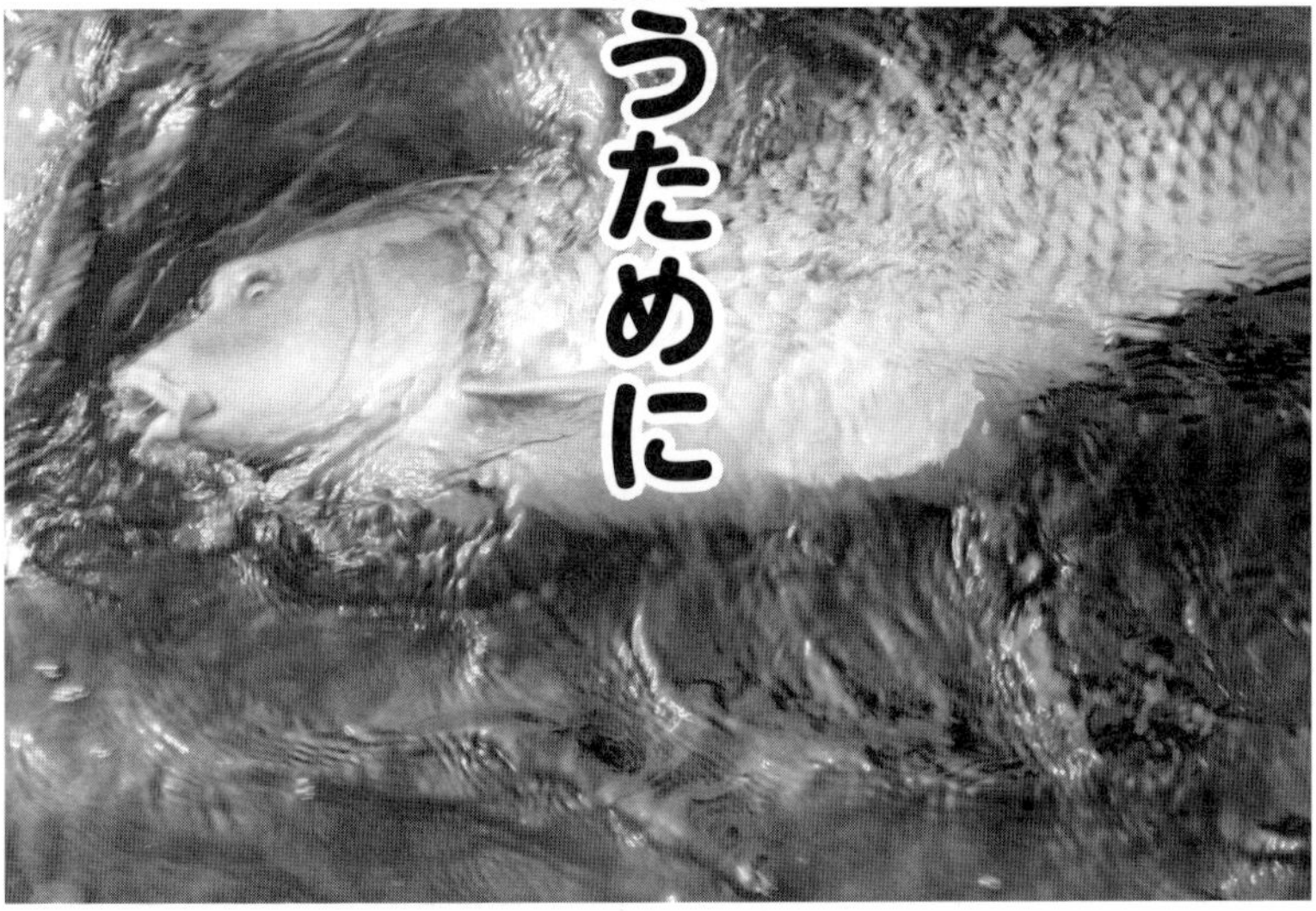

時として気むずかしく、
冷静、沈着、そして豪快、
それがコイである。
そんな淡水の王者との出会いを求めて。
そして、コイ釣りを語り合うために。

コイ釣りにロマンを求めて

Carp Fishing is My Life

２００４年９月、ルーマニアの首都ブカレストへ向かっていた。目的はレデュータ湖で行なわれるワールド・カープ・カップの取材だった。

ウイーンからの機内、誰の目にも分かるコイのイラストがプリントされたＴシャツの集団がいた。ロシアからのチームだった。国際大会に来たんだ。そう実感したあの瞬間を不思議と覚えている。

翌２００５年はアメリカへ飛んだ。今度はセントローレンスリバーで開催された世界選手権の取材であった。恐ろしく広い川の向こうはカナダだ。

この大会はトラブル続きでハードだったが楽しかった。ただコイ釣りが好きで、いつの間にか釣り関係の出版物に携わるようになった自分が、こうしてハンドルを握って世界のチームの釣り場を回っている。それが不思議だった。

そして、釣り場を巡ると出会う大会ボランティアの人々の姿が印象的だった。彼（彼女もいた）らときたら、楽しそうに、各国チームとその魚との記念写真に収まり、それを自慢げに見せるのだ。町ぐるみで大会を楽しみ、盛り上げているその姿が感動的だった。

いまコイ釣りは世界中で広く楽しまれている。これほど多くの人々を惹きつけるコイという魚の魅力は何だろう。長年コイ釣りを続けてきて、多くの釣り人と出会い、この釣りを語り合ってきたが、つくづく大した魅力があるのだと感じる。

ひと筋縄ではいかない気むずかしさに惚れたという人がいるかと思えば、その姿に惹かれた人もいる。なんといってもその引きの強さだという人もいた。

釣りとしての面白さもさることながら、この魚の持つ魔力にノックアウトされた人が、この釣りにはまり込んでいるのだ。

私の場合も、スタートはコイという魚への憧れであった。

祖母がよく語ってくれたのをいまでも思い出す。

「コイという魚は強い魚でのう。尾のひとかきで三間も進む。狭い池じゃ鼻っ柱ぶつけて死におるからかわいそうじゃ」

「男ならコイを釣れ、ばあちゃんはそう言ってるんだ」。そんな気がした。

日本各地で取材を重ねると、誰もコイに対しての思い入れが並大抵ではないことに感心する。

「自分だけではないんだな、みんなコイに憧れてるんだ」

なけなしの小遣いを貯めて、初めて手に入れたリール竿とリール。あれからもう40年になるが、いまだに難しい釣りだと思う。

確かに難しい釣りには違いないが、それだけではない。難しい釣りもあれば楽しいコイ釣りだってある。

日本のコイ釣りも海外との交流が盛んになり、楽しみがふくらんでいる。

イギリス生まれのボイリーというエサを使った釣りが紹介され、日本の釣りとはまたカラーの違うヨーロッパテイストあふれるスポーティさにファンも増えている。本書ではそのボイリーフィッシングも解説をしたのでチャレンジしてみることをおすすめする。

皆さんの住まいの近くには必ず、コイ釣りを楽しめるフィールドがあるに違いない。これから始める人には、まずそんな釣り場で気軽にこの釣りを体験してほしい。ぜひコイという魚に触れてみていただきたい。

また、コイ釣りにはロマンを求める釣りもある。釣るのはちょっと難しいが、自分の腕ではとても持ち上げられない、全身で抱かなければならない大魚の夢も見られるのだ。

簡単に楽しめる釣りから巨ゴイロマンを求める釣りまで幅広いバリエーションを持つコイ釣りだからこそ、きっと自分流の楽しみを見つけられると思う。この釣りに親しむ人が増えれば、さらに楽しい世界を作り上げられると思う。それを多くの人に体験してもらえたら。

そんな思いで、コイという魚の知識、基本的な釣り方などを記してみた。コイ釣りの象徴であるエサに関しても、あまり難しいマニアックな部分までは紹介していない。楽しみ方、考え方、そのヒント程度で抑えてみたので、あとは皆さん自身がその奥深さを感じていただけたらと思う。

ぜひ、淡水の王者といわれるコイとのスリリングな出会いを存分に楽しんでいただきたい。

目次

第5章 知っておきたい常識と基本 86

第6章 実釣テクニック 102

第1章コイを知る

コイは不可解な魚だという。
キャリアを積むほどに、それを実感する釣り人が多いようだ。
身近でありながら意外に知られていないのがコイだ。
日ごろ、私たちが目にしているコイはどんな魚なのか。
釣りの対象となっているコイには、どのような種類があるのか。そしてその生態は。
コイを釣るには、まずコイとは何かを知らねばならない。

ニシキゴイは江戸時代から観賞魚として全国各地で飼育されているが、その5割近くがニシキゴイ発祥の地、新潟県に集中する。世界中でブームとなり、いまや海外向け出荷が国内需要を上回っている。写真は、新潟県山古志のニシキゴイ

【コイと日本人とのかかわり】

日本人にとってタイと並んでなじみが深い魚であるコイは、古くから食用、観賞用、そして釣りの対象として親しまれてきた。

2008年9月、弥生時代の集落遺跡として知られる、愛知県の朝日遺跡で、コイの歯の化石が多数出土した。化石は幼いコイのもので、弥生人がコイを飼って食べていたと考えられ、これはコイの養殖を示す国内最古の事例だという。

コイは食糧としても貴重なタンパク源であったが、縄文時代の貝塚からコイの骨が発見されていて、この時代すでにコイは食料品となっていたことがわかる。

書物に残っているものでは、2000年近く前の話で、崇神天皇とその子である垂仁天皇の時代にコイを飼った記録がある。日本書紀には、垂仁天皇に続く景行天皇が、美濃の国（岐阜県）の泳宮（くくりのみや）に池を造って、鑑賞のためのコイを飼ったと書かれている。

このように、コイは昔から食料、観賞用として日本人の生活に密着した魚だった。前記したように飼育の歴史も長く、動物性タンパク源に乏しい内陸部では、盛んに養殖が行なわれた。

その代表的なものに、長野県の松代地方の養鯉がある。

コイが食用、販売用として注目された文化文政時代には、南佐久の臼田丹右衛門が大阪から「淀ゴイ」を移入したことにより、養鯉事業の基盤がつくられたとされている。佐久、松代などで、続々と淀ゴイが取り入れられ、信濃の養鯉は全国に知れ渡る。

この地方の養殖ゴイを代表する種には、色が青く体高の高いずんぐりしたアサギゴイがあるが、その後、飼育品種は「ヤマトゴイ」と呼ばれる系統が中心となって現在に至る。

ちなみに、2003年のコイヘルペスで養鯉事業が打撃を受ける前の養殖生産量は、茨城県が群を抜き5000トン以上だった。2位の福島県の約1200トン、以下、群馬県、宮崎県と続くが、茨城県は他県を大きく引き離していた。

観賞用として有名なニシキゴイも江戸時代から飼育が活発に行なわれ、現在では全国で養殖されているが、その半分近くは新潟県に集中している。

【海外の養殖】

コイは世界的にも最も古い養殖対象魚で、この魚と深い関わりを持ってきたのは日本人ばかりではない。中国では、春秋時代の末期（紀元前470年頃）に、陶朱公（とうしゅこう）による世界最古の養魚書である「養魚経」の中で、すでにコイの養魚法が書かれている。

一方、現在コイ釣りの盛んなヨーロッパでも、古くからコイの養殖、移植が行なわれてきた。ヨーロッパのコイ釣りの中心はイギリスだ。そのイギリスへは中世の頃、ローマの修道僧によって食用としてコイが持ち込まれた。キリスト教の僧院がこぞってコイの養殖を始めたのは、肉なしデーの尼僧のためだとされる。

ユーラシア大陸のコイのルーツはカスピ海沿岸とも、中央アジアともいわれている。いずれにしても、ユーラシア大陸で発生したコイは、日本でいう野ゴイ、当地でワイルドカープといわれるコイの原型である。その野ゴイから品種改良されたコモンカープは、長い養殖の歴史のなかで、生産性の高い、早く大きく成長する品種を求めて次々と品種改良が行なわれ、カガミゴイ、カワゴイなどの品種が作られた。これらはヨーロッパ各地に放流され、釣りの対象となっている。

コイ釣りの盛んなヨーロッパではあるが、釣りの対象となるのは、コモンカープ（マゴイ）、ミラーカープ（カガミゴイ）、レザーカープ（カワゴイ）、リニアカープ（直鱗ゴイ）であり、すべて養殖魚で、野ゴイは釣り対象とはなっていないのが現状だ。

ヨーロッパでは、学術的に野生のコイは非常に数が少なく、釣ることが難しいとされる。しかも、成長は著しく遅く、成長しても、まず70㎝を超えることはないとされている。

養殖業者は、成長の早い、体に脂肪をたっぷり付けた太ったコイを作り出す必要があったわけだ。

ヨーロッパの有名な釣り場のなかには、個人、ホテル、観光業者などによる管理釣り場が数多くあり、これら養殖のコイを放流し、大量のエサを与え、下腹の出たメタボなコイに成長させる。海外では釣果は重さで記録されるから、太ったヘビー級のコイは人気を呼び、次から次へと国内外から釣り人が訪れるのだ。

ヨーロッパでコモンカープといわれるマゴイ。完全なヨーロッパの養殖型で、口が尖り、頭の後ろから背中が急激に盛り上がる。お腹が出て、尾ビレの付け根がくびれている

ヨーロッパのカガミゴイ。日本には1904（明治37）年に移入された。コモンカープからさらに品種改良され作られたコイ。頭が大きく、やはり背中が盛り上がる。コイの中で最も重くなる体質を持っている

【交雑種の誕生】

日本の養鯉は、淀ゴイ、アサギゴイ、ヤマトゴイという流れで移り変わるが、初めは日本古来の野生のコイから品種改良されたものと思われる。養殖の効率を考えれば、丈夫でよく食べ、早く成長してくれる魚が望ましい。そこで目を付けたのがヨーロッパのコイであった。

ヨーロッパで特にコイの品種改良が盛んだったのは、ドイツとオーストリアである。

１７８２年、オーストリアでウロコのないコイが誕生し、その後幾度かの改良が加えられ、やがて我が国へやってくる。

１９０４年（明治37年）にドイツのミュンヘンから、40尾のカワゴイが日本に届けられた。このときの雌雄の数は明らかでないが、到着後間もなく、オスゴイはすべて死んでしまったという。そこで、残ったメスのカワゴイと日本在来のコイとの交雑によって、ウロコが大きくて少ないコイを残すことに成功した。これが、一般的にドイツゴイと呼ばれているコイである。

移入したのがドイツだから、ドイツゴイと呼ばれたのであって、ドイツゴイという種がいるわけではないのだ。

この交雑種（ドイツゴイ）の子孫が日本各地へ移植され、さらに交雑を重ねられたのが、現在の養殖種である。もともとがヨーロッパで「淡水のブタ」と呼ばれたコイだから、低水温に強く、脂肪分の多いエサをよく食べ、体には肉と脂肪をたっぷり付ける。しかも成長が早い。まさに養殖には願ったりかなったりの魚であった。

しかし、日本ではウロコのないコイは食用として「受け」が悪いため、このドイツゴイと和製のコイとの交雑種は、一般的なウロコのあるコイを中心に養殖された。

親ゴイはマゴイであっても、子供の中にウロコのないコイが混じって生まれてくるのはこのためである。

現在の養殖ゴイは、こうした交雑のくり返しで、さまざまな遺伝子が混じり合った状態で存在する。しかも、これらの一部が河川や湖に放流され、自然界の中で繁殖している。

私たちが釣り場で目にするコイは、この交雑種がほとんどである。

【2種類のコイ】

なぜ本の冒頭で、コイの養殖の歴史を長々と書いたかというと、それには理由がある。日本の淡水域には大きく分けて2種類のコイが生息していることを、まず知っていただきたいからだ。

釣り人は、このふたつのコイを呼び分けている。ひとつは野ゴイまたは野生ゴイ、天然種と呼び、もう一方は養殖ゴイ、ヤマトゴイ、放流もの、などと呼ぶ。

野ゴイという名は、野生のコイと放流のコイを区別するために、釣り人が分けているだけで、魚類学上の正式な呼び名でない。しかし釣り人は「自然の河川や湖沼で釣れた」養殖種を野ゴイとは呼ばない。釣り人が野ゴイと呼ぶのは、日本古来の野生種のみである。

コイ釣りをしていると必ず、釣り場で「野ゴイ」という言葉を聞いたり、雑誌で読んだりするはずだから、コイ釣りをするうえで、この両者の違いだけは知っておきたい。

かつて、日本のコイは中央アジア原産で、人の手によって移入された外来種とした説があった。図鑑にもそう書かれていたし、あるゲームフィッシングの団体がコイを外来魚と断定し、コイ釣りファンとの間で物議をかもしたこともある。実際、コイ釣りファンも、野ゴイと養殖ゴイと呼び分けていても、両者の間で明確な線引きができなかった。

しかし、縄文時代の遺跡からコイの化石が見つかり、50万年も前の古琵琶湖の地層からも化石が発見され、日本の魚類学者の間では、日本には古来のコイが生存しているという説が有力であった。そして、それが証明されたのが2004年のことであった。DNA塩基の解析により、初めて科学的に日本古来のコイの存在が確認されたのだ。

コイは移植によりアメリカ、アフリカの各大陸とオセアニアにも分布するが、世界中のすべてのコイと、日本の養殖ゴイのDNAは必ずユーラシア大陸のグループに属する。しかし、琵琶湖のコイから採取されたDNAは、そのいずれにも属さない、日本だけでしか見られない遺伝子だったのだ。

いまでも日本には古来のコイが生息していると考えられるが、その数は少なく、警戒心も強く、網漁にしても釣りにしても捕獲が難しい。コイ釣りはその昔「一日一寸」といわれた。たかが30㎝のコイ1尾を釣るのに10日も釣り場に通わねばならないほど難しい釣りという意味だ。

そんなコイも、養殖ゴイの放流事業により、1960年代半ばから各地でその数を増やし、釣りやすい魚となった。しかし、これを手放しで喜んでよいかというと微妙である。養殖ゴイが増えて釣りやすくなった反面、天然種は放流魚との交雑や環境の変化によって数が減り、現在ではその姿を見ることが難しくなってしまったからだ。

コイのDNA分類イメージ図

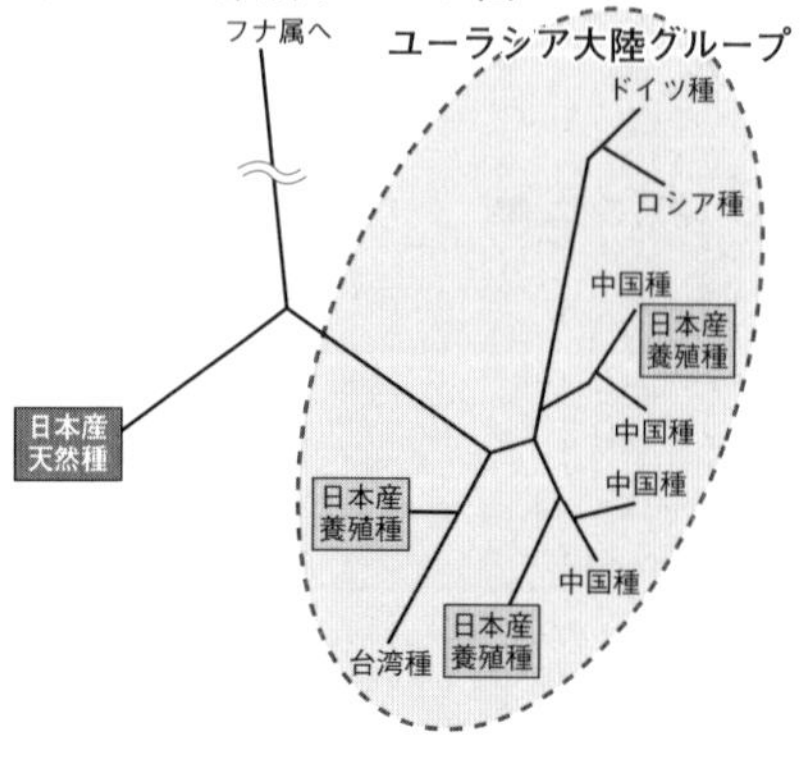

野ゴイ
なかなか見られなくなった野生型のコイ。頭から口にかけてのラインが丸くカーブを描いている。口先が前に突き出ずに下に向いている。腹は出っ張らず、頭の後ろで背中が盛り上がっていない。丸太のような形のまま尾ビレにつながる感じで、尾ビレの付け根がくびれていない。イメージとしては、渓流のイワナにヒゲを付け、背ビレを長くしたような体型だ。体色は、体側中央部から背部にかけて黄金色で、各ヒレの周縁が紅色。警戒心が強く、冷静沈着。水底の小動物が主食で、人工エサには警戒する

養殖種
ヤマトゴイもしくはヤマトゴイと野ゴイの交雑種と思われる。正確には DNA 判定をしなければ判別できない。写真は一番よく見られるタイプのコイで、野ゴイに比べて体高が高く、口が前に尖っている。野ゴイと比べると頭が三角形なのが分かる。頭の後ろから背中が盛り上がる。尾ビレの付け根がくびれている。成長は野ゴイよりはるかに早い。体色は体側中央部から背部にかけて暗褐色で、体側から腹部が銀白色。各ヒレの周縁は淡橙色。人なつこくおとなしい性格で、人工エサによく反応する

養殖種
ヨーロッパのコイの体型を色濃く残したヤマトゴイ。ヤマトゴイは全国の河川、ダム、湖に放流されている。体高が高く、背中が盛り上がり、お腹が出ている。体重は重く、同じ全長ならば、野ゴイの 1.3 ～ 1.4 倍となる

【コイの生態を知る】

コイは世界中に分布するが、自然分布はユーラシア大陸に限られる。フナ属より暖かい水を好み、底生適応が進んでいる。フナより底べったりということだ。

古くから養殖が盛んで、人の手によって移動がくり返されてきたため、国内の自然分布は不明とされる。

成長は早く、養殖されて放流されるコイは2年で40㎝、成魚になる。養殖のコイのなかには、10年ほどで1ｍを超えるものもいる。野生のコイは成長が遅く、80㎝以上になるものは希少だ。

コイは長寿なことでも知られ、平均で20年、長寿なものでは60～70年は生きるとされる。かつては図鑑などに「体長60㎝、まれに1ｍに育つ」という記載がよく見られたが、成長の早い放流魚が増えた現在では、80㎝という大きさは当たり前で、1ｍ以上のコイは全く珍しくなくなった。

釣りの対象となるのは、おおむね40㎝以上の2歳魚からである。日本では、コイの大きさを記録する際に、長さが用いられている。これまで釣られたなかでは、写真が現存し確認されたもので、滋賀県琵琶湖の119㎝が最大とされている。

海外では重量で記録されるため、逆に長さの記録は不明瞭だ。1年で成長する長さは限りがあるが、体重はそれこそエサをたくさん食わせれば、すぐに増減があるため、最近は毎年のように同じ魚で記録が更新される。世界記録は、ミラーカープ（カガミゴイ）で約45㎏、コモンカープ（マゴイ）で約41㎏だ。

【コイは回遊魚】

コイは自分のテリトリーを回遊し、水底でエサをとる。通常、その動きはおっとりとしており、何を考えているのか分からないほど、ぼけーっと動かないこともある。雑食性でなんでも食べるが、味覚が発達しており、コイエサは難しいとされる。活動が活発なのは水温18～22℃のころで、回遊範囲が広く釣りやすい。

コイ釣りをするうえで押さえておきたいのは、コイは回遊魚に近いと考えたほうが釣りを組み立てやすいことだ。

ピンポイントにエサを投入したり、エサを上流から流れに乗せてポイントを通過させるとガツンと当たる。多くの釣りのイメージはそうだ。

しかし、回遊魚の場合は、回遊を待つか自分が船に乗って群れを追うかだ。堤防釣りのアジやイワシは、潮に乗って群れが来ると撒きエサで足止めして数釣りを堪能できるが、群れが去るとお祭り騒ぎも終わりだ。

川のコイ釣りでも、下流の釣り人のサオから当たり始め、次から次へと順に上流のサオが曲がる、ということがある。

コイは海の回遊魚ほど広い範囲ではないが、自分の行動エリアをゆったりと動いている。小型ほど群れは大きく、大型ほど数尾の小さな群れで動く。超大ものになると単独で動くことも多い。回遊範囲は、小型ほど岸に近く狭い。中型の60～70㎝が最も広い範囲を動き回り、大型になると岸から遠く、範囲は狭くなる。

海の回遊魚に比べれば、普段はゆったりとした動きの魚なので、エサをとる場所もあっという間に通過することはない。かといって、こちらものんきに構えていてよいかというとそうではない。コイは群れでゆったり動きながら、ゆったりとエサを食べ、ゆったりと行ってしまうことがある。

回遊魚は去ってしまうとアタリが消える。コイも同じで、その日のベストポイントであっても魚が去った後なら当たらない。そこで次の回遊まで待ちの時間ができる。活発に動き回る日なら次の群れが来るのも早いが、動きが悪くアタリが遠いと、投入点が違うのか、まだ回遊してきていないのか判断が難しい。その点で読む目と経験が必要になる。

ここまでの話はコイ釣りのイメージとして解説したことで、もちろん、すべての釣り場でいつもそっくり同じことが起こるわけではない。

季節、その日の状況によっても違う。エサや仕掛けの良し悪しも関係する。釣り場の規模による違いもある。釣り場が狭くて魚が多ければ、いつもコイがいる状態だから、回遊を待つこともない。

また、コイはエサが近くにあっても、食事モードにスイッチが入らないとなかなか食わないし、無視することもある。

回遊の広さを考えると、広大で水深がある釣り場ほど難しく、狭くて浅い釣り場ほど動きの範囲も狭いから釣りやすい。一般に小規模な川のコイが釣りやすいのはそのためだ。泳ぐ範囲が狭いから、群れがすぐ戻ってくるし、少々投入点を間違えてもアタリはある。

もうひとつ。昔からコイは決まったコースを回遊するから、その「コイの道」にエサを打てといわれた。これもまた、正しくもあり、間違いでもある。

川の場合は、流れが決まっており、季節と天候が同じならば、通り道は大きく変わらない。

しかし、湖の場合は前日にがんがん当たったポイントで全く音沙汰がないということは日常茶飯事だ。

もし、毎日必ず同じ道を通るなら、そんなことはない。季節、その日の条件で、コイの気分だって違うのである。

そもそも回遊範囲にしても、その日の条件で狭かったり広かったりがある。昨日回遊して来た場所まで今日は来ない、というのであれば、道があるかないか以前の問題である。

ポイントとは、そもそも「点」であり、その日エサを食べる点がポイントなのだ。どの釣りでもそうだが、その日のポイントを読む目が最も重要なのはいうまでもない。

【野ゴイは本当に釣りにくいか】

野ゴイは警戒心が強く、簡単にエサを食わないといわれる。これは、ベテランの経験やデータ、そしてかつての水産庁の実験データからも間違いない。

また、イギリスのコイ釣り入門書でも、野ゴイは数少なく、釣りにくい魚、と明記されているし、野ゴイだけをねらって釣るというこだわりはないようだ。

一方で、野ゴイかどうかの判断は難しい。よく、体型が細長いとか、体色が黄金色で粘膜が厚い、ウロコが違うなどといわれるが、体型、体色は環境によって左右される。流れの強い川のコイは尾ビレが大きく筋肉質になるし、透明度が高く水質のよい釣り場のコイは黄金色をしている。残念ながら野ゴイとはいっても、多くの場合ただのオスゴイであることが多い。天然種がヤマトゴイと同じエリアで同じエサに食いつくことのほうがおかしいだろう、くらいに考えるとよいのではないか。野ゴイは憧れとしておいて、本書では、いま目の前にいるコイを釣ることをまず考え、一般的なコイを対象とした釣りを解説していきたい。

【コイ釣りの四季】

桜前線がシーズンスタートの合図

春、水温の上昇と共にコイたちは動き始める。春の動きだしはフナよりも遅く、フナが乗っ込み始めるころにようやく、その行動範囲を広げ始める。コイの乗っ込みはフナよりおおむね1ヵ月遅れると考えてよい。その移動パターンも、大型と中・小型では異なる。

コイの場合は、50㎝前後までの小型は小場所へ乗っ込むが、大型は比較的広さのある産卵場を選ぶのが普通である。メーター級のコイが水深30㎝、幅1m足らずの水路に姿を見せるのは危険だからである。特に野ゴイは、もはや浅場に乗っ込むことは少なくなり、深場の藻で産卵することも多いといわれる。

コイが最も活発に動き回る水温は18〜22℃といわれる。春は、水温が14〜15℃になるとその行動範囲を徐々に広げ、産卵に備えて水温の上昇が早い砂地の浅場へ移動していく。

やがて小型のコイから産卵を始め、大型が産卵し終わるまで、1〜2ヵ月のずれがある。関東の温暖な平野部では、桜の花が散り、葉が伸び始めるころ、4月中旬に40〜50㎝の小型が産卵に入り、以後、中型、大型と順に産卵に入る。この期間は釣り場のタイプによって異なり、川では期間が短く、5月には産卵はほぼ終わっているが、霞ヶ浦のように広大な平野湖ではだらだらと行なわれ、年によっては7月までずれ込むこともある。したがって、数釣りには4月末〜5月中旬、大型ねらいには5月中旬〜6月初旬がベストとなる。

また、1個体が1度で産卵を終えるのではなく、3回くらいに分けて産卵するといわれ、個体による時期のずれと併せて、だらだらとした乗っ込みシーズンになる。

もちろん、地域や標高によって大きなずれがある。南国鹿児島県では4月には乗っ込み最盛期を迎え、ゴールデンウイークともなれば、もうハタキも終わって夏の釣期を迎えるが、標高1000mを超える山上湖や東北、北海道では、まだ巣離れもしていない場所のほうが多い。どの地方も春の釣期は桜の開花が知らせてくれると思えばよいだろう。

夏ゴイは朝夕

春の釣期は産卵終了までと考えてよい。産卵後は一度浅場から去り、エサの食いも悪くなるが、すべての個体がいっせいに産卵するわけではないので、全体に夏ゴイのパターンになるのは、梅雨が明け、気温がぐんぐん上昇するころである。

関東以西の平野部の夏は、高水温のため、朝と夕方〜夜にエサをとる。止水域では日中は水通しのよいやや深めの水草の影などでおとなしくしている。この季節は、そのエリアのなかでも深めの場所、水の流れがある場所がポイントとなる。

減水し、高水温で水質が悪くなるため、少しでも水の動く場所、湧き水のある所、流れ込みにコイは集まる。まとまった雨が降り、増水すると活動は活発になり、日中も食いがたつことがある。

山上湖では夏の訪れが遅く、7月いっぱいは盛期といえる。その後は浅場や上層の水温は高くなりすぎ、下層の水との間に変水層ができるため、浅場と深場の行き来はあまりしない。浅場にコイの姿は見えても日中はエサをあまりとらず、むしろ深場のコイのほうがエサをとる。

秋風とともに活動は活発に

お盆を過ぎ処暑のころになると、日中は残暑が厳しくても、朝夕はしのぎやすくなる。地上ではミンミンゼミやクマゼミの大合唱に混じってツクツクボウシの鳴き声が聞かれるようになる。これは秋の釣期近しの知らせである。

本格的な秋の訪れと共に水の中も適水温に近くなり、コイたちは盛んにエサを食べるようになる。行動範囲も広くなり、中・小型のコイの動きが活発になって、1年のうちでも最も釣りやすい季節を迎える。一番活発に泳ぎ回る深さは春よりやや深場であるが、平野部では浅場から深場まで広範囲に動き回る。台風などにより増水すると、平野部の湖沼では一気に活気づき、大釣りが期待できる。

秋の釣期の始まりは春とは逆に、北の地方や標高の高いところほど早く、南の地方や平野部ほど遅い。関東以西の平野部では、富士山の初冠雪のニュースが流れるころに秋の絶好期を迎える。

秋の釣りシーズンは年間でもっと長期に及ぶが、水温が下降していく季節なので絶頂期は短い。春の釣期を告げるのが桜の開花なら、秋の釣りシーズン近しを教えてくれるのはススキの開花といってよいだろう。そしてススキの穂が大きく伸び、草木の緑が色あせて紅葉の頼りが聞かれるようになるとシーズン終了が近い知らせである。コイは日一日と深場へ落ちていき、行動範囲も狭くなってくる。

落葉が寒の釣りを告げる

イチョウの枝からすっかり葉が落ち、歩道に黄色いじゅうたんを敷くころ、秋の釣りが終わりを告げる。水温が急激に下降し、低水温に慣れないコイはエサをあまり口にしなくなる。温暖な地方の平野部では、寒さに慣れると、コイは再びエサをとり始めるが、北の地方や山上湖はシーズンオフとなる。冬のコイは冷え込みの影響を受けにくい深場や湧き水のある場所に集まり、水温の上昇する日中に回遊し、その行動範囲は狭い。

もともと野ゴイは、水温10℃以下ではほとんどエサをとらず、泥底のくぼみやオダの中などでひと冬を過ごすといわれる。しかし、養殖ゴイは低水温にも強く、特に都市部の河口域では水温が高いため、春・秋の盛期と変わらないほど活発にエサをとることが多い。

胃を持たないコイは、この時期、消化のよいエサがその食事の中心となり、ゴカイがバチヌケする河川では、これが主食となる。平野湖ではユスリカの幼虫（赤虫）が主食となることが多く、水温5℃という低水温下でも赤虫を使った寒ゴイ釣りが楽しめる釣り場がある。

乗っ込みの春、好ポイントにずらりとサオが並ぶ、霞ヶ浦のコイ釣り風景

第2章タックルをそろえる

タックルもヨーロッパスタイルの釣りが紹介されて、タックルのバリエーションが豊富になった。

コイは回遊する底生魚であり、警戒心が強く、
エサを食べるまで時間がかかるため、底にエサを安定させて待つ時間を作る。

コイ釣りといえば世界的に見ても9割以上がブッコミ釣りなのはそのためである。

そこで、ここでは最も広く行なわれているブッコミ釣りを中心に解説する。

同じものを3セット

タックルの中心はサオとリールだ。ブッコミ釣りでは、同じリール、同じサオで3セットを揃えたい。

小規模な釣り場なら、1~2本のサオで充分だし、釣り場によってはサオ数が2本までと制限されている所もある。しかし、そうでなければ、3本で釣るのが釣りを組み立てやすい。広大な釣り場ほど3本ザオは生きてくる。ポイントを絞り込めたら2本で釣るのがよいだろう。

また、破損などのトラブルの際も、1本予備があれば困らない。

リールとサオの主な組み合わせは

- **振出投げザオ+スピニングリール**
- **磯ザオ+スピニングリール**
- **イシダイザオ+両軸受けリール**
- **コイザオ+スピニング・両軸受けリール**
- **カープロッドとスピニングリール**

などがある。各組み合わせを簡単に解説したので参照いただきたい。

コイ釣りにはこのほかに、いろいろな用具が必要となる。この章では、リールとサオを中心に、それらを順を追って解説していこう。

サオ	リール	特徴
振出投げザオ オモリ負荷20～25号 3.6～4m	大・中型スピニング	オールラウンドに使える基本的組み会わせ。 足場が高い釣り場や足もとからブロックなどが張り出した釣り場は使いづらい。
振出磯ザオ5号遠投 オモリ負荷25号 4.5～5.3m	大・中型スピニング	平野湖、河川の下流部など、広い釣り場の大ものねらい向き。
振出イシダイザオ オモリ負荷30～40号 4.5～5.3m	中型両軸受けリール	平野湖、河川の下流部など、広い釣り場の大ものねらい向き。 山上湖には不向き。
コイザオ オモリ負荷30～40号 4.5～5.3m	中型両軸受けリール 大型スピニング	平野湖、河川の下流部など、広い釣り場の大ものねらい向き。 山上湖には不向き。
カープロッド 2.5～3.5ポンド 3.6～3.9m	大・中型スピニング	足場が高い釣り場や足もとからブロックなどが張り出した釣り場は使いづらい。

【リール】

タックルはサオから選んでいくのが普通だが、使用するリールによってサオも変わってくる。

両軸受けリールのセットとスピニングのセットをいくつも持ち歩くのは無理だし、タックルは長く使って、体の一部のように使いこなせてはじめて技術も向上する。したがって、自分の使うリールの種類をまず決めて、数年はそれでキャスティングや、やり取りを体験することをおすすめする。

スピニングリールと両軸受けリールのどちらのタイプが優れているということはなく、それぞれに長所も短所もある。

この20年来、コイ釣りイコール両軸受けリールにイシダイザオというイメージがあるが、これはブームであって、この数年は逆にスピニングリールがトレンディとなっている。

コイ釣りのリールに求められることは、充分なイト巻き量と丈夫なことである。いまのリールのドラッグ性能はよいので、中型以上のリールなら、この点に関してはまず心配はないだろう。

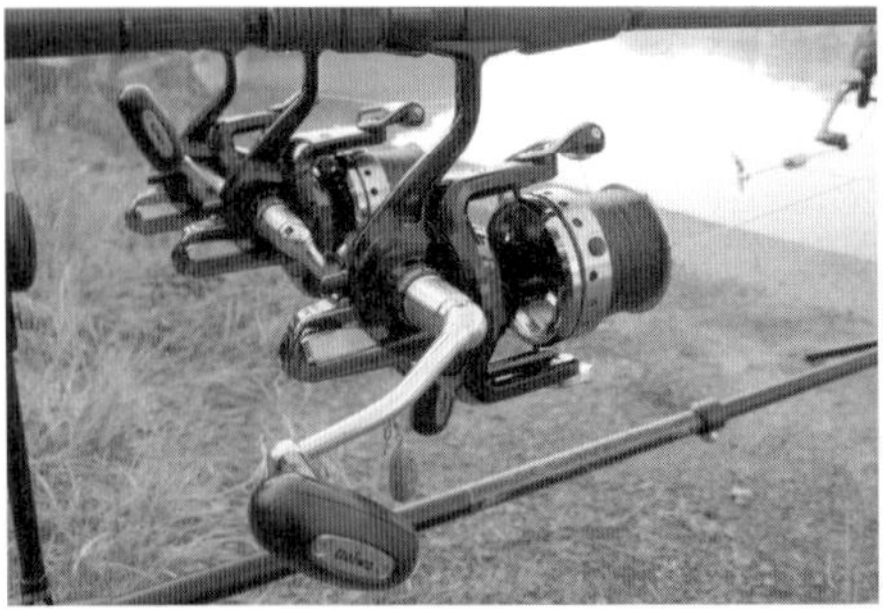

誰でも投げられ、ビギナー向けだが、実はその奥が深いリールだ

海外ではコイ釣りといえばスピニングリール。写真はワールド・カープ・カップ 2004、優勝チーム（ルーマニア）のタックル

1 スピニングリール

投げる、巻くという基本動作が楽なスピニングリールはビギナー向けというイメージがあるが、実は奥深く、数多くの技を駆使できる。奥深いということはそれだけ難しい、ということでもあり、使いこなすには熟練したワザが必要で、イメージと逆にベテランに愛用者が多い。

コイ釣りを始めた人のタックルの移り変わりを見ると、スピニングリールと投げザオという組み合わせから、最終的にはイシダイザオに両軸受けリールというセットに落ち着くことが多かった。しかし、現在ではスピニングに戻る人も増えている。

スピニングリールの短所は、まずイトヨレである。ヨレ防止機構を備えていても、完全な解消は構造上無理だ。もっとも、イトヨレが激しくなる前に巻き変えれば問題ない。

キャスト時のイトフケも煩わしい。遠投はしやすいが、コントロールはつけにくいといえる。正確なキャスティングには練習を積むしかない。

パワー不足を指摘する人もいるが、コイとのやり取りは巻き上げ力で行なうわけではないので、これは関係ない。

長所も数多い。軽い仕掛けを遠近思いのままに投入できること。巻き上げスピードが速いこと。岩に巻かれたコイをはずしたり、コイの引きに合わせていろいろなテクニックを駆使できることなどが挙げられる。特にやり取り時、釣り人に有利なサオ角度をとるためのオープンベイルなど、スピニングでないとできないワザだ。ただ、これらのワザを駆使できる釣り人は少ないのも事実だ。だからスピニングは奥が深いといえる。

選ぶ場合は、ナイロン単糸の5～6号を200m以上巻けるもので、できるだけ重量の軽いものがよい。重さ500g前後までのものがおすすめだ。当然、中型以上の大きさになるが、残念ながら、現在このクラスのラインナップが少なく、重量が600gを超えるものが多いのが現状だ。

メーカーによって違うが、型番で4000～6000番というクラスが該当する。ボールベアリングの数は多いほうがハンドルの回転はなめらかだ。高級機はそれだけ使い心地はよい。

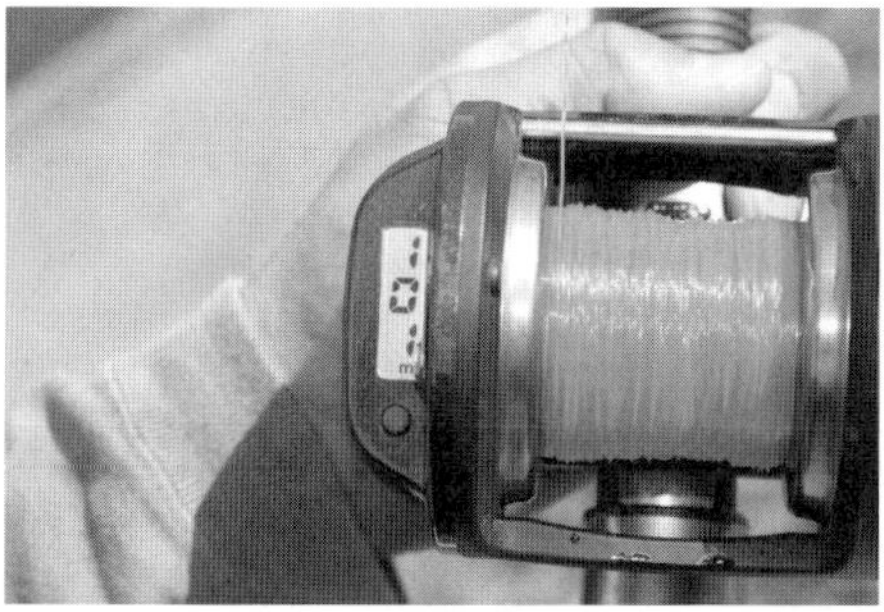

「使いこなせれば、釣果5割アップ」という声もあるカウンター。3.6mクラスのサオに軽量級のカウンター付き両軸受けリールがあったら、バスフィッシングのような世界が展開できる

コイ専用の両軸受けリール。キャスティング時のコントロールのつけやすさはスピニングを上回る

2 両軸受けリール

両軸受けリールは、マニアやベテランが使うというイメージがあるが逆だ。確かに慣れないうちは、キャスティング時のバックラッシュに気を遣うが、練習によって誰でも修得できる。慣れてしまえば、構造が単純でパワーがあり、イトヨレのないこのリールはむしろ扱いやすい。

このリールの長所は、キャスティングの正確性である。無駄なイトフケが少ないので仕掛けの直進性がよく、コントロールもスピニングリールよりはるかにつけやすい。ドラッグの位置もハンドル軸にあるので操作性もよい。

遠投性能でスピニングに分があると思われがちだが、コイ釣りレベルでは飛距離でスピニングに劣ることはない。

コイ釣りで使われている両軸受けリールは中型以上のもので、最近では、イシダイ用リールと同じクラスが中心となっている。このクラスにはカウンター付きのものも多く、この機構は大変便利だ。

ヨーロッパでは9割以上の釣り人がスピニングリールを使っているが、2004年にルーマニアで行なわれたワールド・カープ・カップでは、日本チームのカウンター付き両軸受けリールは注目を浴びていた。「スピニングでカウンター付きはできないか」という質問も多かった。

このカウンターは、ピンポイント攻めには有効で、釣果は確実にアップする。

ただ残念なのは、イシダイリールがベースになっているため大型すぎることだ。そのため、山上湖などで軽いオモリを使いたくても無理だ。オモリとエサの重量でスプールを回転させる必要があるので、軽い仕掛けではそのスピードが得られないためである。結局、不必要にイトが太く、オモリは大きく、ハリも大きく、とゴツイイメージになってしまう。

バスやジギング用より少し大きく、イシダイ用より小型、というクラスでコイ釣りに向いたカウンター付きがあれば、もっとスマートな両軸受けリールの釣りが展開できるのに、と思う。このリールも、もっとスポーティな活躍シーンが展開できるはずだ。

コイ釣り用に両軸受けリールを選ぶ場合は、6～8号のイトを200m以上ストックできるもので、キャスティング時のスプール回転の滑らかなものを選ぶ。

【ブッコミ釣りのサオ】

まず求められるのは丈夫であることだ。コイ釣りでは100m以上も遠投することはまずないが、総重量で150gを超えることもあるオモリとエサをポイントまでキャストできる腰の強さが必要だ。1m、20kgを超える大型の引きに長時間耐えられる粘り強さも必要となる。

コイ釣りのサオには先調子がよい、あるいは胴調子が向いているなどと、昔から両方の考えがあった。サオは釣り人の嗜好が最も反映されるタックルであり、意見は釣り人によって異なる。

長さに関してもまちまちで、3・6m前後の投げザオから5mを超えるイシダイザオまで使われており、釣り場の環境によっても向き不向きがある。

平野部の湖沼や河川では、5m以上の磯ザオやイシダイザオ、コイザオを使う人が多い。釣り場が広く、長ザオでも充分に振るスペースがあるからである。

一方、山上湖、ダム湖などでは、背後の木立や斜面によって、充分なスペースがないことが多く、3・6～4・2mの長さのサオを用意したほうがよい。

コイ釣りの盛んなヨーロッパの国々では、3・6mが標準で、日本国内でも、ヨーロッパ式のカープロッドを使う人が増えている。

置きザオで待つ釣りなので重さはそれほど気にしなくてよいが、あまり重いものは長時間のやり取りでは疲れる。500～600gのものが理想だ。

現在のサオはほとんどがカーボン製だ。トルクのあるコイの走りに対処するにはグラスファイバーの含有率が高いものが向いている。コイが引き込んだらその分、サオもググッとお辞儀をし、コイが止まったら、腕力でサオを起こさなくてもジワーッと腰から上が起きあがってくるような感覚のものが理想だ。そんな粘りのある調子を持ったサオがコイ釣りに向いている。

ここでは、いま使われている人気の3タイプを解説するが、このほかにも、ライトに楽しむなら、ルアーウエイト80g以上のジギングロッド、ソルトルアーロッドなどのなかに使えるものがある。

近郊の河川やハードでない釣り場なら、むしろコイのファイトを楽しめるし、今後そんなスタイルも意識してよいだろう。

よい曲がりを見せる、3.3mのジギングロッド。3本継で、ルアーウエイトはMAX120g。大オモリと大ダンゴを背負わない、ボイリーの釣りなら充分に使える。こんなサオのなかから自分の釣りスタイルに合ったものを見つけるのも楽しい

1 投げザオ

スピニングリールを選ぶ人には、まず投げザオという選択肢がある。ビギナーも、軟らかめの振出投げザオを選ぶのがよいだろう。この場合の注意点は、本格的な遠投用の投げザオを選んではいけないということだ。

遠投用の投げザオは投げるために設計されたものであり、穂先の反発が強すぎる。硬いサオは、軟らかい練りエサを投げ込むとき、空中分解のおそれがあるばかりか、水底を突っ走って頭を振ったり、水面で反転するコイの動きに対応できず、跳ね上がる穂先の反動でバレが多い。

どんなものが適しているかというと、具体的には4ｍ前後で、オモリ負荷が20号クラスの、投げ釣り入門用とかファミリーフィッシング、チョイ投げ用などとカタログに位置づけられているものがコイ釣りには向いている。

特に、山上湖や川の上流部など、背後や頭上にブッシュや木がかぶる釣り場での釣りには投げザオがおすすめである。

カーボンの投げザオはどうしても反発が強い。本格的な遠投用は避け、ファミリー向けや入門クラスの振出ザオがコイ釣りには向いている。カタログ上のオモリ負荷は、20号程度のものがよいだろう

一時期、投げザオを使う人は減少したが、ヨーロッパスタイルのロッドポッド（サオ立て）が普及するにつれ、釣り場で投げザオの姿がよく見られるようになった

2 コイザオ 磯ザオ イシダイザオ

日本では、この20年、コイザオ、磯ザオの5号（オモリ負荷25号くらい）、イシダイザオなど、5mクラスの長ザオが主流であった。

このクラスのサオは八郎潟や北浦、霞ヶ浦、琵琶湖など、広大な釣り場でゆったりと大ものをねらう釣りに向いている。逆に山上湖のような背後にガレ場や木立が迫っている釣り場には不向きだ。

長ザオの長所は、手前に沈床やブロックが張り出している場所で、いくらか有利なことと、長さによるタメでバラシが少ないことだ。

逆にマイナスポイントを列記してみよう。まず、エサの投入時に正確なコントロールがつけにくい。瞬間的な魚の動きに迅速な対応がしにくいこと。ひとりの取り込みでは、サオを大きく立てなければならず、どうしてもサオに負担がかかること。超大ものになると、ひとりで取り込みにくい、などである。

両軸受けリールを使う場合は、コイザオの両軸受けリール仕様のものやイシダイザオを選ぶことになる。スピニングリールの人は、コイザオ、磯ザオのスピニング仕様のものから選ぶ。

コイザオと磯ザオは振出となる。イシダイザオは、軽量級の振出ザオがよく使われる。並継ぎもラインナップされており、調子は振出ザオに勝るが高価だ。

4・5mバージョンもラインナップされており、この長さのほうが釣り場への適応範囲が広いので、これから購入する人にはおすすめだ。

4.5m のコイザオ。オモリ負荷は 40 号。大オモリとダンゴを背負って飛ばすだけのパワーがある

コイザオは絞るとこんな曲がり方をする。その調子は日本人好みなのだろう

3 カープロッド

ヨーロッパスタイルのコイザオはカープロッドと呼ばれる。

国産品と比べてはるかに細身で、手元でも直径は1・5㎝程度しかない。長さは3・6mが主流である。

初めて手にした人は、硬いという印象を持つだろう。キャスティングにはコツがいる。日本のコイザオのように、ぐっと負荷をかけ、サオに乗せて投げる方法は向かない。バスロッドを振るように、ピュッと速いスイングスピードでキャストするのがよい。慣れさえすれば、コントロールはつけやすい。

日本のサオは穂先が軟らかく、胴がしっかりしているので、穂先から徐々に曲がり、やがて胴に魚の力が伝達していく。しかし、カープロッドは穂先が太く硬く胴調子で、魚のパワーが最初から胴に乗ってくる。この調子はもちろん好きずきだが、サオ全体で魚の引きを吸収するため、やり取りのしやすい調子だ。コイが頭を振ったときのいやな感触がない。

ひとつ難点をいえば、主流となっている3・6m、2ピースの並継ぎで仕舞い寸法が1・8mと長く、持ち運びにやや不便を感じる。

デザインはシンプルで、よけいな飾りは施されていない。色も黒系がほとんどである。日本のサオを見慣れた目には、短く、細く、シンプルなカープロッドはオシャレで、スポーティ。とても格好良く見える。

これからコイ釣りを始める人はカープロッドという選択肢もある。カープロッドの強さは、一般に2・5～3・5ポンドが使われるが、初めての人は3ポンドが使いやすいだろう。

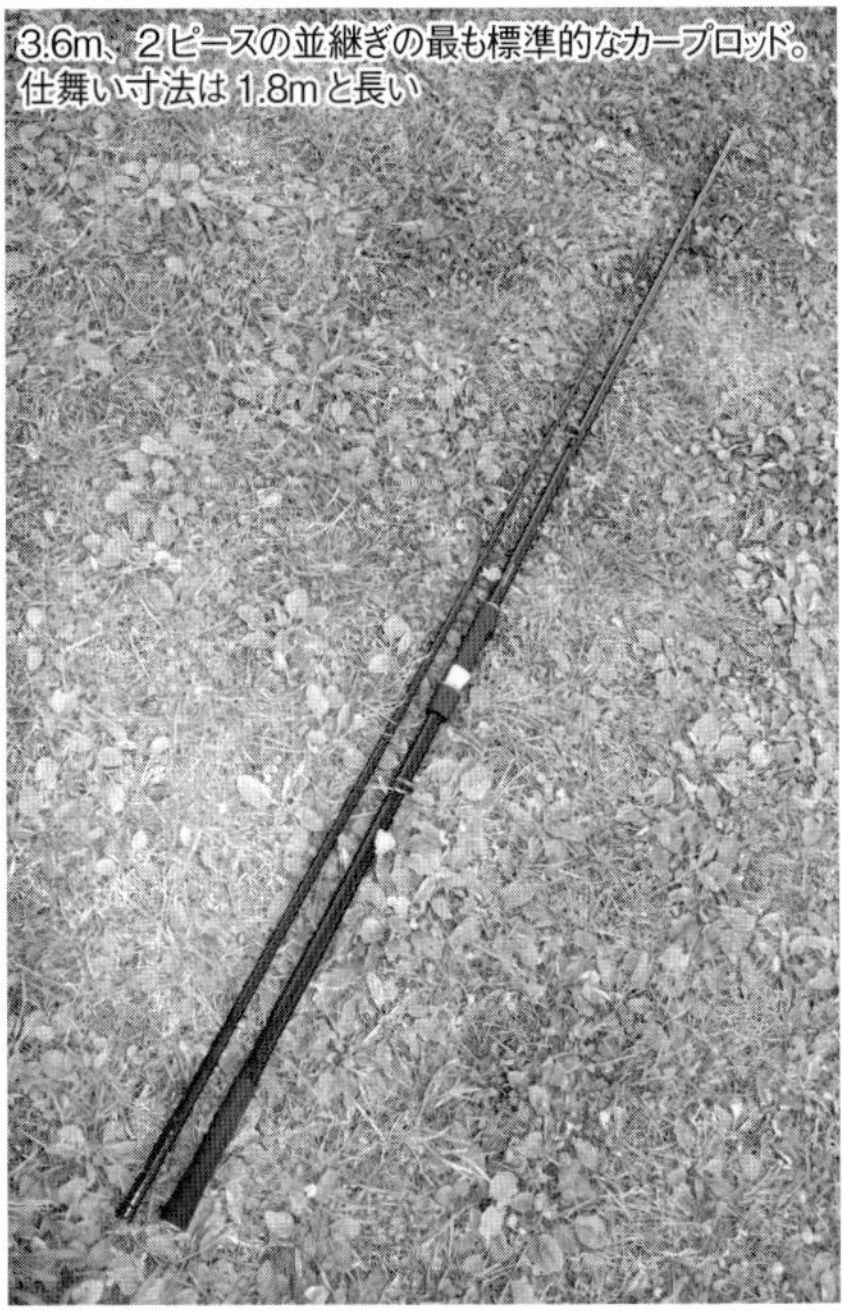

3.6m、2ピースの並継ぎの最も標準的なカープロッド。仕舞い寸法は1.8mと長い

魚を掛けるとサオ全体が弧を描くカープロッドはやり取りが楽。この調子には意味があるのだ

【サオ立て】

ブッコミ釣りでは、アタリを待つ間、サオを固定しておくサオ立てが必要だ。

スティックタイプのＹ字型サオ立て、アングル式サオ立て、三脚、ピトン式のほかに、最近では、ヨーロッパ式のロッドポッドも使われている。

これが万能というものはなく、それぞれ一長一短があり、使うサオや、釣り場の条件によっても向き不向きがある。

安価で手軽なスティックタイプ。かさばらないので担ぎ込みの釣りには便利だ。ただ、護岸や岩場では地面に突き刺すことができないので使えない

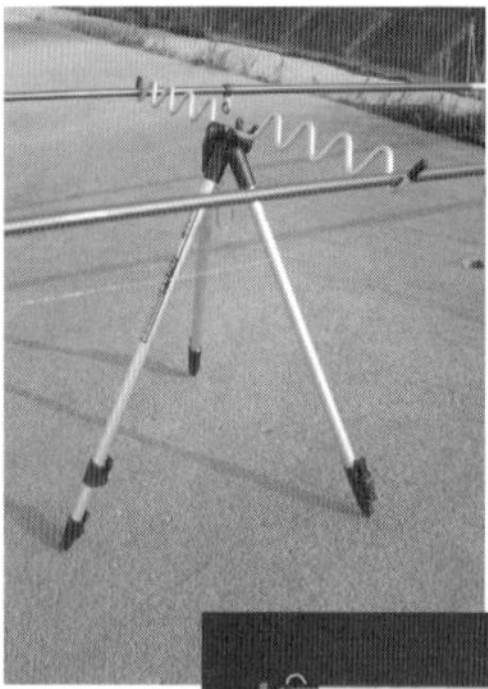

三脚は手軽で、コンクリート護岸でも岩場でも設置できて釣り場を選ばない。サオケースに入れての持ち運びも便利だ。難点は重いサオでは三脚が負けてしまうことと、風に弱く、やや安定感に賭けることだ

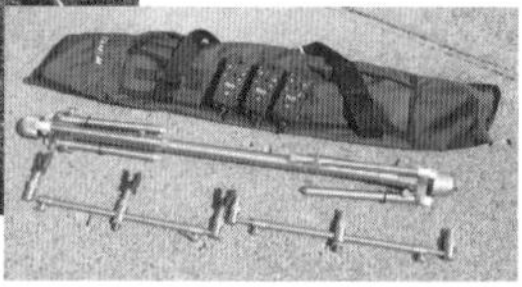

ロッドポッドは、四脚または三脚となり、護岸や岩場でも設置できて便利だ。難点は持ち運びにややかさばることと、風に弱いこと。北浦、霞ヶ浦のように、荒れるとテラスを大波が洗い、湖岸道路上はスペースがないうえ、まともに風を受ける釣り場には向かない

ピトン式サオ立て。日本では一番人気のサオ立てだ。その理由は、サオ角度の微調整が楽なことと、見た目の格好よさである。弱点は護岸では使えないことと、重いこと。担ぎ込みの釣りには向かない。あまりの強風ではサオがあおられて落ちたり、回転してしまうことがある

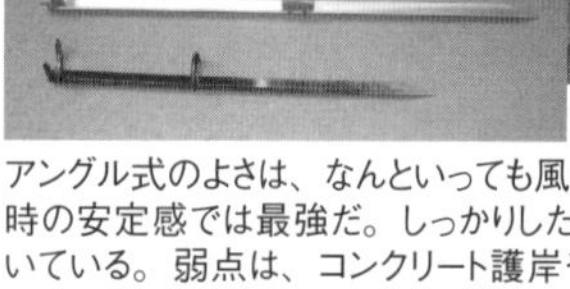

アングル式のよさは、なんといっても風に強いことだ。強風時の安定感では最強だ。しっかりした地質の傾斜面に向いている。弱点は、コンクリート護岸や岩場では使えないことと、柔らかい砂地などでは、低角度に立てると倒れてしまうこと、サオ角度の調整に、いちいち抜き差ししなければならないこと。量販店で手に入る安価なもので充分だ

【玉網】

大ものねらいには直径70㎝以上のワンピース枠の玉網が使われている。しかし、車が横付けできる釣り場ならかまわないが、釣り場まで距離がある場合は折り畳み式のものが便利だ。一般釣具店で手に入る60㎝枠のものでも、網が深く底の広がる本ダモならばメータークラスの取り込みも可能だ。10kg以上の魚を取り込むことを考え、太枠のものを選ぶこと。

網は、柔らかい撚り糸で編んだ、目の細かいものがよい。ナイロン単糸は固いので魚を傷めてしまう。

玉網の柄は3mくらいの長さで太い丈夫なものがよい。5・4mの安価なグラスの磯玉網の柄を改造してもよい。先2本を抜くと、だいたい3m少々の長さになる。その先端に釣具店で売っているジョイントを接着剤で止めればよい。

日本では玉網といえば円形、もしくは楕円が一般的だが、ヨーロッパでは三角形の大型玉網を使う。これは枠が直線なので大型でも折りたたみが楽で、最近は使う人も増えている。

日本式の玉網。写真は1ピースの70㎝径のもの。一般には60cm枠の折りたたみ式で充分だが、網は底が広く深いものがよい

ヨーロッパ式のランディングネット。ネットを付けたままたたむことができ、網目が細かく、魚を傷めない

【バケツ】

練りエサを作るにはポリバケツは必需品。丸形で浅めのものが使いやすいが、最近はこのタイプが手に入りにくく、丸形でも深いものや四角型が多くなってしまった。大きさは、車横付けなら14号(14リットル)の大型でもよいが、8号(8リットル)で充分だ。

ほかに手洗い用のバケツが必要。これは普通のビニール製水汲みバケツでよい。練りエサを使わないなら、手洗い用ひとつあればよい。

ポリバケツと水汲みバケツ(左下)。左から4型(4リットル)、8型(8リットル)、14型(14リットル)。中央の8型が使いやすい

【撒きエサ用具】

コイ釣りでは、クワセエサ単品で釣りをすることは少ない。寄せエサとセットで使うのが一般的だ。

仕掛けを投入時、寄せダンゴなどを付けるが、釣り始める前に器具を使ってポイントに寄せエサを投げ込むことも多い。

磯釣り用のヒシャクやヨーロッパタイプのベイトスプーン、スローイングスティック、カタパルト（パチンコ）などが使われる。

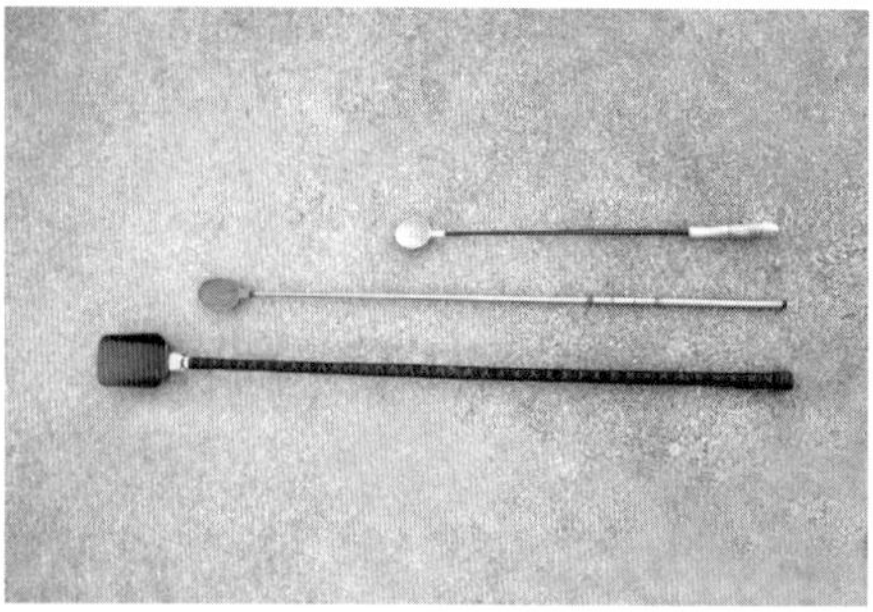
一般的な撒きエサ用具。上から、磯釣り用ひしゃく、ひしゃくの柄を長くした自作品、タニシ撒き用の大型ひしゃく。タニシ用のひしゃくはホームセンターなどで売られている園芸用のシャベルに塩ビパイプを付けたもの

ボイリーを撒くとき、最も遠投可能なのが、このスローイングスティック。コントロールはつけにくいが、慣れれば100mもの遠投がきく

園芸用シャベルより細長いヨーロッパタイプのベイトスプーン。近場にボイリーや練りエサを撒くのに使う

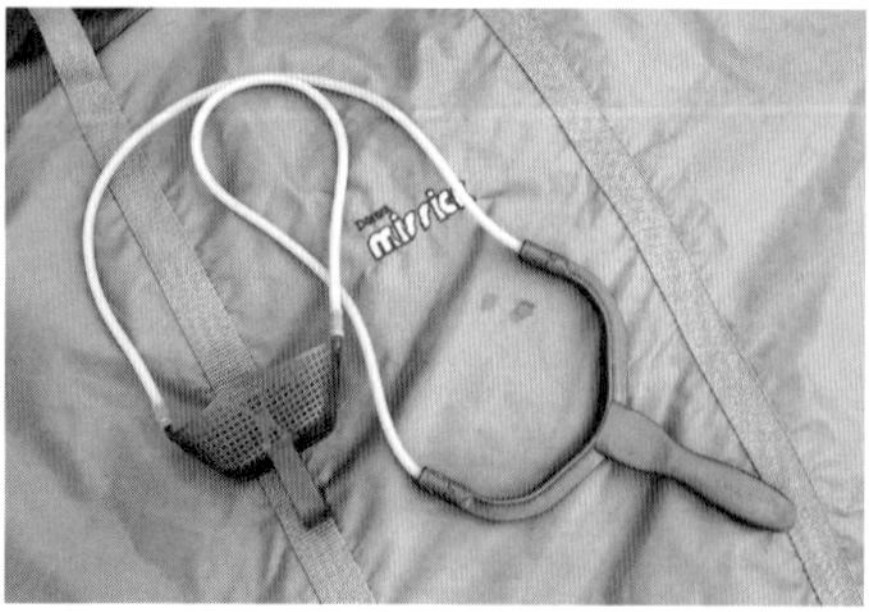
カタパルトと呼ばれる、撒きエサ用パチンコ。中・近距離に向く。コントロールはつけやすい

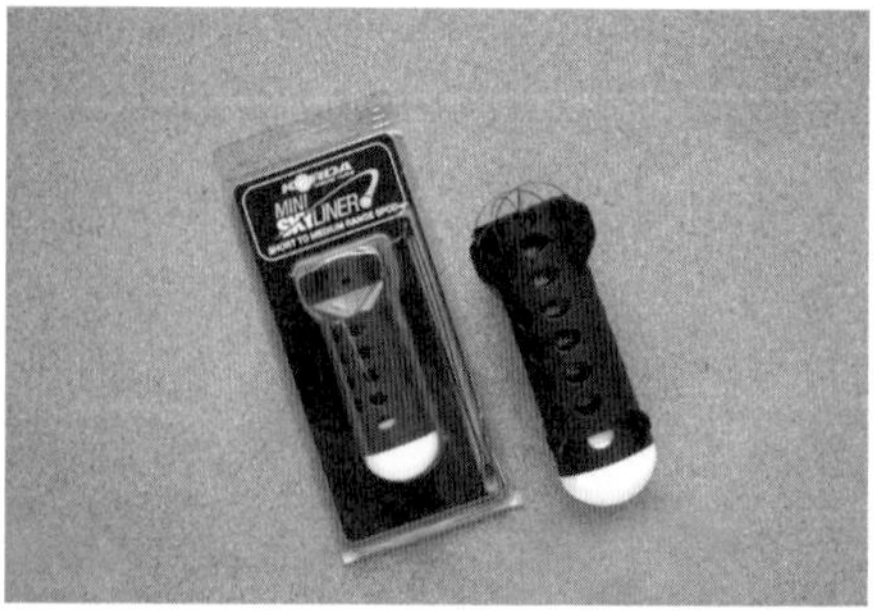
ベイトロケット。ボイリーやペレットを入れてミチイトの先端に接続し、サオを使ってキャストする。近場に向くが一度に投入できる量が多い。着水音が大きいので、釣り始めたら使わないほうがよい

【カープケア用品】

コイ釣りでは、食用や飼うのでない限り、即リリースが原則だ。リリースするなら、できるだけ魚体を傷めずに元気な状態で放してあげたい。

コイは大きいだけに魚体を傷つけやすい。陸にあげず水中でハリを外してリリースすることが理想だが、扱い慣れたベテランならともかく、一般的には無理だし、場所によっては危険を伴う。したがって、取り込んだら、玉網に入れたまま、平坦で安全なところに運んでハリを外す。

このときコイが傷つかないようにと考えられたのがアンフッキングマットだ。必ず水で充分濡らしてから、コイをこの上に置く。リリースするときは、そのままアンフッキングマットで魚体をくるみ、水中に没して、泳ぎ去るまで待つ。

自己記録の大ものは、誰しも写真に残しておきたいもの。友人と一緒なら問題ないが、魚が大きいだけに撮影は大変で、ひとりでは無理だ。周りに釣り人もいないときは、知り合いか通りがかりの人が来るまで、キープすることになる。

短時間なら、海外で使われている、カープサックという柔らかな袋に入れてキープする。しかし、これも長時間のキープは擦過傷で魚体に大きなダメージを与える。体のヌメリが取れ、ヒレが擦れて、たとえリリースしても感染症で死に至ることもあるので、やむを得ずキープする場合でも極力短時間にすることだ。

アンフッキングマットはかさばるので、電車釣行や長距離の担ぎ込みでは携行するのは無理。そんな場合は、折りたたみのビニールシートを用意したい。これも水で濡らして、柔らかい草の上に敷いてコイを乗せる。

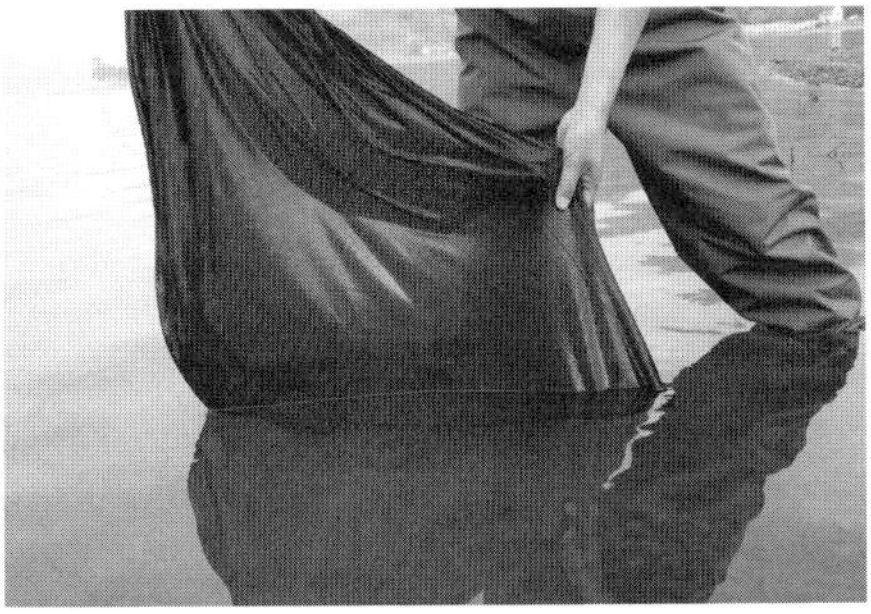

カープサックと呼ばれる目の細かいソフトな袋。長時間のキープは避けたい

アンフッキングマットは、魚を乗せる前に必ず水で充分に濡らして使う。リリースは、マットで魚を包むようにして水中にマットごと沈めて、泳ぎ去るのを待つ

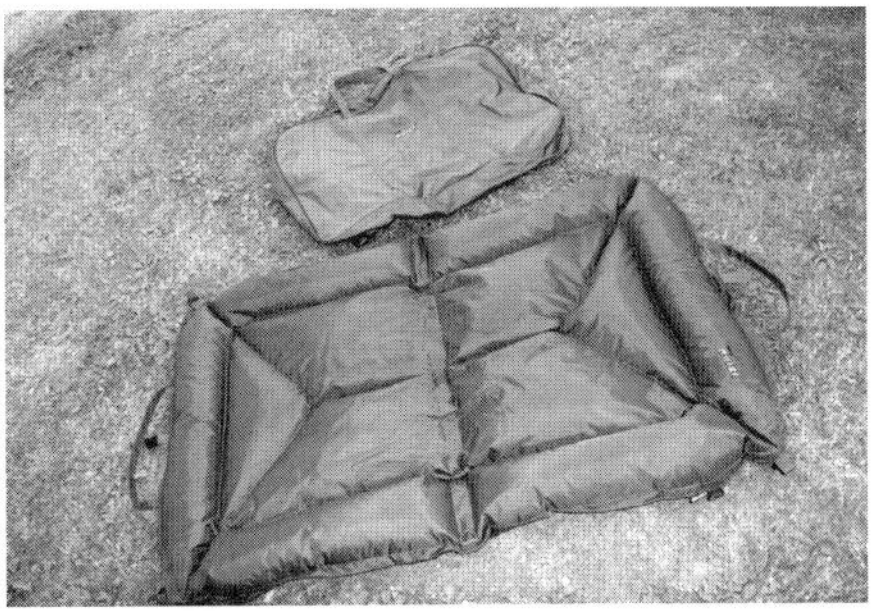

アンフッキングマット。中にスポンジの入った厚さ４～５cmのマット。人間が寝ても心地よいほどの軟らかさで、コイが暴れることも少なく、傷めない

【アタリセンサー】

アタリは本来、自分の目でとるものだが、待ち時間のできるコイ釣りでは、次のエサの仕度などでサオ先の監視がおろそかになることがある。また、夜釣りではサオ先の動きも分かりづらい。

そんなとき、アタリを知らせてくれるお助けグッズとしては、古くからよく知られた鈴がある。これはいまも使われているが、さらに進化したものにアタリセンサーがある。

20年くらい前までは、サオ立てに取り付けたスイッチから車の中に設置したブザーまでコードを引いた有線式であった。これは、セッティングが面倒だったり、コードの長さに制約されたり、足を引っかけたりと、何かと不便であった。

そこで考えられたのが無線式センサーだ。送信機と受信機に分かれており、送信機はサオ数だけ用意する。アタリがあってミチイトが引き出されるとスイッチが入り、送信機から受信機に電波が飛び、ブザー音で知らせてくれる仕組みで、数十m離れていてもアタリを知ることができる便利なものだ。

最近では、バイトアラームと呼ばれる海外式のセンサーもバリエーションに加わった。構造に違いはあるが、原理は同じである。日本式のセンサーはイトが引かれるとスイッチが入る仕組みだが、海外のバイトアラームは引かれても、イトが弛んでも感知できるように、ローラーにイトを乗せる方式がとられている。

最も楽しく重要である、アタリをとるという動作を機械任せにするのだから、なんとも横着で、ほかの釣りをする人から見たら首を傾げるようなタックルだ。しかし、コイ釣りの盛んなイギリスと日本で、時期を同じくして誕生したアタリセンサーはある面、コイ釣りのむずかしさを表しているともいえる。

大型のコイを釣るためには、それだけ時間がかかると同時に、単純に技術や理論だけではその目的を達成できなかったということだ。

いずれも大変便利には違いないが、釣りである限り、アタリは釣り人の目でとらえたい。あくまで夜釣りなどのサブ的なものと考えたいものだ。センサーを使って待ちの釣りをしなくても、大ゴイをねらって釣る技術を身につけたい。

ヨーロッパ生まれの「バイトアラーム」。サオ受けを兼ねており、サオを直接アラームの上に置き、ローラーにミチイトを乗せる。イトにぶら下がった白い器具はスウインガーという振り子。イトのたるむ食い上げアタリを感知する

日本でよく使われている「アタリセンサー」。無線式で、ミチイトをスイッチに引っかける方式。ミチイトが引き出されるとスイッチが入り、受信機のブザーが鳴ってアタリを知らせてくれる

【計測用具】

日本ではメーターオーバー、海外では20kgオーバーのコイが釣り人の目標だ。

幸運にも、そんな記録ものの大ゴイを釣りあげたなら、写真はもちろん、しっかりと計測し、記録しておきたいものだ。

いままで、日本では長さで記録され、海外では重量で記録されてきた。

1m以上のメジャーの付いた計寸台が、専門店から販売されているが、ホームセンターで材料を揃えて自作することもできる。

計寸のときは、台の上でコイが暴れて、どうしても魚体を傷つけやすい。

そこで、計寸台に乗せる前に、水で台を濡らし、カメラやタオルなど準備を万端に整えてから始めるようにする。

メーターオーバーの魚をひとりで取り扱うのは大変なので、近くの釣り人に応援を頼んで手伝ってもらうとよいだろう。

海外では計測用のはかりが販売されている。この場合、計測用の袋に入れて量るので魚体を傷めることは少ない。

計寸台。長さ重視の日本では、体長の記録は正確にとられてきたが、重量は正確に記録しないことが多かった

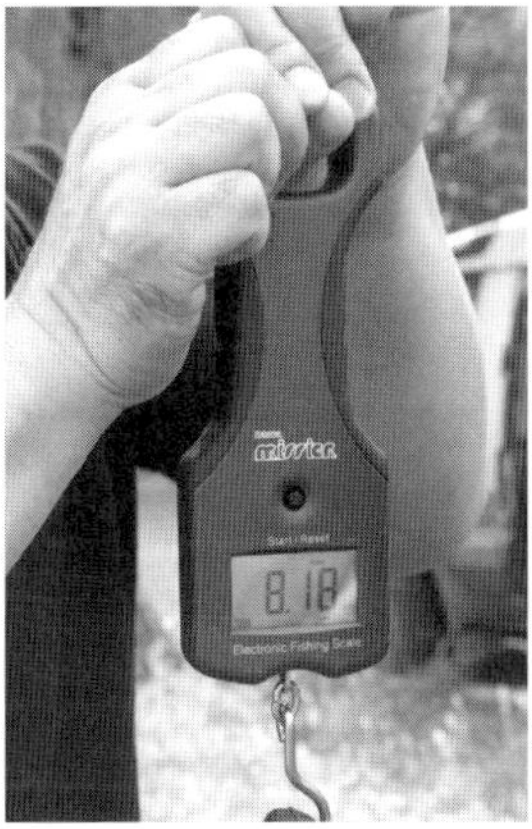

イギリス製のデジタル式フィッシングスケール。グラム単位まで正確に測定できる

コイ釣りトーナメントでの検量風景。検量用の袋に入れて測定するため、板に乗せる体長測定より魚体を傷めない。海外大会では当たり前の検量風景だが、日本では重量で順位を決める大会はなかった。今後は我が国でもこんな風景がよく見られることになるだろう

【ブーツ】

足もとがよほど平坦で、水面との落差のない釣り場を除いて、通常はブーツ着用が望ましい。

また、河川上流部や山上湖ではウエーダーが必要なことも多い。コイ釣りにウエーダーと聞くと意外かもしれないが、山上湖を釣る人は必需品だ。夏場は蒸れでウエーダー内部がまるで浸水したようにびしょ濡れになってしまう。できれば透湿素材のものを用意したい。

【リュック、背負子】

車横付けの釣りが当たり前になってしまった現在、リュックは必ずしも必需品ではないが、そんな楽な釣り場は場荒れが早い。しかし、近郊の河川でも30分歩く覚悟があれば、よい釣り場が残されている。

また、山上湖では、歩きで釣り場へ向かう場所が多いから、やはり防水性の大型のリュックは用意しておきたい。下段にリールなどを収納できる、上下2段になったセパレートタイプが使いやすい。

背負子は軽くて防水性のしっかりしたものがよい

セパレート式で上部が保冷庫付きのものもある

【ロッドケース】

リュックと同じく、ロッドケースもあまり用意されることがなくなったが、山上湖など、担ぎ込みの場合は必要だ。

これも防水性の高いもので、サオ2～3本と玉網の柄、サオ立てなどが収納でき、折り畳んだ玉網枠をサイドポケットに収納できるタイプが便利だ。

ヨーロッパ式のカープロッドは仕舞い寸法が長いので、2mほどの専用のケースが必要となる。

仕舞い寸法が 180cm になる、2ピースのカープロッドには長寸のロッドケースが必要だ
ロッドケースも防水機能がしっかりしたものを揃えたい

【仕掛けケース】

コイ釣りは釣り場で仕掛けを作ることは少ないため、予備の仕掛けは多めに自宅で作って持参する。

仕掛け入れは細かく仕切られたプラスティックケースを使うことが多いが、これだといざ使う段階で絡んでいたりすることがある。専用の仕掛けケースなら、ハリ先を傷めず、ハリスを張った状態で収納するので、使うときにもハリスが直線の状態で気分がよいのでおすすめだ。

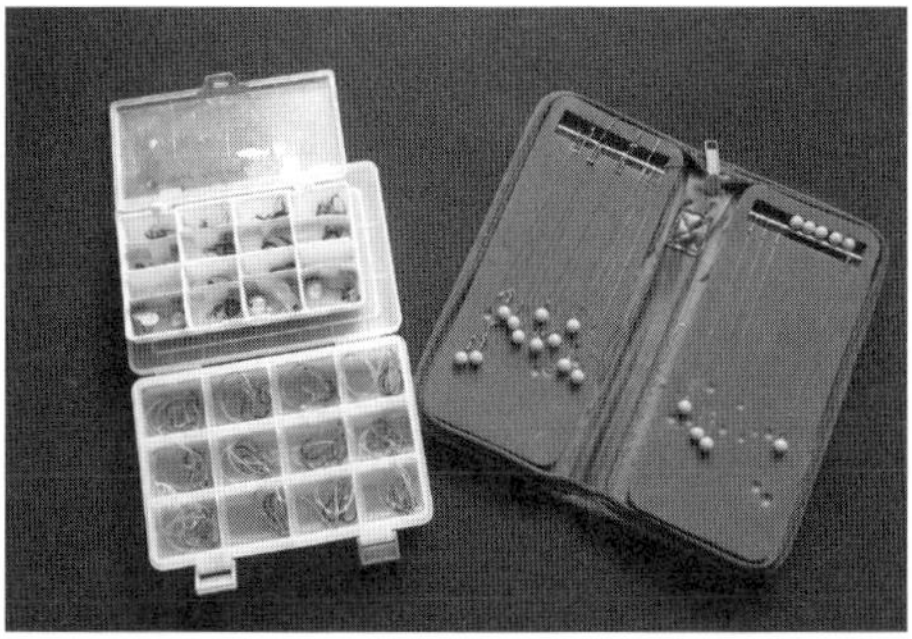

右はヨーロッパタイプの仕掛けケース。ハリスの張りが保たれるので使い心地がよい。左は一般的なプラスティックケース

【ウエア】

ヨーロッパでは迷彩色のフィッシングウエアが人気だ。日本でも、水の透明度の高い山上湖を釣る人は服装にも気を遣っていて、やはり迷彩色か、オリーブ色などのウエアが人気が高い。山上湖は真夏でも冷え込むので装備もしっかりしたい。機能的には透湿性と防水性がしっかりしているものということになる。

最近では迷彩柄のフィッシングウエアもおしゃれで性能がよいものが登場している

これからのコイ釣りはスタイルにも気を遣いたい。オリーブカラーのウエアをまとい、装備一式を身につけたスタイルも決まっている

【その他小物】

練りエサの装着にはイシダイ釣り用のウニ通しがあると便利だ。ボイリーのセットには、ボイリーニードルまたはタッピが必要となる。必需品のハサミは、PEラインを使うことが多いので、PE対応のものを用意したい。ハリを外すための小型のラジオペンチは必ず用意したい。

そのほかの装備は、ヘッドライト、細ひも、濡れものやゴミを入れるポリ袋など、ほかの釣りと同じである。

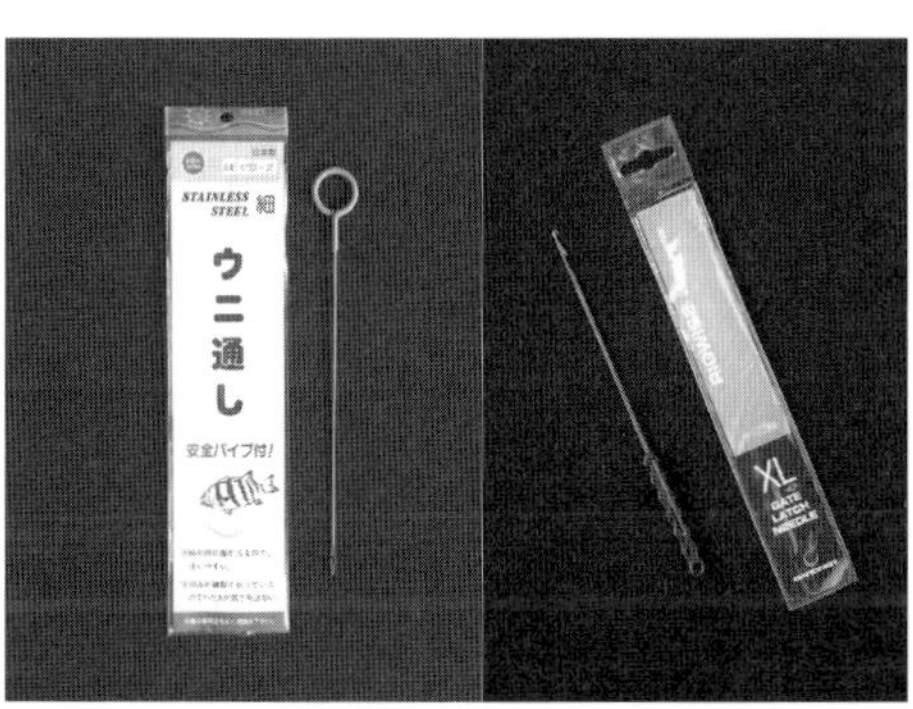

右／ボイリーのセットには、ボイリーニードルが必要。従来のタッピでも代用できる
左／練りエサのダンゴをセットするには、ウニ通しが便利

第3章仕掛け

仕掛けはコイに違和感を感じさせないものがよい。

できるだけ小さく、細く、シンプルに、が基本だ。

しかし、釣り人側の使い勝手もあり、
太仕掛けの人もいれば、繊細な仕掛けで掛けることを優先する人もいて、さまざまである。

ここでは最も標準的なものを紹介する。

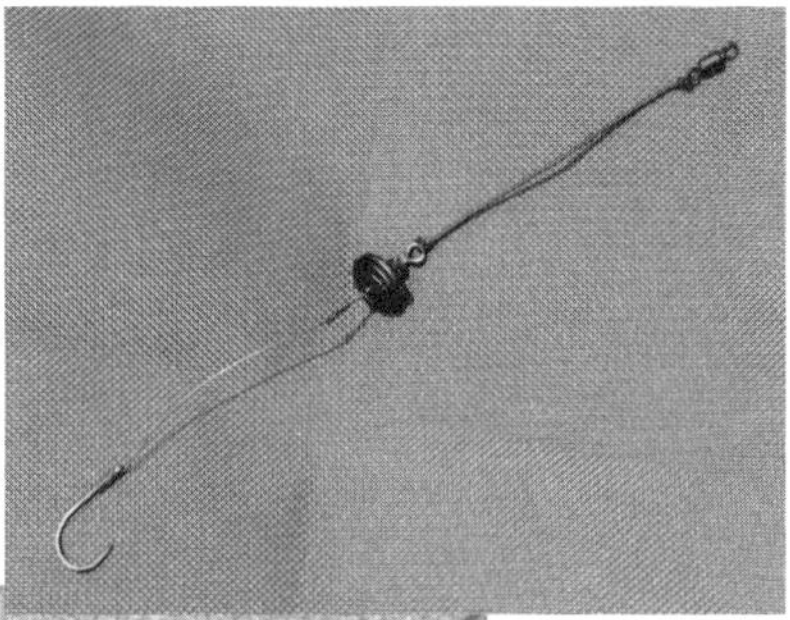

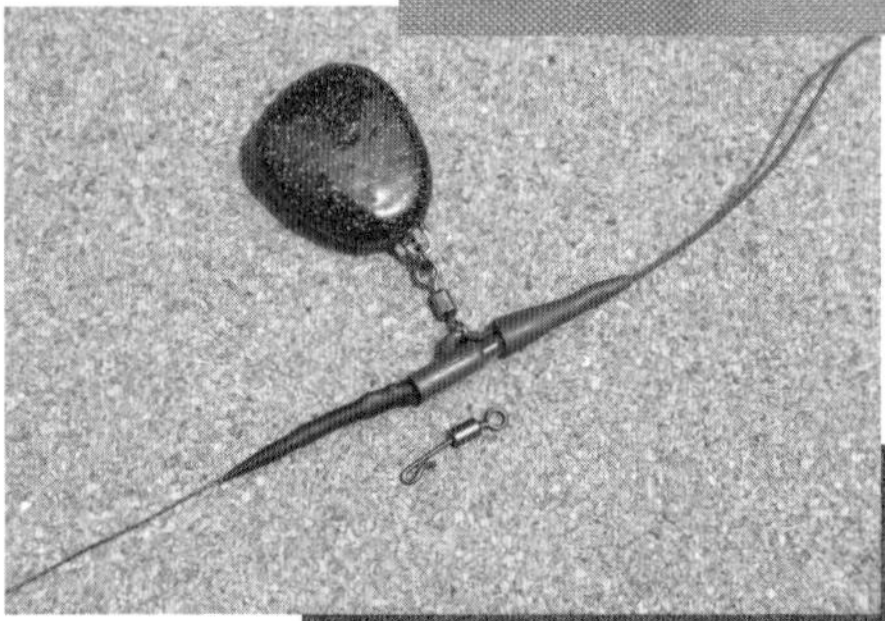

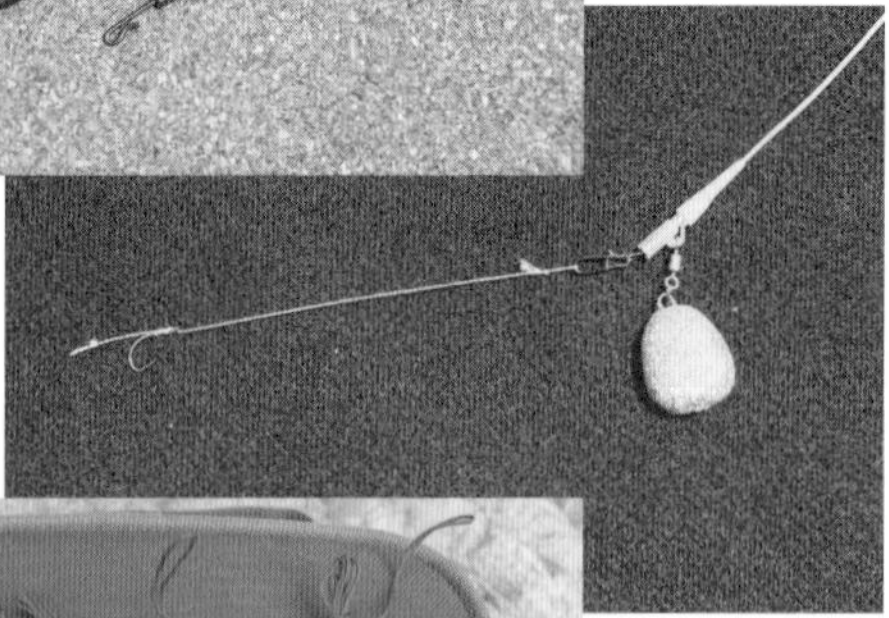

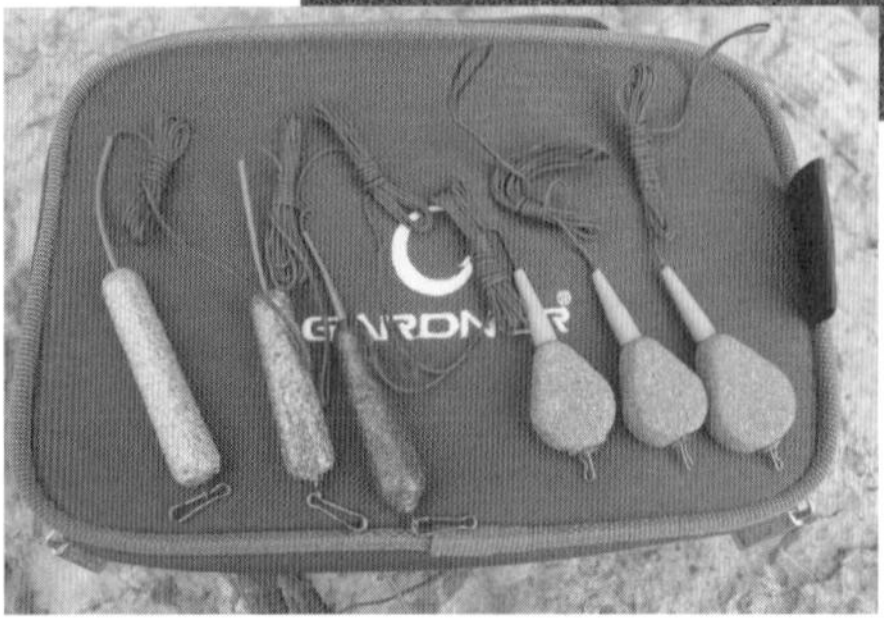

1 仕掛けのパーツ

【ミチイト】

コイ釣りで使われるミチイトは、ナイロンモノフィラメント（単糸）が一般的。使うサオの硬軟とのバランス、仕掛け全体のバランスによって変わるが、最もよく使われる太さは5〜8号だ。

大もの志向のなかで、時代と共に太字掛けになる傾向があったが、ヨーロッパスタイルの釣りが紹介されてからこの数年は、すべてのパーツにおいて、サイズダウンする傾向にある。ナイロンイトは昔に比べて品質が向上しているので、実釣レベルで見ても5〜6号で充分である。

ただし、イシダイザオに両軸受けリール、30号以上のオモリを使う釣りには、バランス的に8号以上の太いイトが必要になる。

コイ釣りでは、微妙なアタリをとって瞬時に合わせることはないので、求められる条件は適度な伸びがあって、しなやかで擦れに強いことだ。

掛かったコイは水底をトルクのある走りで突っ走るから、石に巻かれたり、杭に巻かれたりでイトを切られることも多い。この場合10〜20mもイトをロスすることがある。たとえ切られなくても、ミチイトはささくれだっていたり、傷んでいることが多い。魚を取り込んだ後は、少なくても先端から5mくらいの長さは充分にチェックし、傷んだらすぐに切り捨てる。最低でも150m、できれば200m以上を巻いておきたい。

ミチイトはナイロン単糸５〜８号がよく使われる。品質が向上している現在のナイロンなら６号くらいがビギナー向きといえる。コイ専用のミチイトも市販されているが、コイ釣りはカカリに擦れることが多いから、根ズレに強いものがよい

【ハリス】

水底のエサを吸い込んで食べるコイには、モノフィラメントラインよりも柔軟なブレイデッドライン（編み込み糸）をハリスとして使うのが一般的。PEラインのコイ釣り用ハリスが発売されている。ただ、PEラインは浮力があるため水中で少し浮き上がり気味になる。できれば水底に沈むシンキングタイプがよいが、太さのバリエーションが少ない。

ハリスには、この20年ほどは大もの指向のなかで、6〜8号がよく使われてきた。しかし、強度でいえば実釣レベルで必要な強度は20〜30ポンドだから、3〜5号のPEラインで充分といえる。

ブッコミ釣りのハリスはブレイデッドライン（編み込み糸）が使われる。20〜30ポンドテストのクラスが向いており、一般のPEラインで３〜５号が標準。コイ専用ハリスは細いものが少ない。超大ものでも６号あれば充分だ

イギリスのコイ用ハリスは、柔らかい普通のタイプから、コーティングしてわざわざ張りを持たせたものなど種類が豊富。ほとんどが水底にしっかり沈むシンキングタイプだ

【ハリ】

ハリのサイズも小から大まで、釣り人の考え方、スタイルによって、使われるサイズに幅があるので、ビギナーは迷うところだろう。

吸い込みやすさ、魚に警戒されないことを考えると、小さいほうがよいのは当然だが、この場合問題となるのは強度だ。また、サオ、ミチイト、オモリとのバランス、その釣り人のやり取り技術によっても、適合サイズが変わってくる。

昔から使われてきたハリは伊勢尼、チヌ、海津、ソイなど。小さめの人で伊勢尼の12号、チヌの8号など。大きめの人は伊勢尼14号、チヌの10号、ソイの18号、海津の20号といったところ。

また、ヨーロッパ生まれのボイリーというエサが使われるようになり、ヨーロッパ型のカープフックと呼ばれるハリもラインナップに加わった。形は日本の丸セイゴを太くしたタイプのものがよく使われているようだ。

ヨーロッパでは、吸い込みやすさを考慮して、日本よりかなり小さめのハリが使われている。チヌでいうと日本なら最低でも8号だが、イギリスでは6～7号に該当するくらい小さいものも使う。

日本のハリは号数が大きくなっていくほどサイズも大きくなるが、カープフックでは必ずしも大きさの表記が日本と一致しないため、注意しなくてはならない。

ボイリーをエサにする場合、ヘアリグというボイリー用に考えられた仕掛けを使うため、管付バリが使われる。アイ(管)の向きが背中側（外）に向いたアップアイとフトコロ側に向いたダウンアイタイプがある。使うハリスがPEラインの場合、ダウンアイを使い、フロロカーボンラインをハリスに使用する場合はハリスに負担をかけないためにアップアイタイプを使う。サイズは、使うボイリーの大きさによって№2～6のダウンアイタイプが一般的だ。

基本的には、小さいハリほど吸い込みがよく、大きいほど掛けてからは安心だ。ただし、魚体に比較してあまり小さすぎるとハリ掛かりが悪い。

コイ専用と銘打ったハリがあるが、巨ゴイブームを反映してかサイズが大きいものしかラインナップされていないのが残念だ。

ヘアリグが紹介されて、管付バリの愛用者が増えた。ハリの大小は、吸い込みやすさを選ぶか、掛けてからの安心感を選ぶかになる

ブッコミ釣りに使われる代表的なハリ

伊勢尼
古くから使われてきた万能型のハリ。軸太で丈夫。ベテランに愛用者が多い。主にクワセ仕掛けに使われる。12 号が標準。大ものねらいには 14 ～ 15 号も使われる。管付もあり、ボイリーにも向いている

チヌ
伊勢尼と並んでポピュラーなハリ。クワセ、吸い込みともに使われる。やや軸が細いので小型のものは伸ばされるという話をよく聞く。冬のアカムシ仕掛けには小型の 6 号、大ものねらいには 10 号がよく使われる

ソイ
水郷のタニシを使った超大ものねらいで人気が出た。コイは警戒することなくタニシを一気に吸い込むので、小型のハリはかえってハリ掛かりが悪い。そのため大きめの 18 ～ 20 号がよく使われる

海津
これも昔から人気のあったハリだが、ひところよりも使う人は減ってきている。主にクワセ釣りに使われ、コーンやイモエサで 18 号、タニシエサには 20 号以上がよく使われる

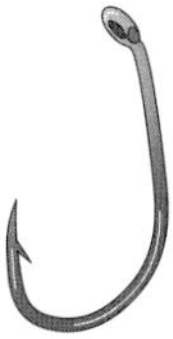

カープフック・ダウンアイ
アイ（管）がハリ先側に傾斜したカープフック。ボイリーの釣りでは最もよく使われる。素早いハリ掛かりが特徴とされる、軟らかいブレイデッドラインを使った場合に最も効果を発揮する

カープフック・ダウンアイ・ロングシャンク
ダウンアイタイプのなかでも軸が長く、ハリ先がストレートなハリ。コイの口内にハリ先が接触したとき、ハリの立ち方が理想的といわれ、ハリ掛かりがよいため、現在はヨーロッパで最も人気が高い

カープフック・アップアイ
アイ（管）がハリ先と逆側に傾いたハリ。フロロカーボンやナイロンの単糸など、硬めのハリスを使用したときにハリ先がしっかり立ち、魚の口に対する角度が理想的とされる

【オモリ】

オモリの役目は、仕掛けをポイントまで運ぶこと、エサを水底に安定させること、その重さによってハリ掛かりを確実にすることの3点が挙げられる。

ブッコミ釣りでは、オモリが大きいほど仕掛けが安定し、ハリ掛かりも確実になる反面、着水音が大きくなり、根掛かりの危険が増大するデメリットもある。そのため、岩が多く根掛かりの危険のある山上湖をホームグラウンドとする人は、5～12号の小さめを使うことが多い。

左／一般的なオモリ。上段は手に入りやすい最も使われている中通し式のカメ型。下段左は中通し式のコイン型、右２つは外通し式の６角オモリ
右／ヨーロッパで使われているオモリは、底の質に合わせて使えるようにコーティングされているのが特徴。左ふたつは外通し式、右が中通し式

平坦な平野部を釣ることの多い人は、風や波で仕掛けが動いてしまうのを避けるため、25～40号の大きめのオモリを使う。また、平野部では大型の両軸受けリールを使う人が多く、その場合、スプールの回転速度を得るために大オモリを使わねばならないことも理由のひとつだ。

本来、仕掛けが安定する範囲で小さめを使うことが理想だが、釣り場の個性といった要因だけでなく、使うタックル、ミチイトとのバランスによってもオモリの大きさに向き不向きが生じる。

【連結具】

連結具として主に使われるのはスイベルとスナップである。

ブッコミ釣りは底に仕掛けを這わせるので根掛かりの率が高い。さらに、コイはハリ掛かりすると水底を走り、岩や杭に巻いて逃げようとする。根掛かりを避けるためには、連結具はできるだけ小型を使うことが望ましい。

スイベルはタル型サルカンで4～8号、ローリングスイベル、またはパワースイベルで4～6号、スナップ付きでも同じくらいのサイズがよく使われる。強度のあるローリングスイベルかパワースイベル、クレンスイベルなどがよいだろう。

スナップは、スイベルに比べてもともと強度がない。コイ釣りでは、エサ交換時に仕掛けごと交換し、そのたびにスナップを開け閉めするから、長く使うと、金属疲労で弱くなるので注意が必要だ。強度面からいうと、セイフティスナップよりもフックドスナップやハワイアンスナップが安心である。

連結具は頑丈で小型なものがよい。しかし、極端に小さいとアイが細くなり、イトにダメージを与えやすいことも考える必要がある

【アンチタングルチューブ】

エサ投入時の仕掛け絡み防止とやり取り時にコイの背ビレでミチイトが傷つくのを防ぐために、オモリのすぐ上のミチイトに通すのがアンチタングルチューブだ。普通のビニールチューブは水中で浮いてしまうが、アンチタングルチューブは比重が大きく、底に沈む。

長さは最低でもハリスの長さ以上ないと効果がない、通常は40〜50㎝で使用されている。

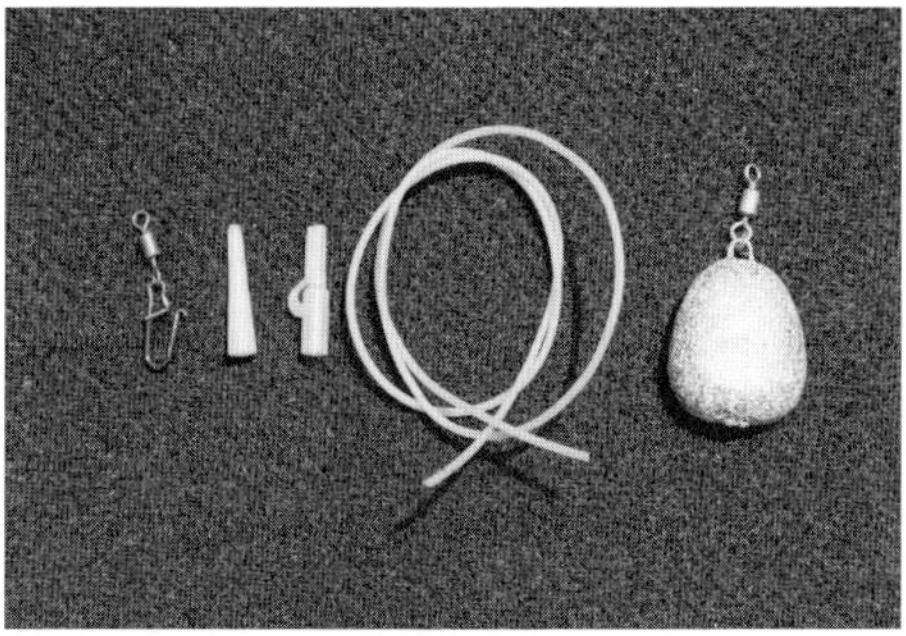

セイフティリグのセット。写真のチューブがアンチタングルチューブ

【レッドコア】

アンチタングルチューブと同じく絡み防止と、コイの背ビレからミチイトを保護するために使われる。

仕掛けを水底に這わせるために使う、ナマリが織り込まれた特殊なラインで、海のトローリングなどでミチイトを沈めるために用いられるレッドコアと同じだ。長さは60㎝前後で使われることが多い。

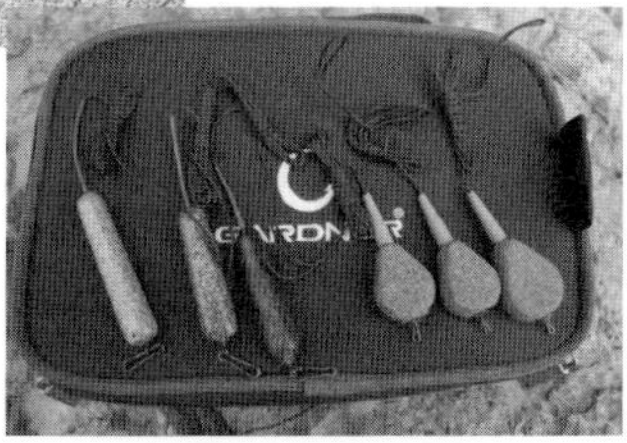

上／ナマリの織り込まれたレッドコアライン
右／仕掛けにセットされたレッドコア

【セイフティボルト】

コイは習性上、ハリ掛かりすると障害物に駆け込むことが多く、どうしても仕掛けが切れたり、自ら仕掛けを切らざるをえないこともある。

セイフティボルトは、ラインブレイクの際に、コイがオモリを含めた仕掛け全体を口にぶら下げたまま泳ぎ去るのを防ぐために考えられたものだ。日本の仕掛けでも、太い先イトを使わず、ミチイトにオモリを通せば同じである。

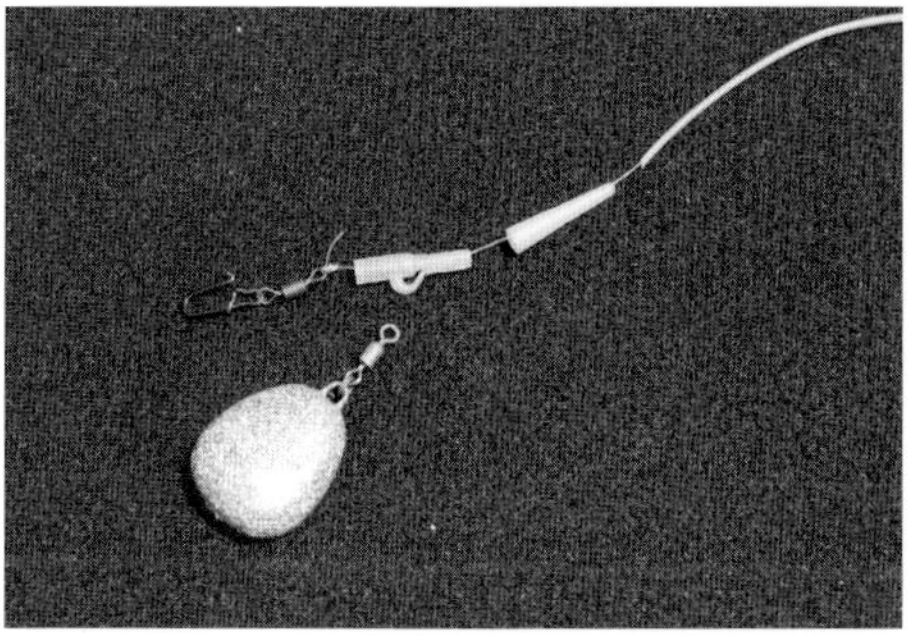

セイフテイボルトリグ。根掛かりでラインブレイクの際、仕掛けが分解して、コイがオモリを引きずったままにならないシステムだ

2 これだけは覚えたい結び

コイ釣りでは、イトとイトを直結することは少なく、ミチイトと連結具の結びを覚えれば、まず困ることはない。

結びで大切なのは、イトの強度をできる限り損なわないということだ。サオやリールなどのタックルが進化し、イトの強度も増したが、結びだけは釣り人の技術にゆだねられている。

結びの種類も数々紹介され、高強度で複雑なものもあるが、基本的な結びを自分のものにすることが大切で、いくら強度があっても、結ぶのに時間がかかったり、ムラができやすい結びでは意味がない。

現在使われているイトの太さなら、やり取りで切れるということはまずない。締め込みが甘いために抜けることがほとんどである。一度滑り始めたイトは端線を長くしたところで止まるものではない。

いずれの結び方にもいえることだが、結ぶときのコツは、イトを濡らし、一定の力で締め込んでいくということだ。特にナイロンイトは摩擦による熱に弱いので注意したい。

【連結具に結ぶ】

8の字チチワ（エイトノット）

単純で、誰もが最初に覚える結びのひとつ、8の字チチワは、まさにシンプル・イズ・ベストの結びで、下手に複雑な結び方をするよりはるかに安定した強度が得られるため、丈夫な仕上がりとなる。

したがって、ミチイトとスイベルの連結に使っても問題はないが、コイ釣りではPEラインのハリス上部の結びとして使用されることが圧倒的に多い。

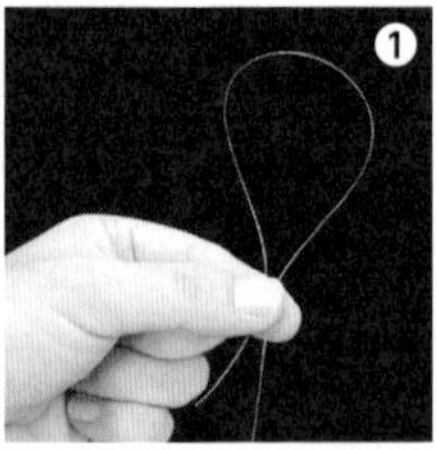

ラインを折り返して二重にする。少し大きめにしないとあとで大変になる

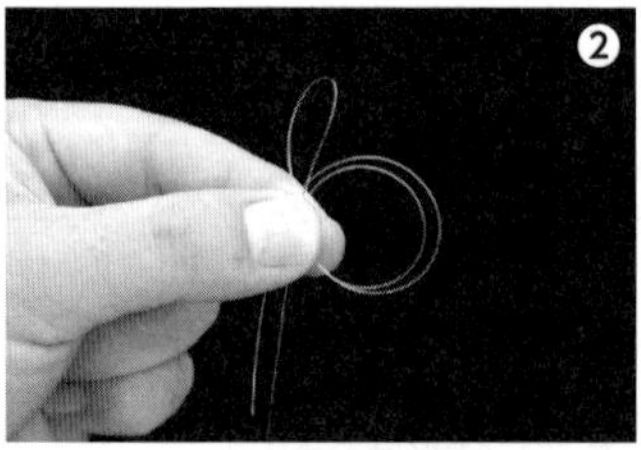

二重にしたラインで輪を作る

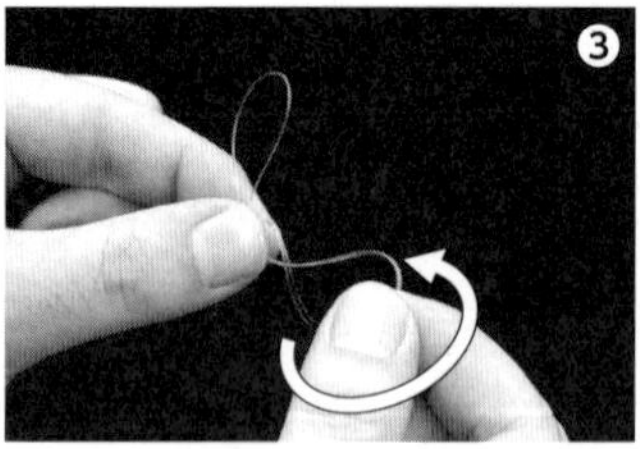

できた輪を半回転ひねって

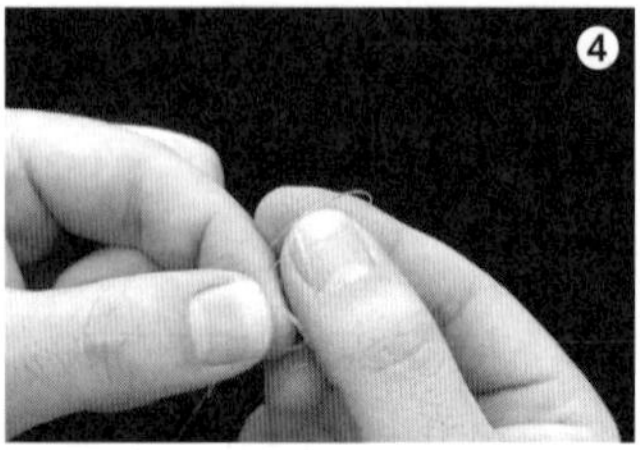

折り返し部分にかぶせる

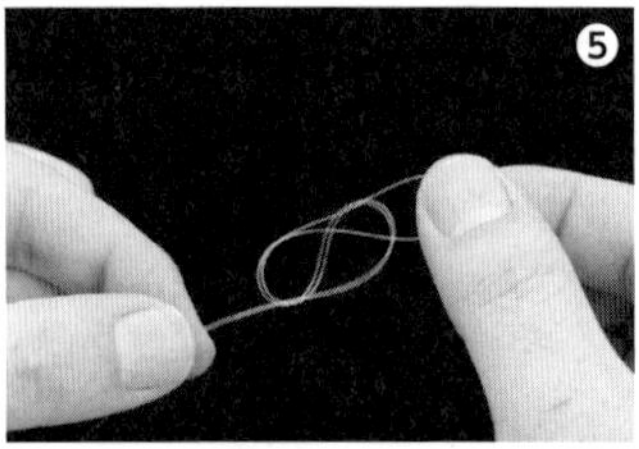

結び部分が上のように8の字になっていればOK
この時につばなどで濡らす

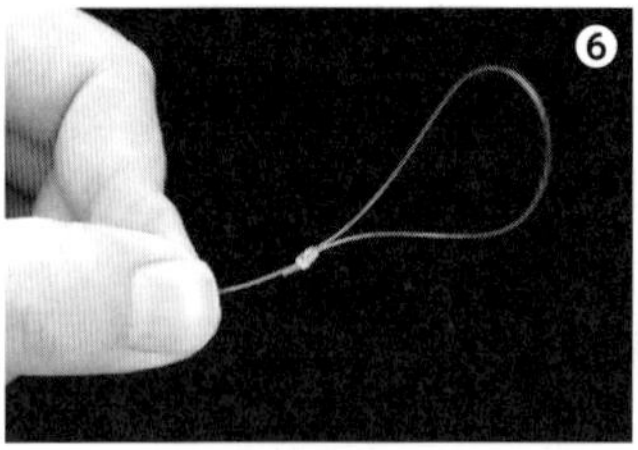

輪の部分の大きさを調整しながら引き絞る

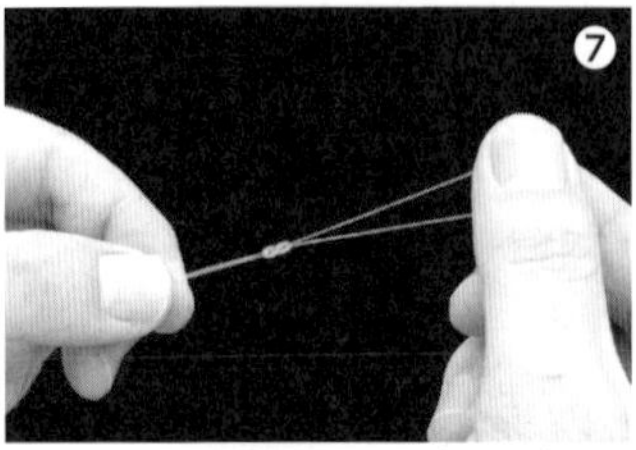

エイトノットは滑りやすいので充分に締め込む

クリンチノット

スイベルとミチイトの連結法で最も一般的な結び方のひとつ。コイ釣り人の80%以上はクリンチノット、またはその応用型で結んでいる。

魚が大きいだけにノーマルなクリンチノットではなく、スイベルのアイに二重にイトを巻き付けて締めるダブルループクリンチノットか、最初から2本線にして締めるダブルラインクリンチノットを使う人が多い。ダブルラインクリンチノットは、最も安定した強度を得られる、おすすめの結び方である。

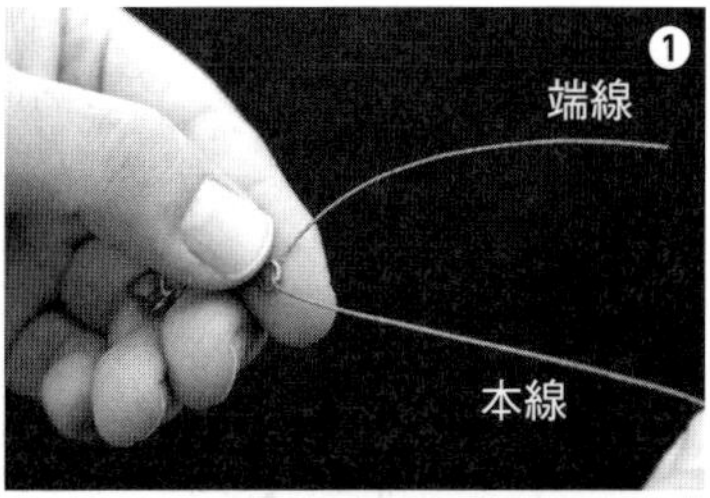

ラインをスイベルに通して折り返す（ダブルループにする時はもう一度スイベルに通す）

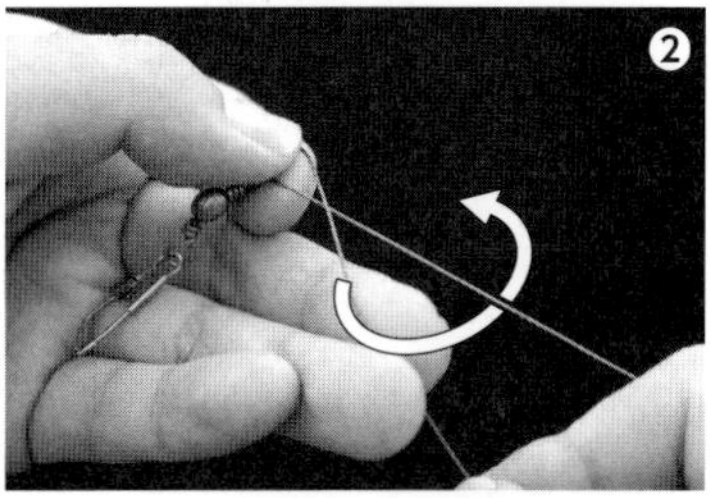

スイベルと折り返し部分を一緒につまみ、本線に端線を巻いていく

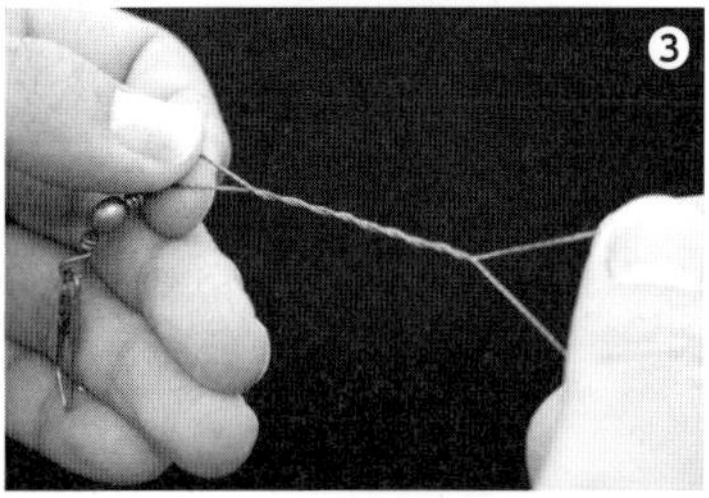

5～6回巻いたら

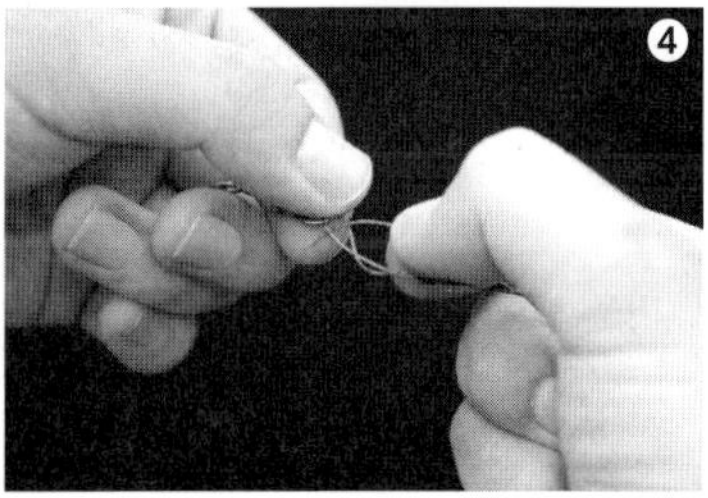

折り返して最初にできた輪に端線を通す

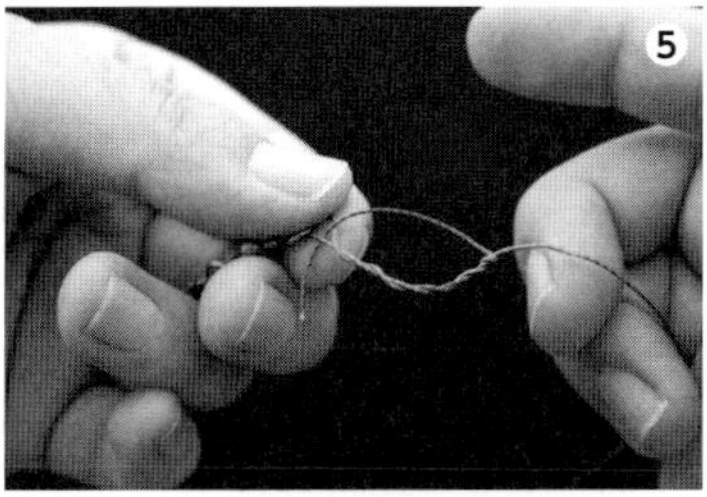

ここでもうひとつ輪ができる

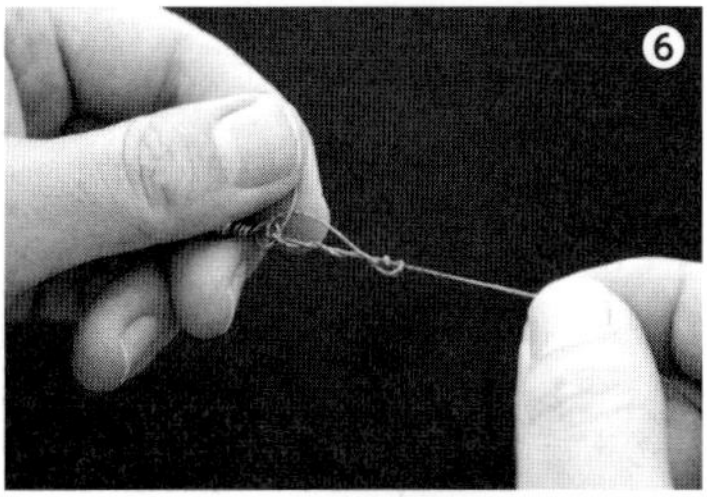

⑤でできた輪に端線を通す。この時に濡らす

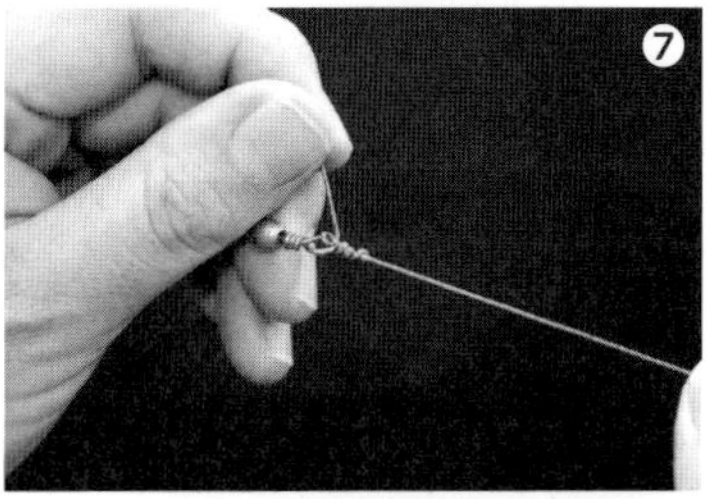

端線をしっかり押さえながら本線をゆっくり引き絞る

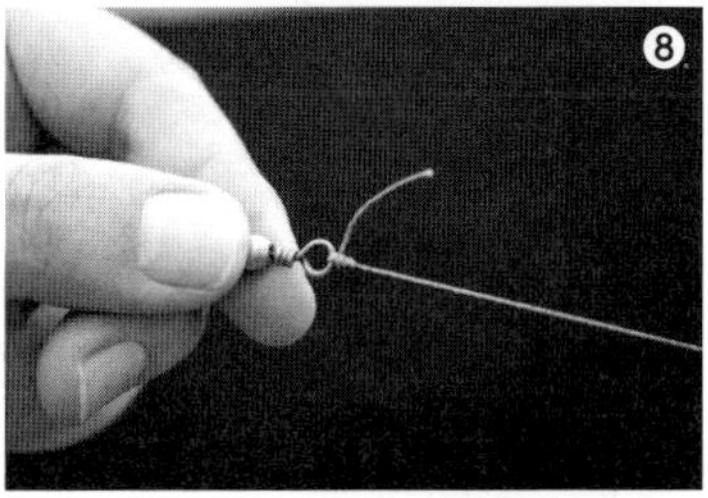

最後に端線、本線を締め込む

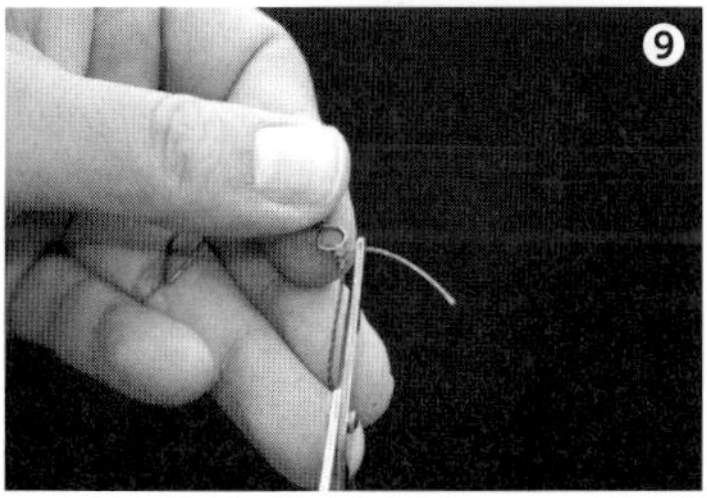

2㎜ほど残して余分をカット

パロマーノット

コイ釣りではあまり使われていないが、結びのバリエーションのひとつに加えておきたいのがパロマーノットだ。簡単で安定した強度を得られる結びで、求められる要素を充分に満たしている。

ほぼ100%の結束強度を保ち、ブレイデッドライン（編み込み糸）でもすっぽ抜けが少ない。

本線と端線が同じ方向に向かっているので、2本バリのハリスにも応用できる結びである。

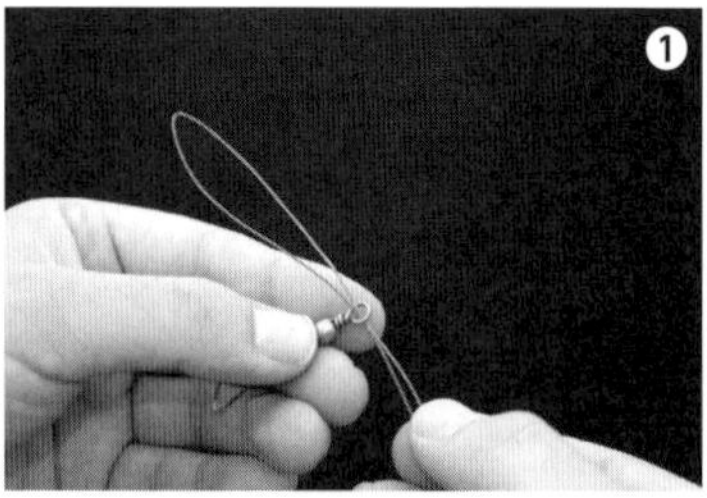

ラインを20㎝ほどのところで折り返してダブルラインにし、スイベルに通す

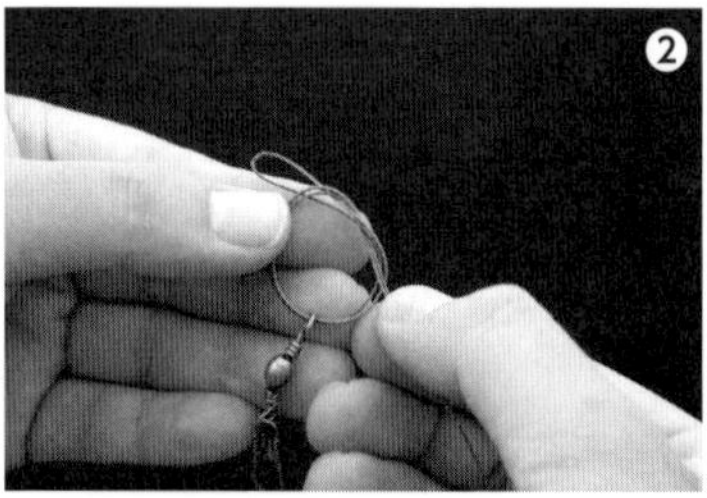

ダブルライン部で片結びを緩くつくる

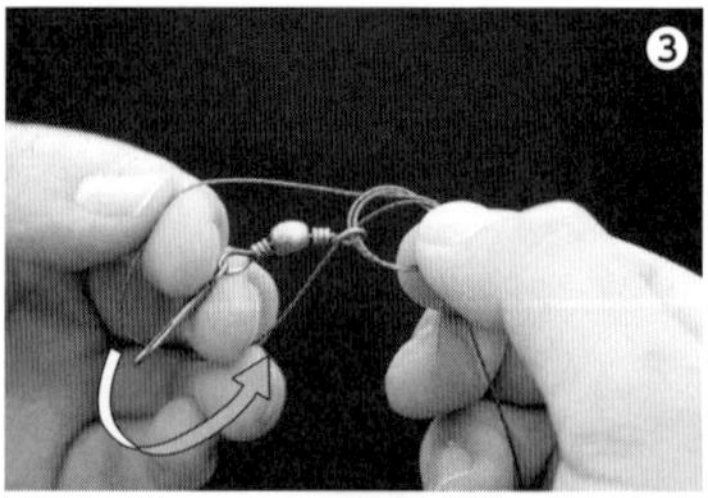

先端の輪をスイベルにくぐらせる

そのまま輪を折り返し

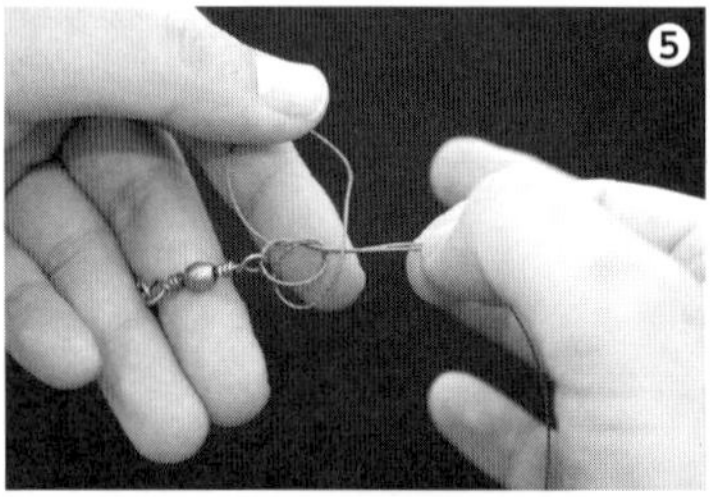

均等に締まるように調節しながら引き絞る

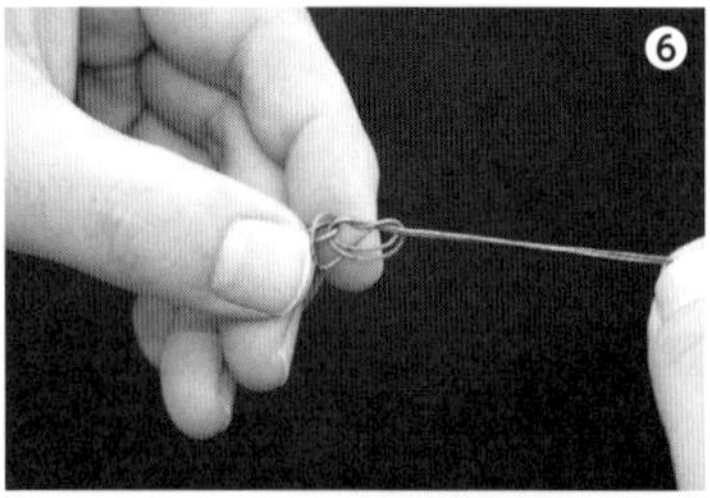

ある程度締まったら、ラインを濡らして締め込む

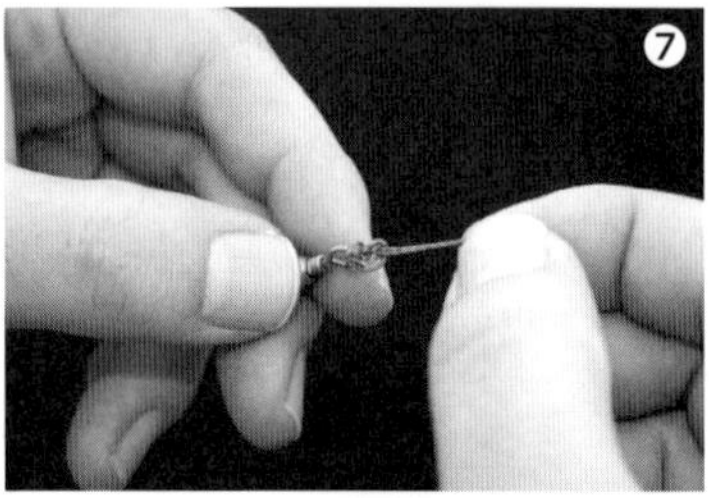

折り返した部分がスイベル側にこないように注意する

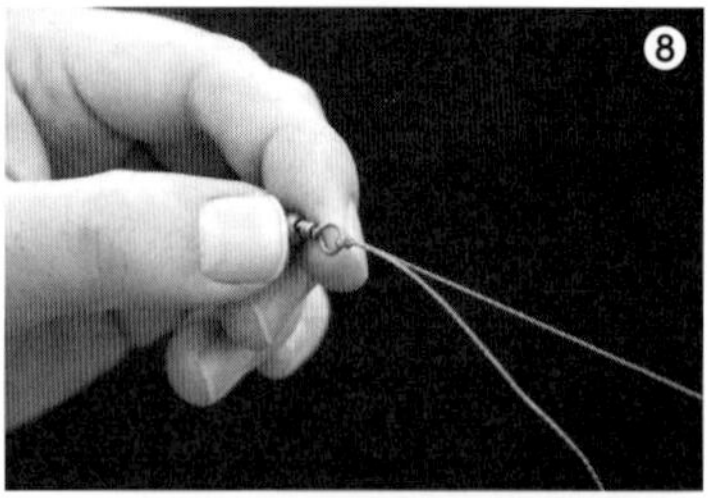

最後に端線、本線を締め込む。折り返したダブルラインをずれないように最後まで締め込むと…

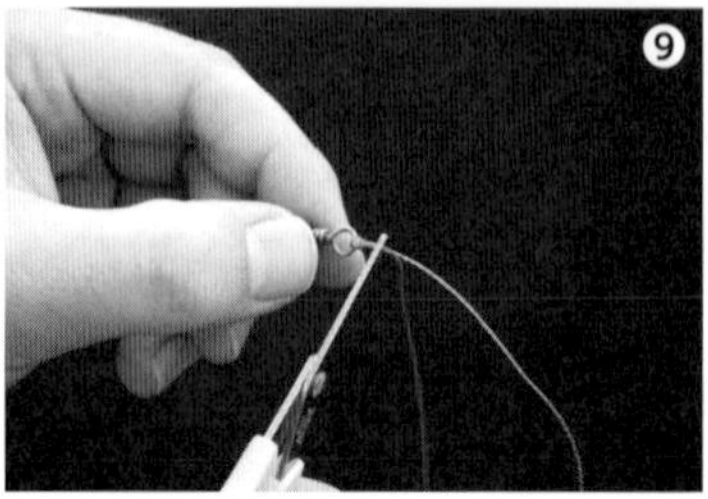

折り返し部分が結び目になるので、長さの調節がしやすい。2㎜ほど残して余分をカット

【スプールに結ぶ】

スプール結び

ミチイトをすべて引き出されることはめったにないが、ちょっとサオを離れた隙に最後のスプールへの結びで止まっているということはたまにある。いわば最後の砦だから、しっかり結んでおきたい。通常はスプールにひと巻きして結ぶが、摩擦係数を増し、強度を保つためにも、スプールへは二重に結ぶほうが安心だ。

❶ スプールにラインを2回巻く。以下は基本的にはクリンチノットと同様だ

❷ 本線に端線を巻いていく。5～6回巻いたら…

❸ 折り返して、最初にできた輪に端線を通す

❹ さらに折り返して　できた輪に端線を通す

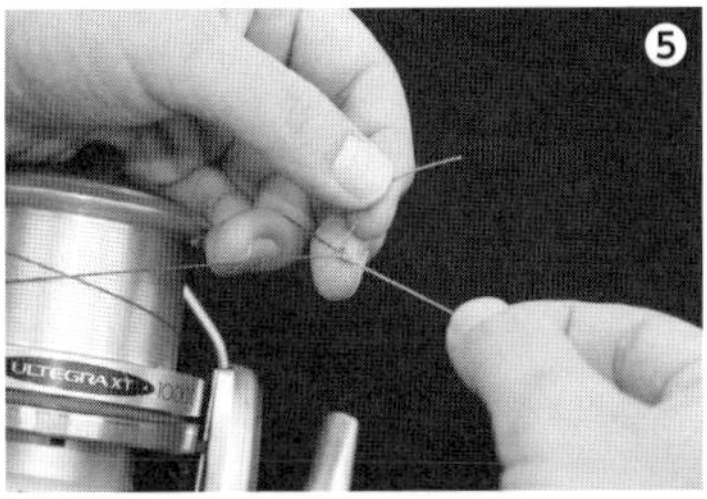

❺ 端線をしっかり持ち本線を引き絞る

❻ ある程度締まったらスプールに巻いたイトを根本側に移動させてから

❼ 結び目を濡らして、締め込む

❽ ラインが重ならないように整えて…

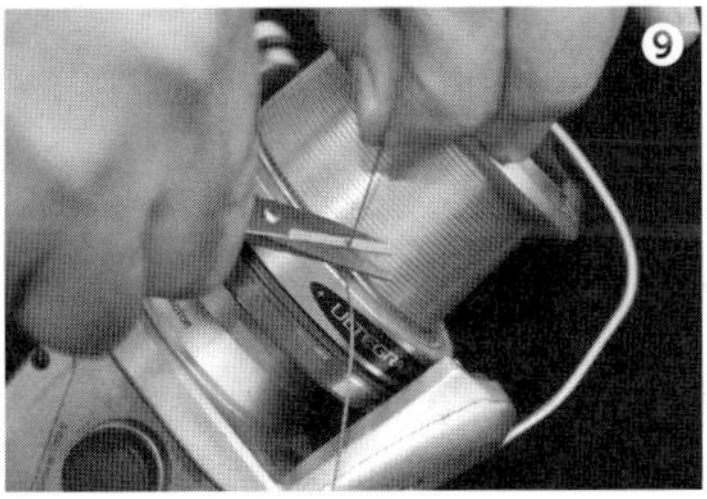

❾ 2㎜程残して余分をカットする

【ハリとハリスを結ぶ】

外掛け結び

ハリにハリスを結ぶ方法でよく使われるのは、内掛け結びと外掛け結びであるが、コイ釣りでは、仕上がりの美しさもあって、外掛け結びがよく使われている。

ハリの軸に巻き付けたハリスを、最後に軸に2回巻き付けることが多い。これは「枕付け」と呼ばれる方法で、長時間のやり取りでハリス最上部が軸に擦れて傷つくのを防ぐためである。

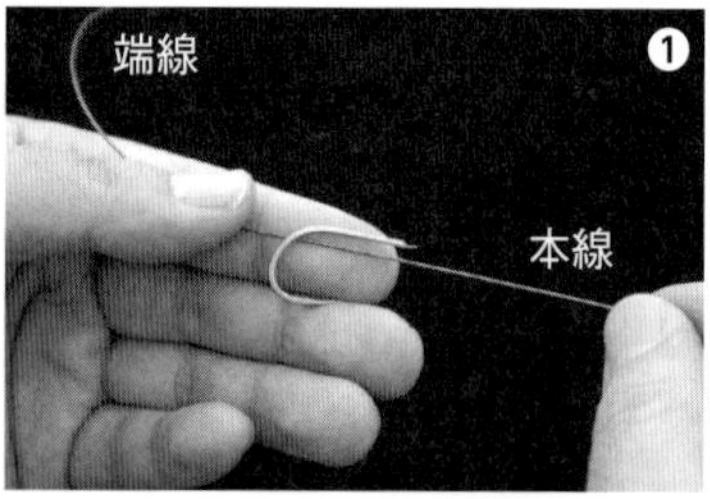

ハリスにハリの軸を添わせてハリスとハリを持つ

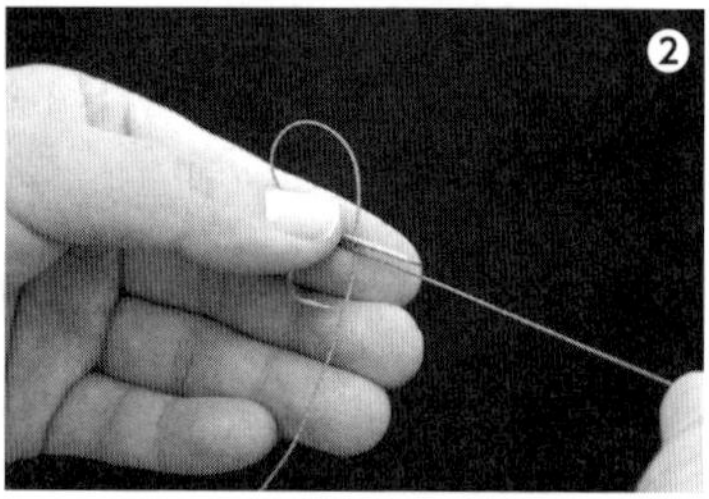

端線を折り返してハリス、ハリの向こう側を通して、2㎝ほどの輪を作る

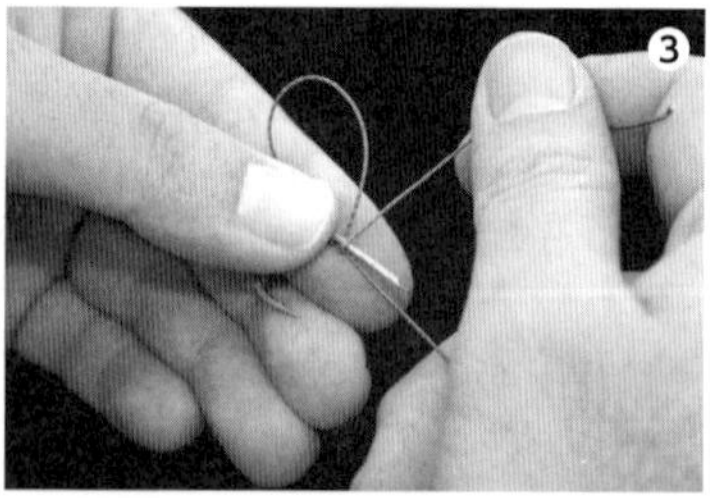

端線を手前側にまわし

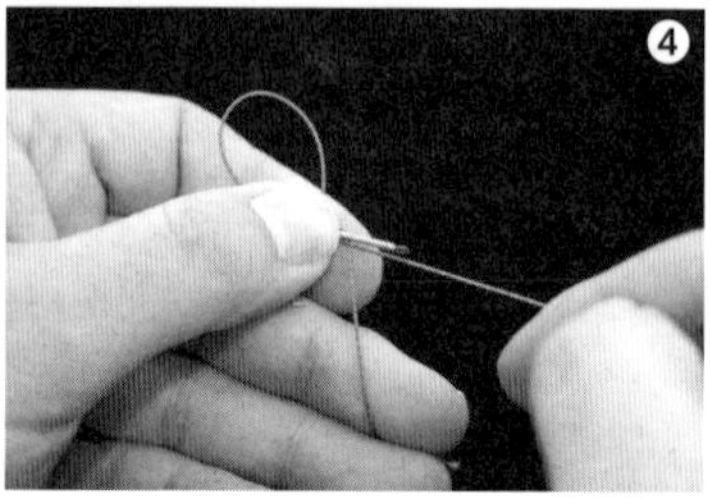

本線と軸に端線を巻き付ける。本線を中指などで押さえておくと巻きやすい

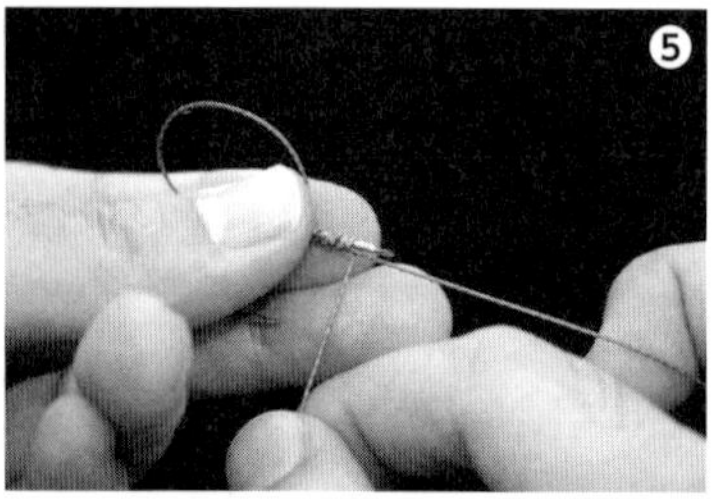

5～7回巻き付ける。最後に軸だけに2回巻き付けて枕を作っても良い

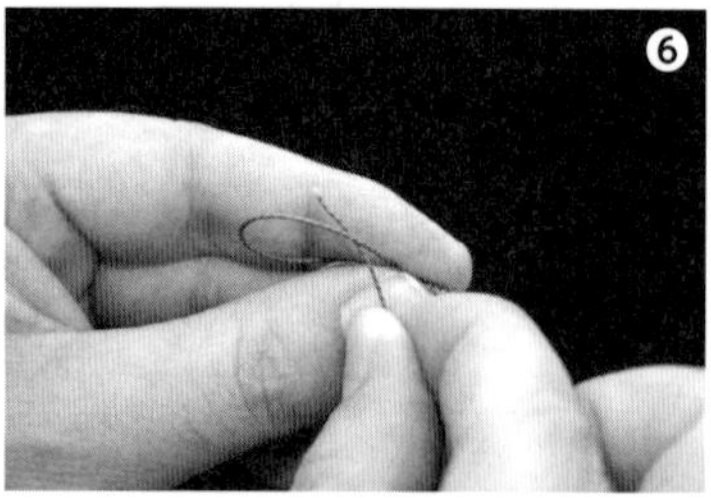

巻き付け部をしっかりと持ち、最初の輪に端線を通す

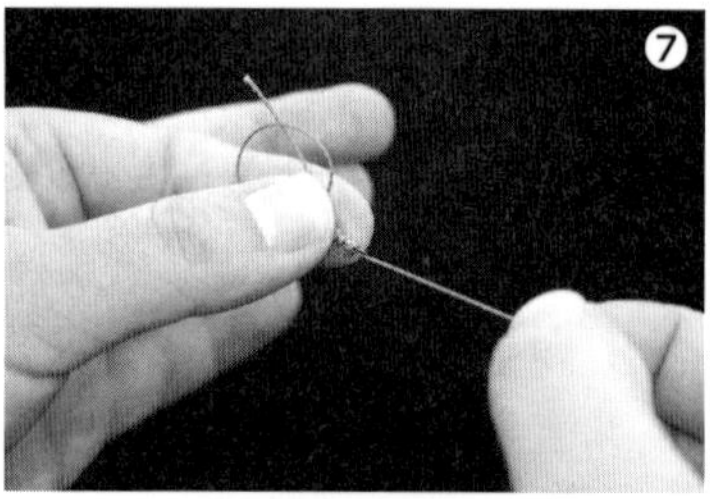

巻き付け部を濡らして本線を引き締める

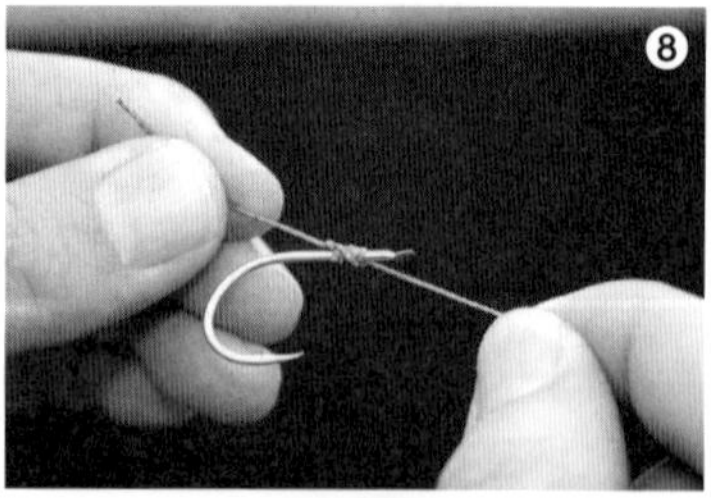

ある程度締まったら、結びの位置をチモトに寄せながら向きを直す

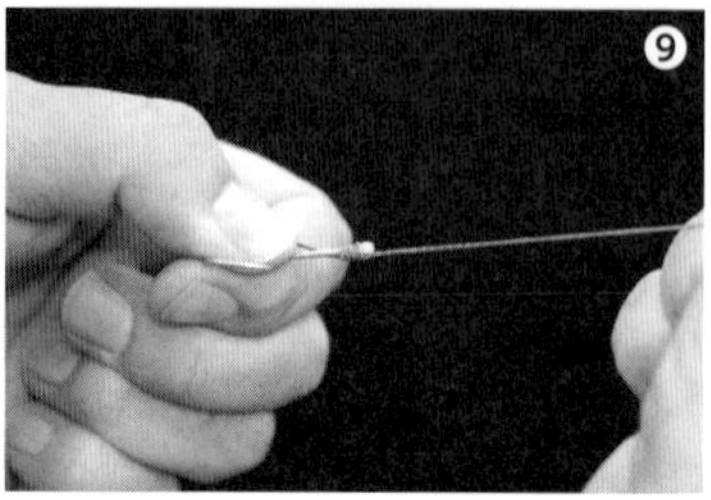

最後にハリと本線を持って締め込む。2㎜ほど残して余分をカット

ノットレスノット

海外では管付バリが一般的だ。日本でよく使われるようになったのは、タニシエサブームのころで、ボイリーが知られる以前から、関東のタニシ仕掛けでは、ヘアリグが使われていた。

管付バリの長所は、結びが楽なことと、やり取り中にハリスがハリの背中側に回ってしまうことがない点である。

管付バリではノットレスノットが最も簡単だ。イト同士をクロスさせて締め込まず、軸に巻き付けて摩擦だけでハリをホールドしているので、名のとおり「結びのない結び」である。

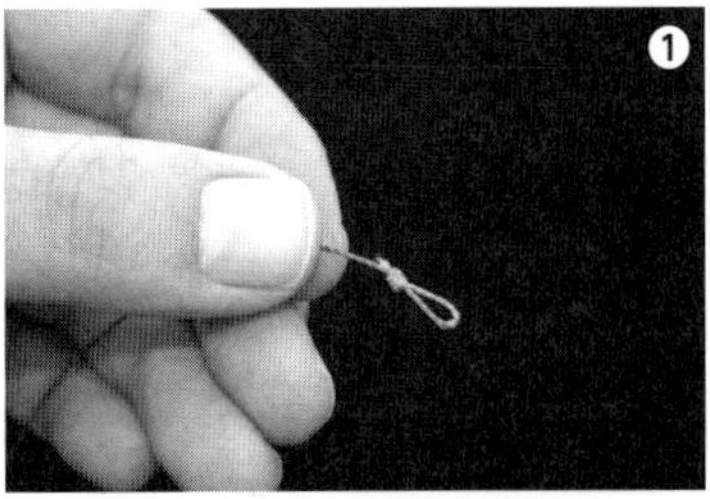

❶ ボイリーなどでハリ側にチチワが必要なときは先に作っておく

❷ ハリスを必要な長さに切り、アイの背側から通す

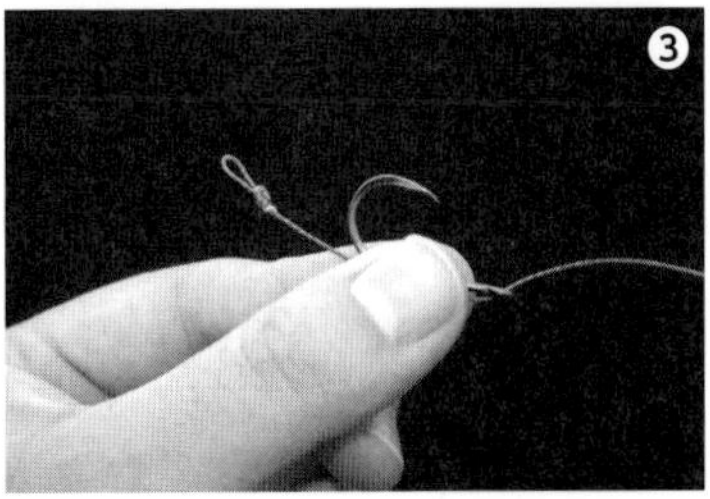

❸ ヘア部分を必要な長さにし、ずれないようにハリとともにしっかり持つ

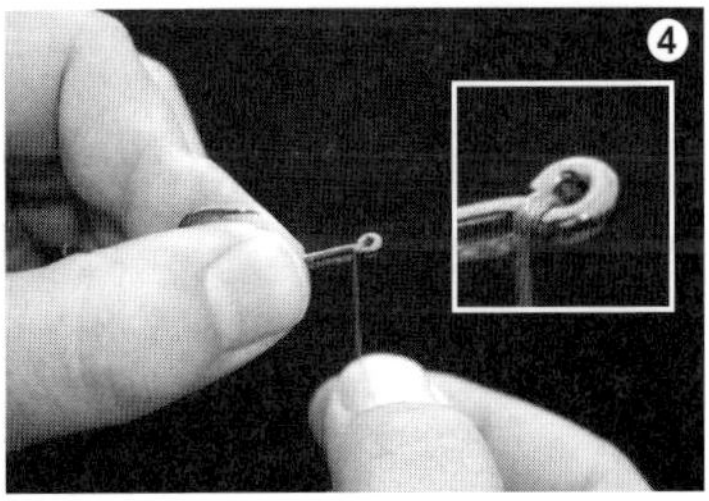

❹ アイの切れ目とは反対側から巻始める

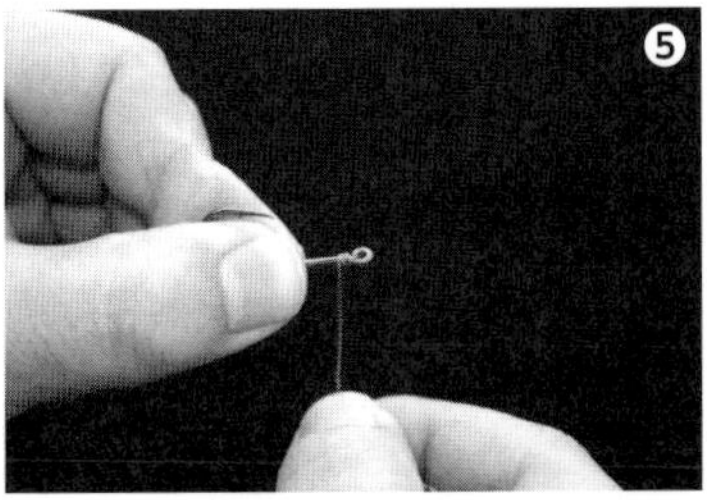

❺ すき間がないようにしっかりと締めながら巻く

❻ ハリ先と同じ位置まで巻いたら…

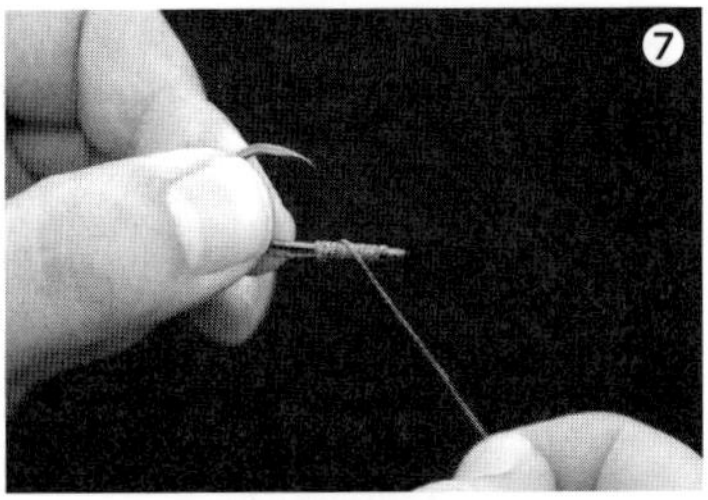

❼ アイに向かって2～3回巻き戻す

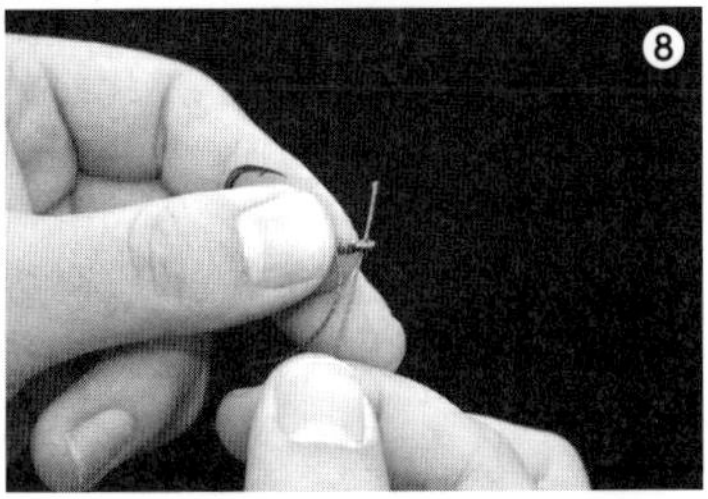

❽ アイまで巻き戻したら、アイの切れ目とは反対側の背側からハリスを通す

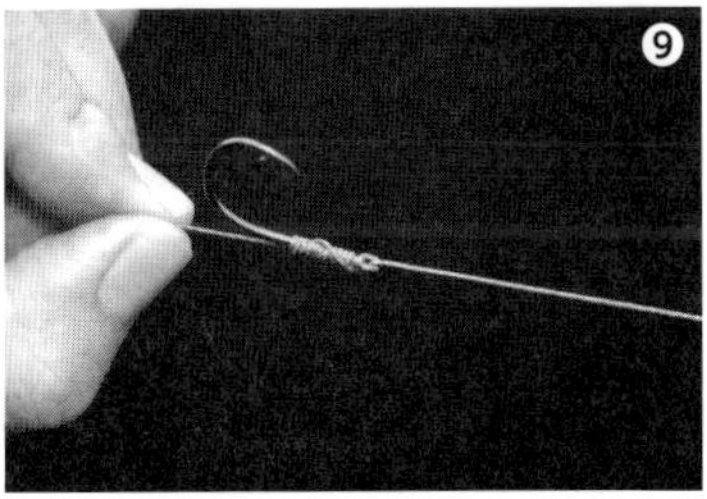

❾ ヘア部分とハリスを持って締め込む。結び目はないがしっかりできていれば、ほどけることはない

3 仕掛けのバリエーション

仕掛けに求められること

本来はハリなど食いたくない魚に無理に食わせるのだから、仕掛けは細く、小さく、できるだけシンプルなほうがよい。ハリやイトがないと釣りにならないので仕方ないが、理想はミチイトの先にハリがついているだけのものだ。そこに仕掛けを安定させるオモリが必要になり、イトのねじれによる回転をいくらかでも防ぐことと使い勝手から連結具が加わる。あとは対象魚を釣りあげる最低限の強さを備えていればよい。

実釣レベルでみるとどうだろう。さすがにミチイト2号となると10kgを超えるコイを確実にあげられるのは、ハイレベルな技術を持ったごく一部の釣り人だけだし一般的でない。さらに、やり取り時間の長さやバラシによる魚へのダメージを考えれば、極端な細仕掛けは使うべきではない。

イトの太さ、仕掛けの強度は、使用するサオなど、ほかのタックルとのバランスも加味して考えなくてはならない

基本タックル

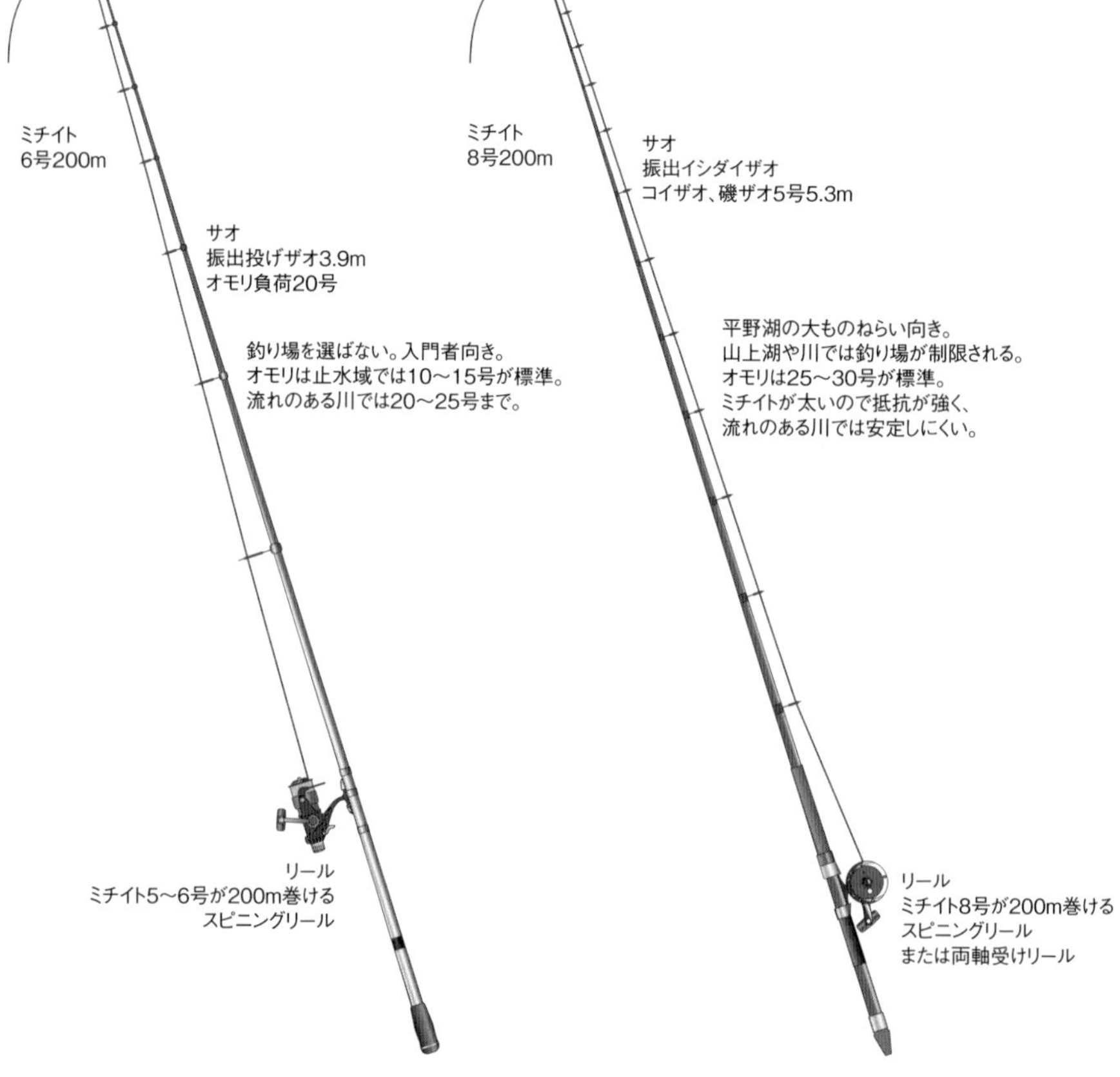

【1本バリラセン仕掛け】

コイ釣りで最も基本となる仕掛けは「クワセ仕掛け」と呼ばれる1本バリ仕掛けで、平野湖、河川、山上湖を問わずに使うことができる。

吸い込み仕掛けと呼ばれる4点バリもしくは3点バリの仕掛けがある。これは、理にかなった仕掛けだが、1本バリと比較しても釣果に差がない。根掛かりの危険度が増す、取り込み時に玉網に絡む、ハリ外しの際に遊びバリでケガをする、といったトラブルのほかに、魚体を傷つけるなど、むしろデメリットのほうが多く、年々使われなくなっている。

国際コイ釣り協会ルールでは1本バリ以外は禁止となっており、できることなら我が国も今後、1本バリの方向へ進みたいものである。

コイ釣りでは、クワセエサのみで投入することは少なく、普通は、寄せエサとクワセエサのセットで仕掛けを投入する。　1本バリ仕掛けの場合、ラセンなどに寄せエサとして練りダンゴをセットして使用することが多い。

基本タックル

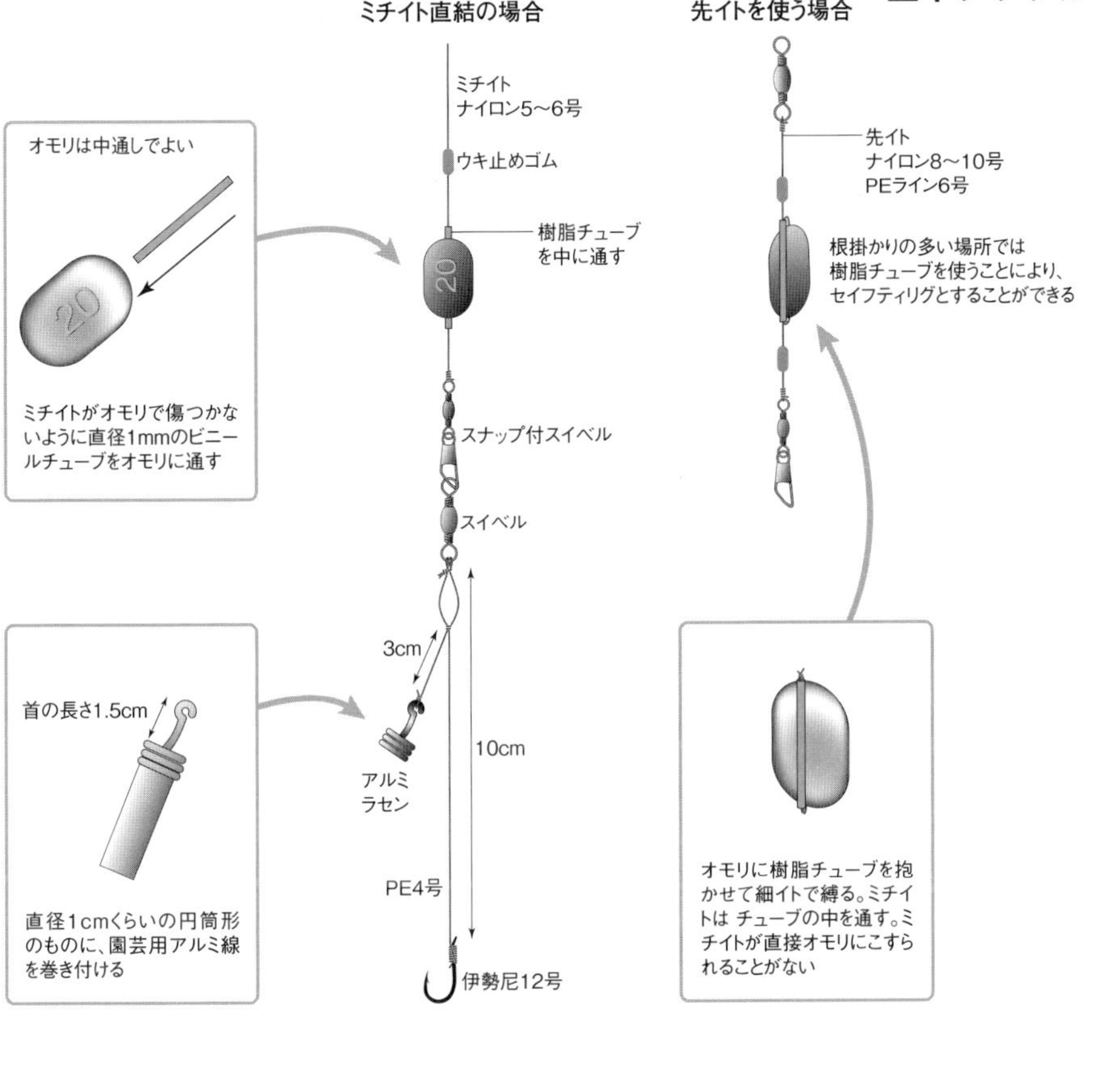

【袋包み式1本バリ仕掛け】

仕掛けにとって大切なことといえば、丈夫であることと同時に使い勝手がよいことが挙げられる。作るときは少々面倒で時間がかかっても、釣り場での仕掛けのセット、エサ替えに時間がかかるような仕掛けでは意味がないからだ。

その意味からいえば、ダンゴエサのセットが簡単なこの仕掛けは合格点だ。現在、練りエサを使う釣り人の間では最も人気があるのもうなずける。

とかく練りエサは、バラケのよさを気にするとビギナーには空中分解の不安がつきまとう。かといって、粘りを出しすぎると、水中で溶けずにアタリが遠くなってしまう。

要領を得ないうちは、エサのセットに手間取ってしまうことはよくあることだ。

その点この仕掛けは、3本のハリスで練りエサを包み込むため、エサのセットがとても楽で安定性もよく、ビギナーでも空中分解の心配がない。握力の弱い女性にもおすすめの仕掛けだ。

作るときには、寸法合わせが少々面倒であるが、それも慣れだろう。

袋包み式 1 本バリ仕掛け

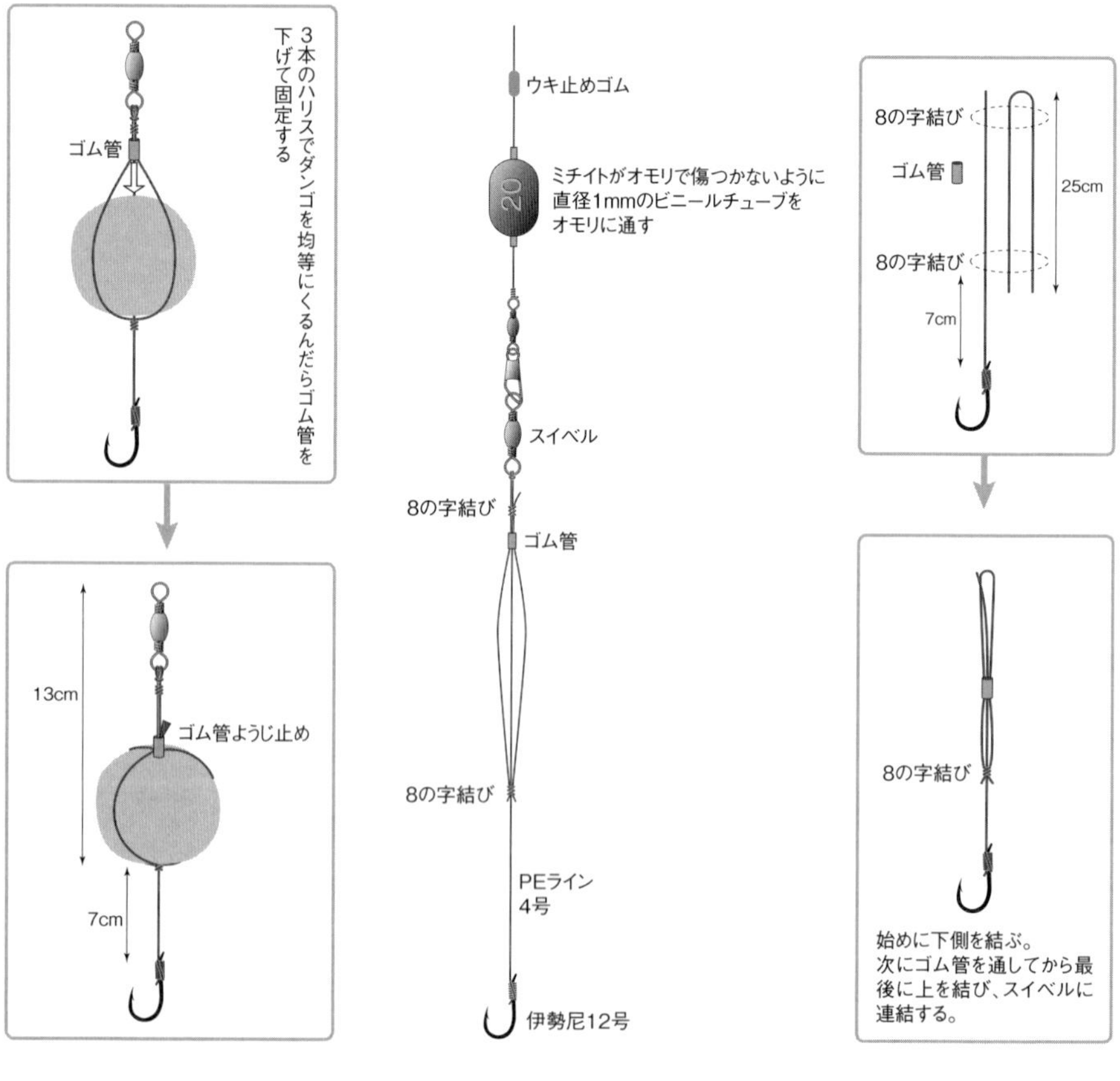

吸い込み仕掛け

コイ仕掛けの代表。ハリ数は減る傾向にあり、せいぜい3本か2本で使われる。理にかなった仕掛けだが、遊びバリがエラやヒレに掛かって魚体を傷つけたり、根掛かりも多いので使用頻度は減っている。

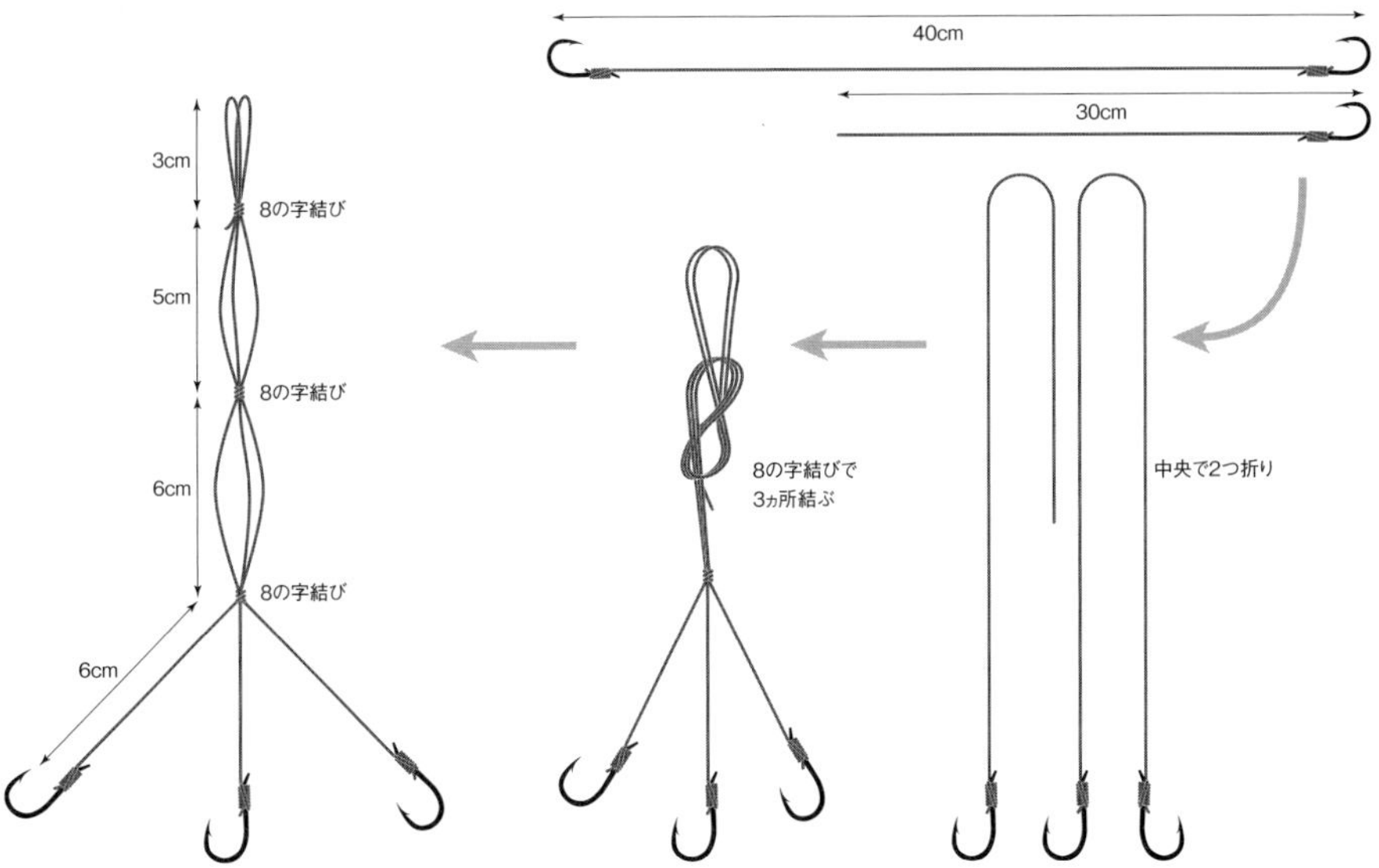

生きエサの付け方

コイ釣りで使われる生きエサの代表はタニシ、赤虫、サシだ。タニシはコイの主食で、霞ヶ浦を中心とした関東の平野部で人気。赤虫とサシは、冬のエサとして知られる。河川の河口部では、冬になるとゴカイのバチヌケがあり、コイに限らず、その時期はゴカイに勝るエサはないという場所もある。

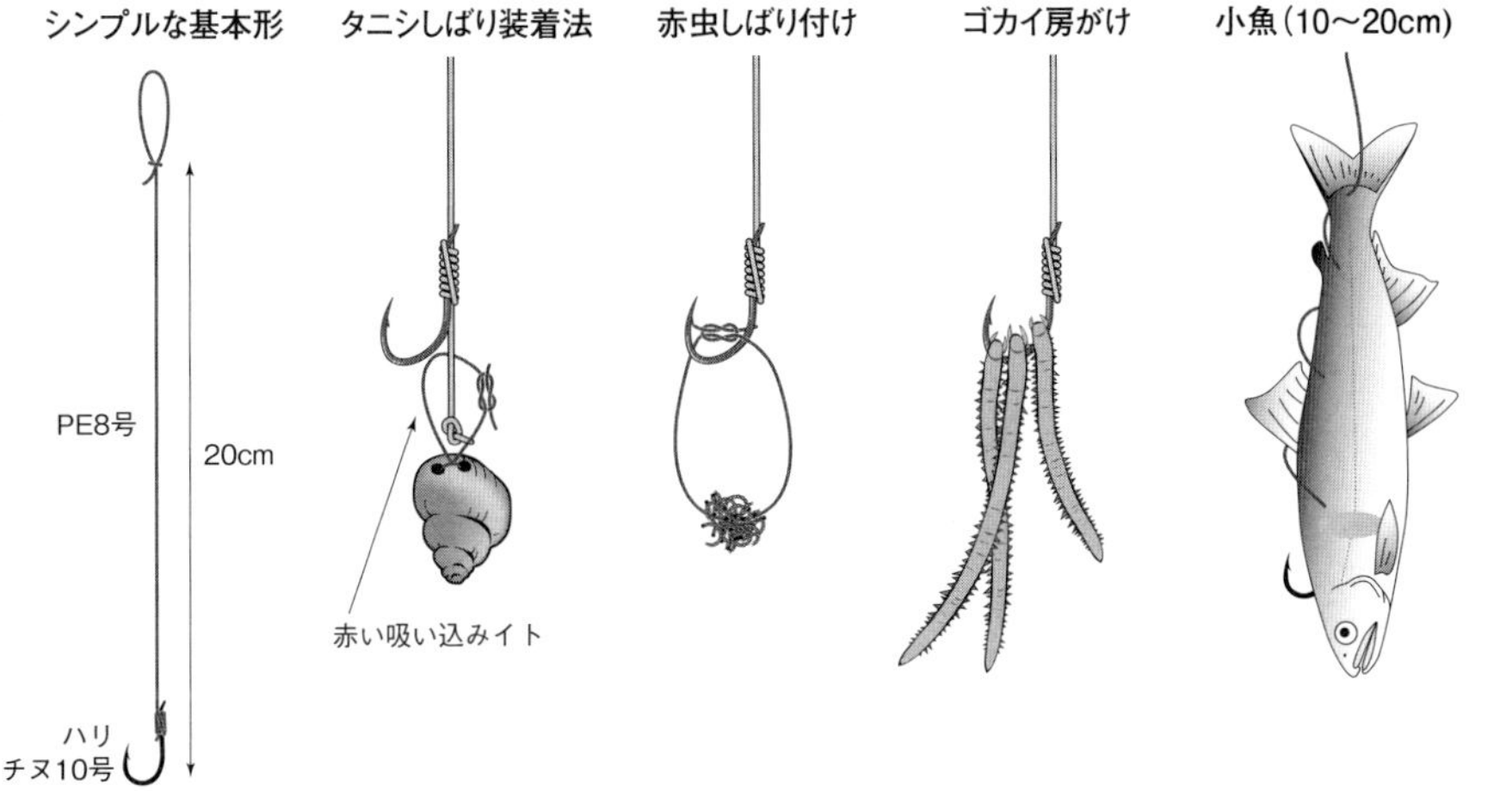

タニシの場合はヘアリグのように端線を長く垂らす

ハリスを余らせて結びこぶをつくり、タニシに穴を開け、赤い吸い込みイトでハリスごとしばる

赤い木綿糸で赤虫の束をしばり、ハリに結ぶ

ぬい刺しにして頭にハリを出す。

ヨーロッパ式仕掛け

日本と海外とのコイ釣りの交流が盛んになったのは２００４年である。ヨーロッパで主流のエサ、ボイリーをはじめ、カープロッド、仕掛け用パーツも国内で手に入るようになった。

発祥はほとんどがイギリスで、使われるパーツは細かく、種類が多いが、これらすべてをそっくり使わねば仕掛けが作れないわけではない。重要なのは、ボイリーを使う場合のハリとハリスの部分、つまり仕掛け先端部で、ミチイトからオモリ、スイベルまでのパーツは、揃えられなければ従来品でも充分である。

本書では海外パーツはできるだけイギリスの表記のままとする。

基本タックル

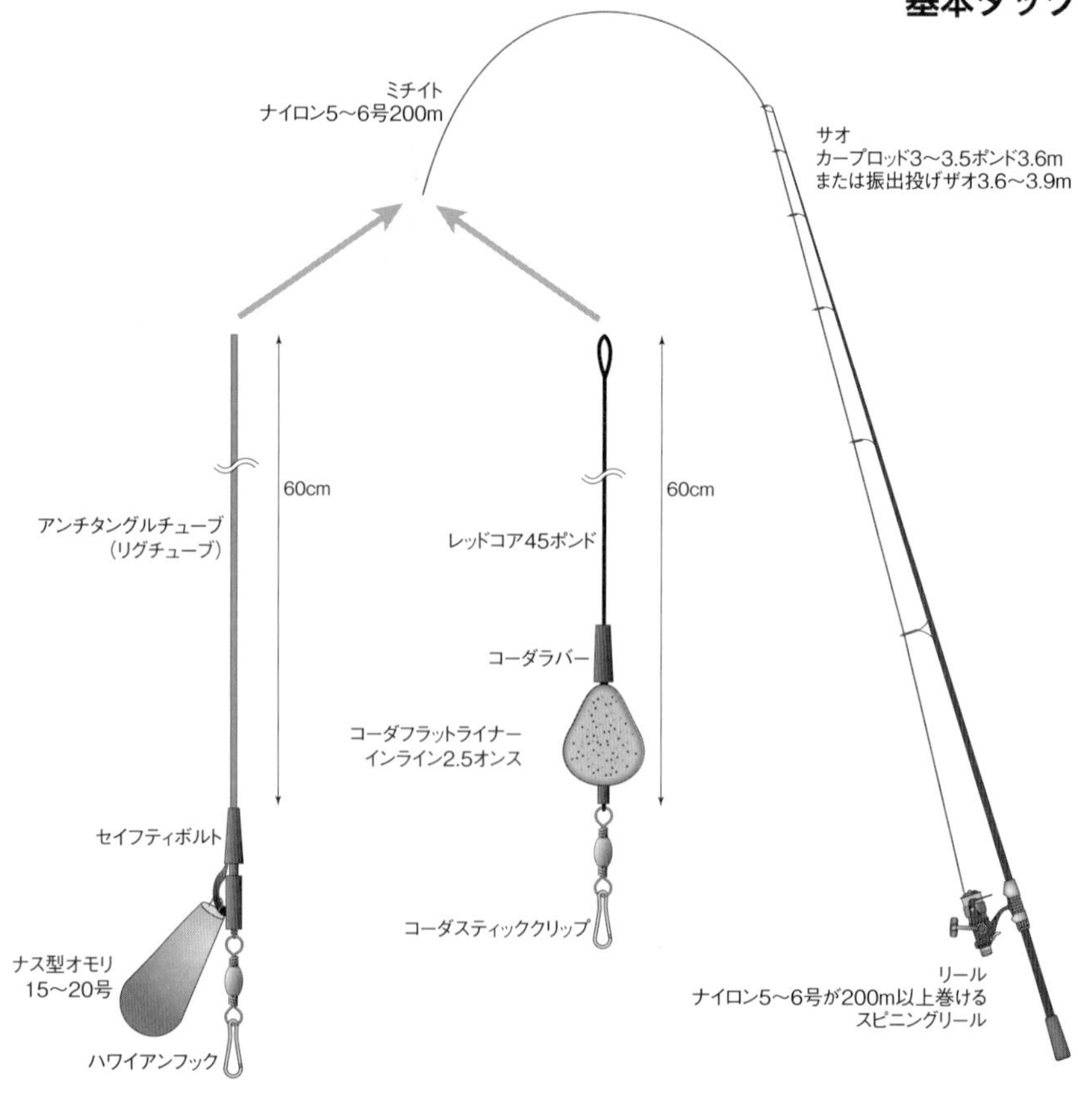

セイフティボルト・リグ

根掛かりなどでミチイトが切れてしまったとき、コイが口にオモリをぶら下げたまま泳ぎ去ることがないように考えられた捨てオモリ仕掛け。ラバーキャップとレッドクリップから構成される部分の名称である。

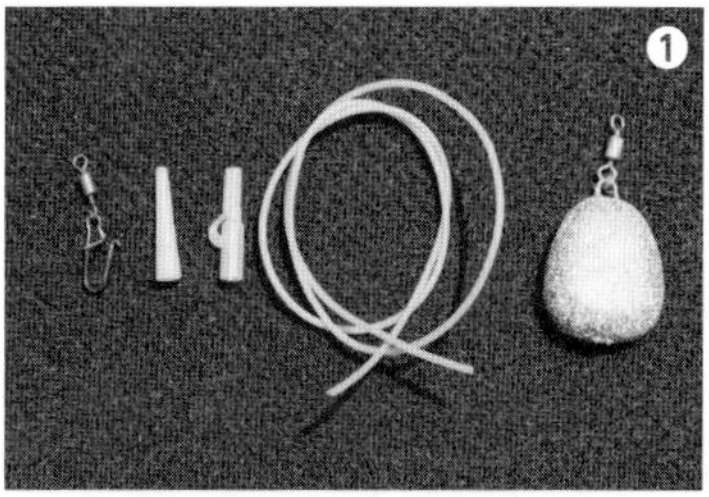

① 左からスナップスイベル、ラバーキャップ、レッドクリップ、リグチューブ、オモリ

② リグチューブにミチイトを通す。リグチューブの長さは平均して50～60cm

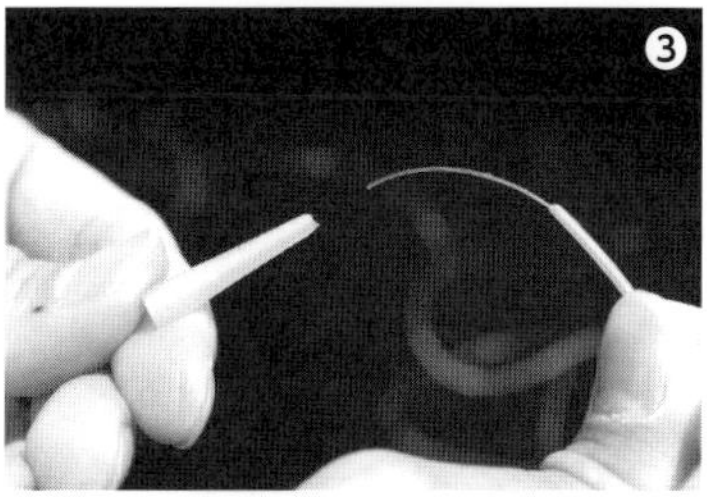

③ ミチイトがリグチューブの反対側から飛び出たら、ラバーキャップの細いほうからミチイトを通す

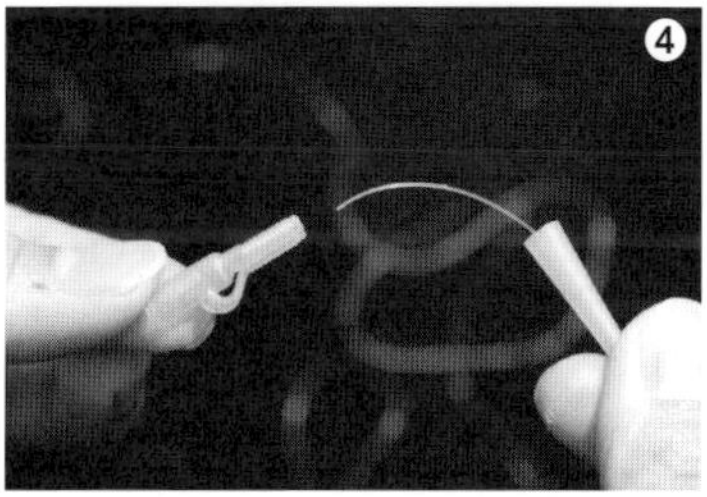

④ ミチイトがラバーキャップに通ったら、今度はレッドクリップに通す

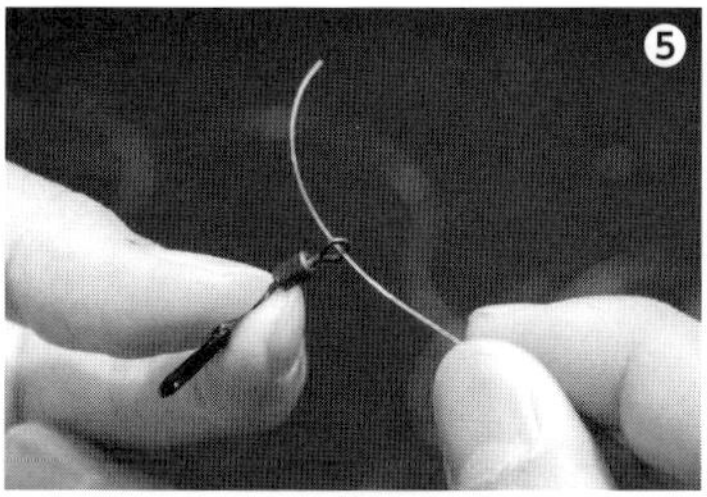

⑤ ミチイトをレッドクリップに通したら、スイベルに結ぶ。結び方は好きなものでよい

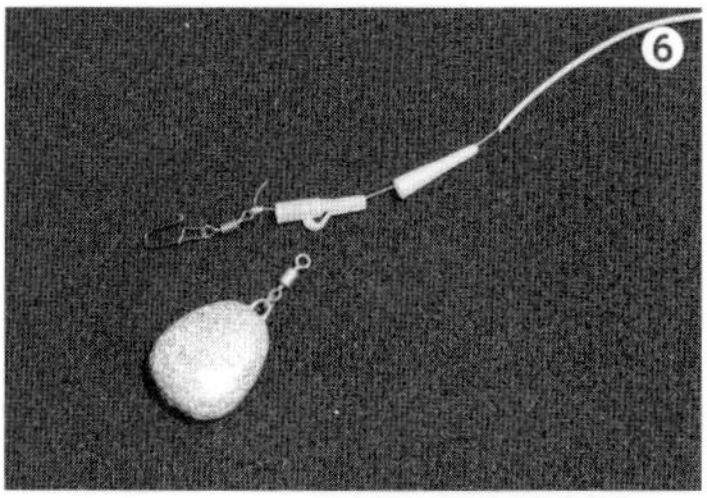

⑥ ここまでの行程を終えた状態

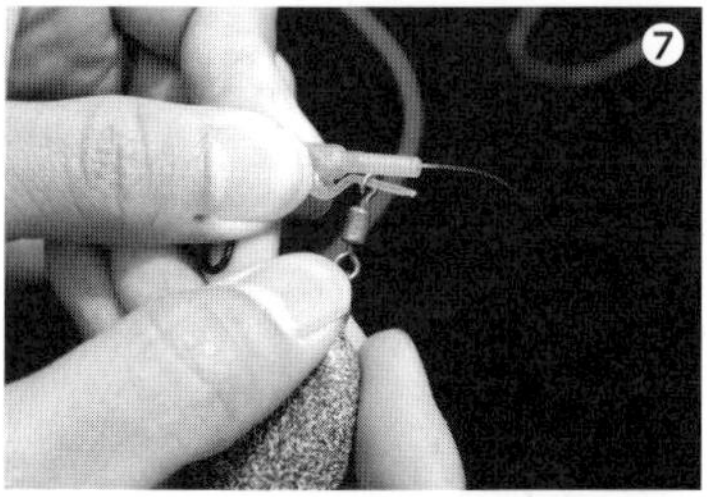

⑦ レッドクリップをスイベルにかぶせ、次にオモリをレッドクリップに引っかける

⑧ ラバーキャップをレッドクリップにかぶせてオモリを固定する

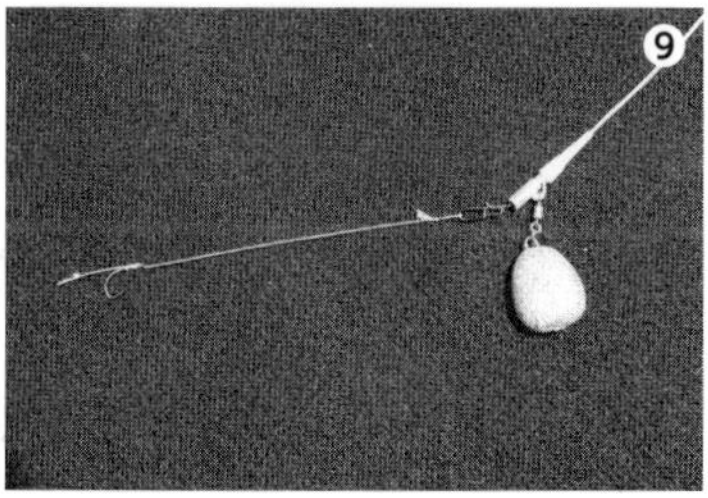

⑨ ラバーキャップ、レッドクリップをスイベルにかぶせて固定すれば完成

レッドコア

トローリングなどで古くから使われてきた、絡みを防止し、ミチイトを沈めるための芯に鉛を使ったライン。

レッドコアは、根付けの要領で連結のための「輪」を作る必要がある。

イギリス ガードナー社
レッドコア
25ポンド(11.3kg)テストライン

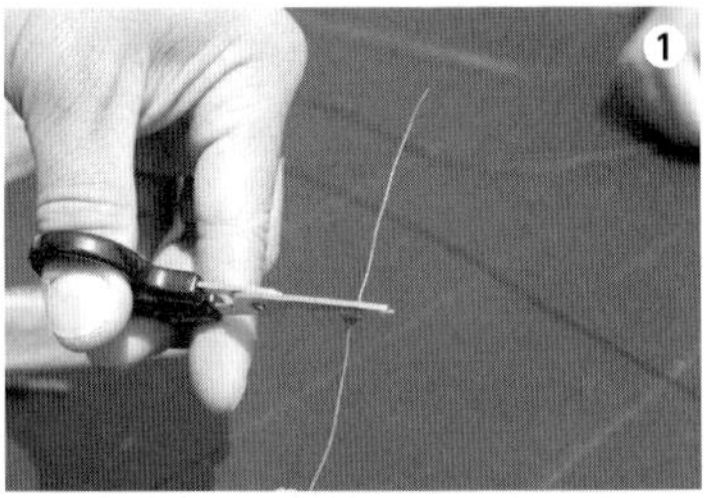

1 鉛の芯を10㎝引き出し、引き出した芯を切る

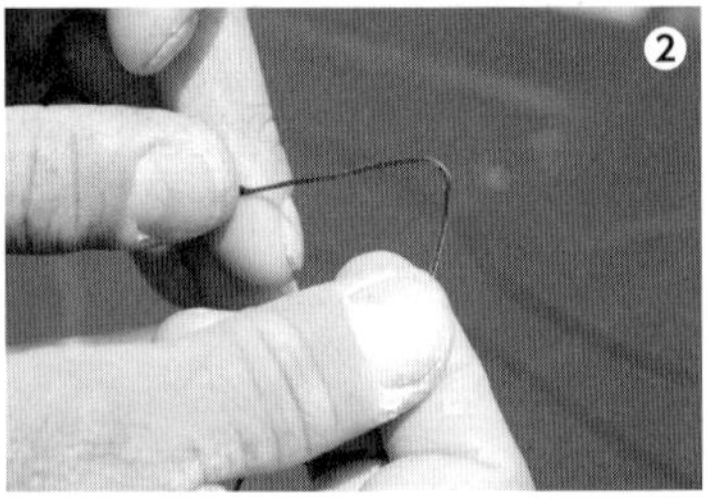

2 新を抜いた根付け部分を引き伸ばす

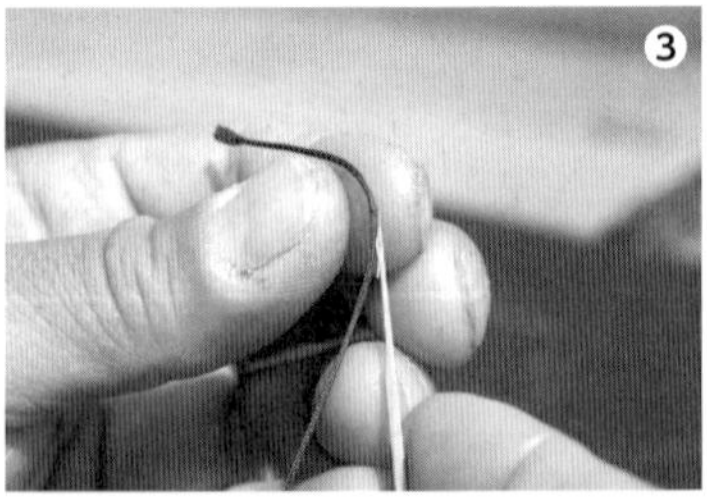

3 タッピ(極小)を、鉛の入っていない部分との境目に差し込む

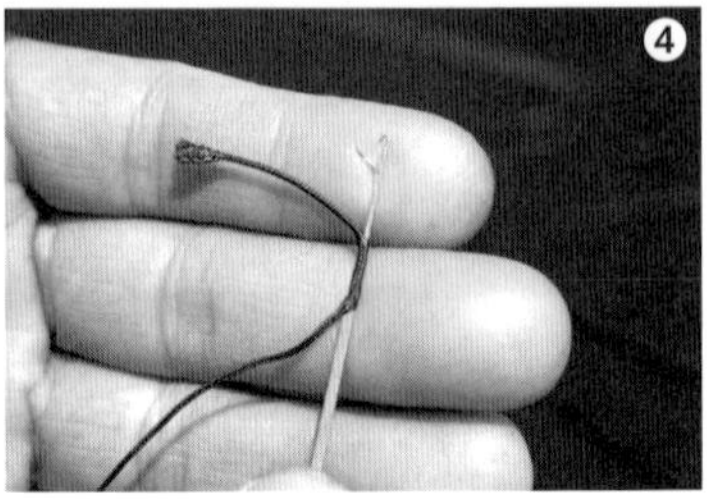

4 1.5㎝くらい通したらタッピの先端を突き出す。スイベルを入れる場合は、この時点で入れる

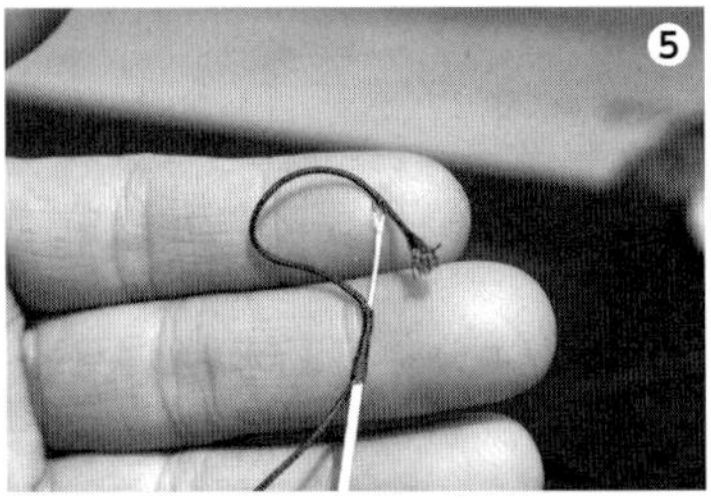

5 タッピの先端のカギの部分を突き刺して引っかける

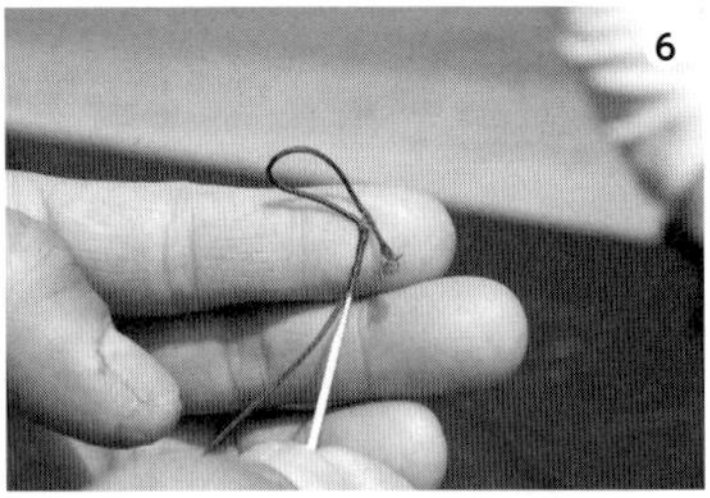

6 タッピを通し差した部分を指でこきあげていく

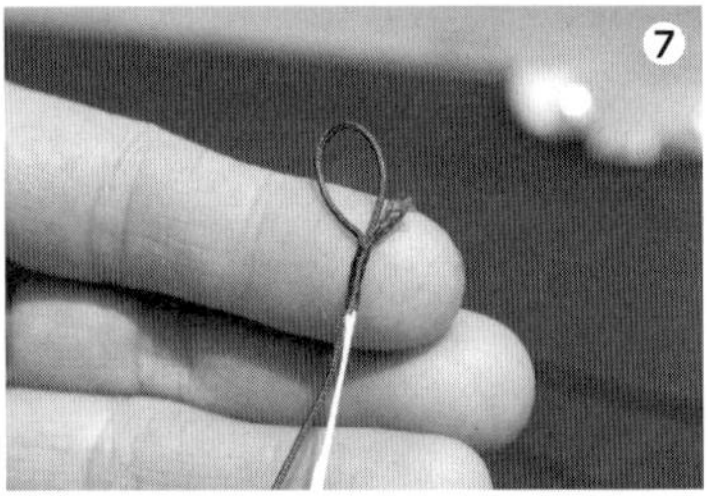

7 こきあげたら、タッピをゆっくりと引き抜いていく

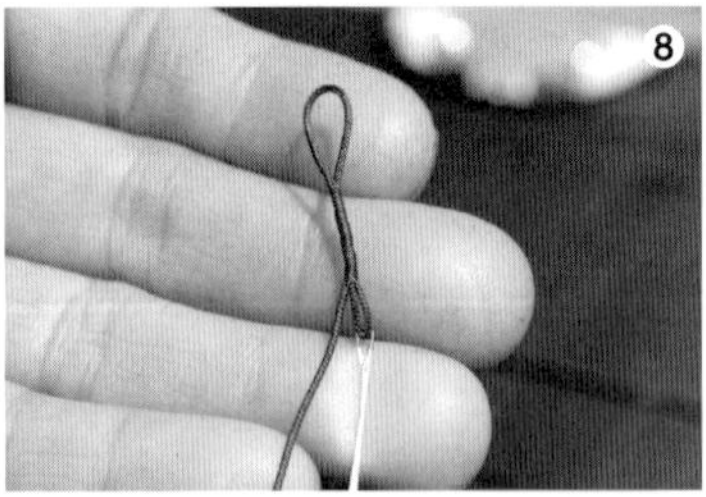

8 カギに引っかけたラインを完全に引き抜く。1.5㎝以上引き出すこと

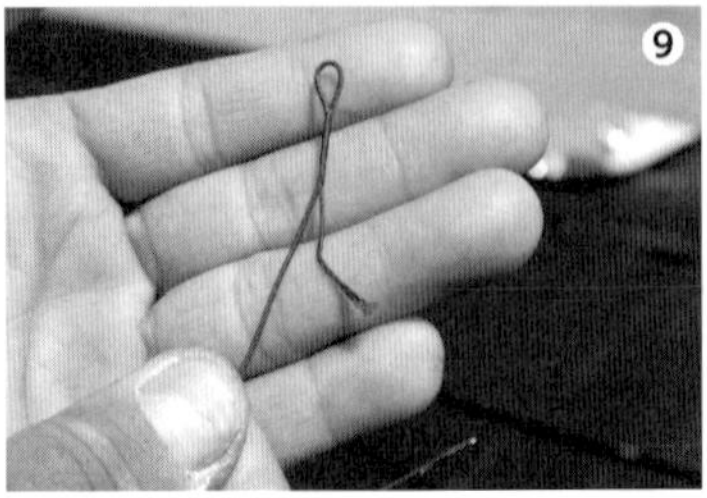

9 引き抜いたら、タッピをはずして余分をハサミでカットすれば完成

【ヘアリグ】

最も一般的な万能タイプのボイリー用仕掛け。いろいろなパーツが揃わなくてもボイリーの釣りは、この仕掛けだけで場所、季節を問わずにこと足りるといってよい。

ボイリーは、直接ハリに付けたのでは、その固さが妨げとなってハリ掛かりが極端に悪い。そこで考えられたのがヘアリグである。ハリスの端線を長く残し、そこにエサをぶら下げる仕組みだ。

吸い込まれるエサに引かれて口の中央部を入っていくのでハリ掛かりが抜群によい。ボイリーだけではなく、タニシやトウモロコシをエサに使うときも有効な仕掛けである。

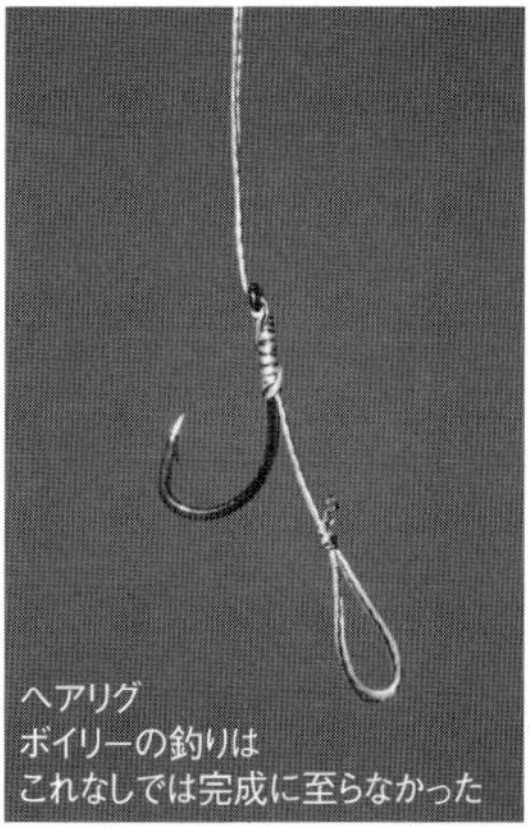

ヘアリグ
ボイリーの釣りは
これなしでは完成に至らなかった

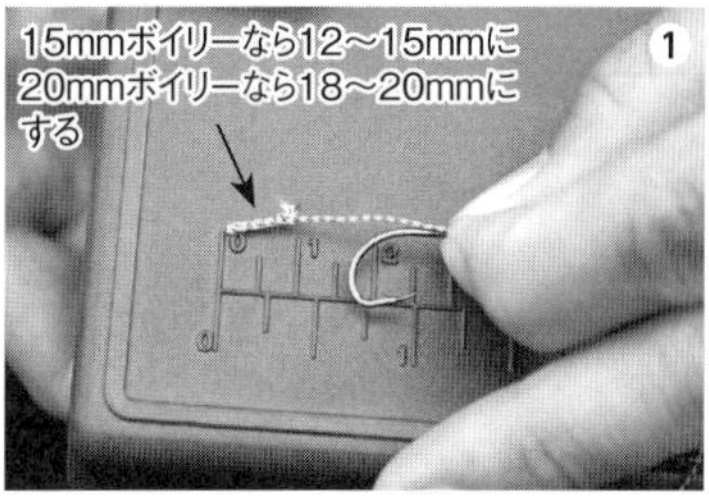

ハリスの先端に1㎝弱くらいの小さなチチワを作り、使うボイリーに合わせてヘアの長さを決める

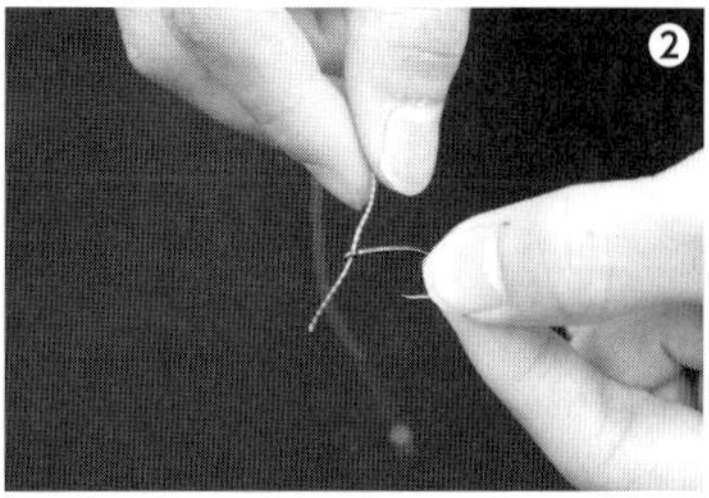

ハリスを自分の必要な長さに応じて切り、切ったほうの先端（チチワと逆側）をハリの背中側からアイ（管）に通す

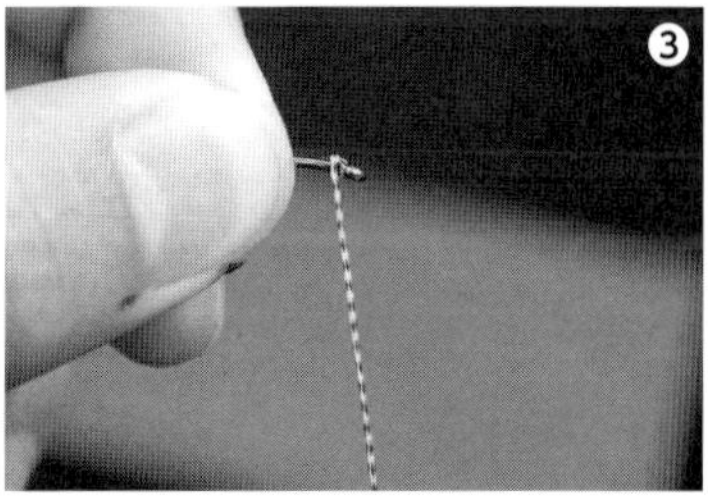

ヘアの長さが狂わないように指でしっかり押さえて、アイの切れ込みと逆側からハリの軸にハリスを巻いていく。

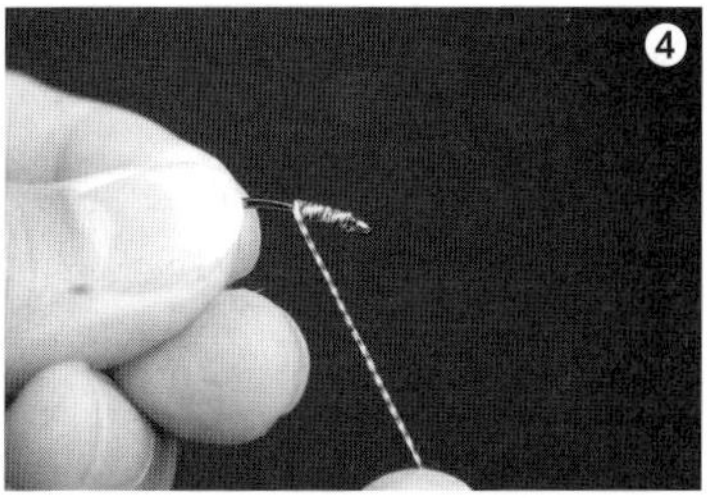

ハリの先端と同じラインまで、軸に巻きつけていく

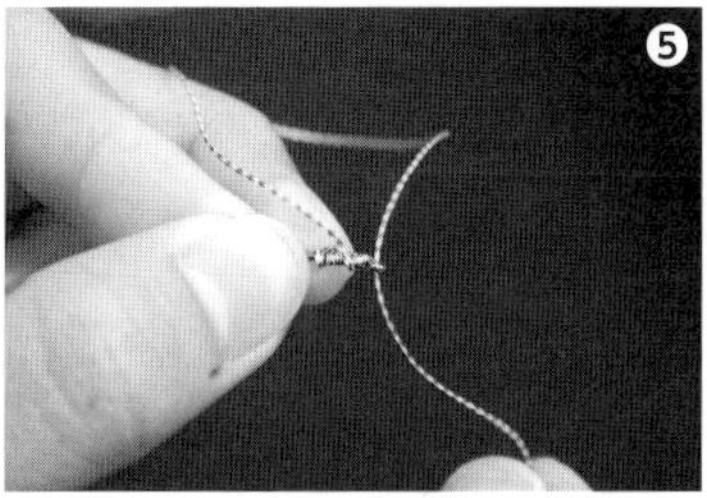

2度くらい巻き戻って、再びアイの背中側からハリスを通す

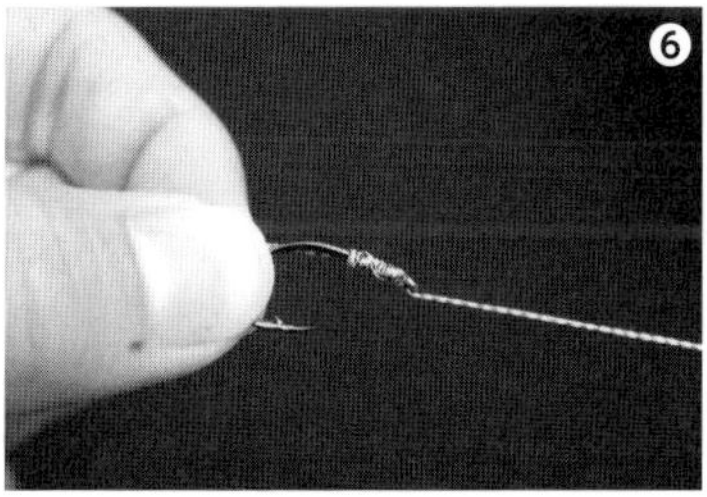

引き締めて完成。結んでないので簡単にほどくことが可能

【ブロウバックリグ】

ヘアリグの進化形で、ハリの軸に小さなリングを通したもの。

この仕掛けの長所は、コイがエサを吐き出そうとしたとき、吐き出されるエサにハリが引かれても、リングが上下動することにより、ハリが吐き出されるのを遅らせてハリ掛かりを助ける点にある。

ノーマルなヘアリグでは、ボイリーがハリ軸を中心に回転して、ヘアの部分がハリの軸に巻きつくことがあるが、ブロウバックリグはハリの軸にリングを通して遊動させることにより、ヘアの絡みつきを防止できるのが最大の特徴である。

ブロウバックリグ

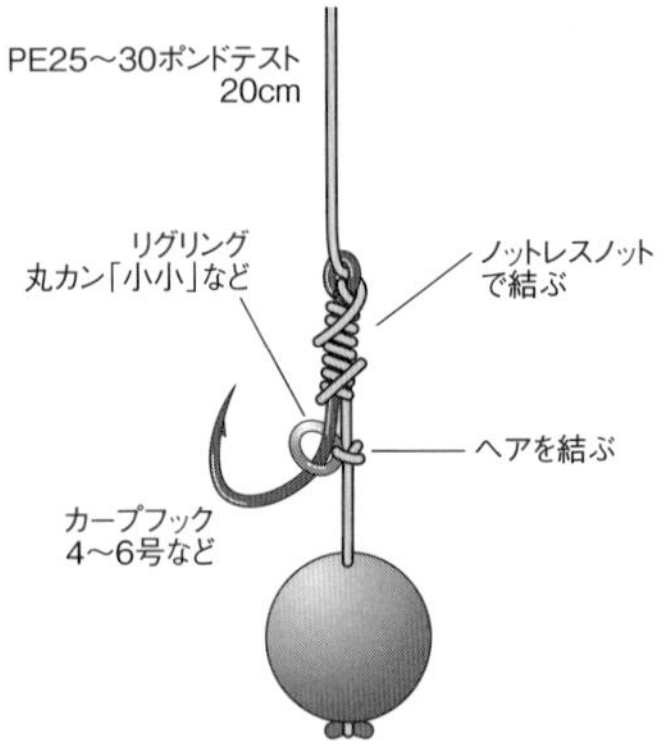

ブロウバックリグに必要なもの。ハリスとハリのほかにリグリングが必要だ

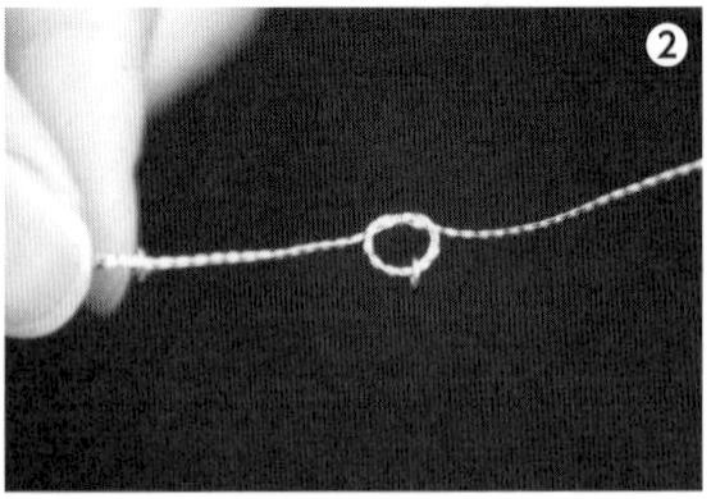

ハリス先端にチチワを作った後、リングをハリスに通して結ぶ

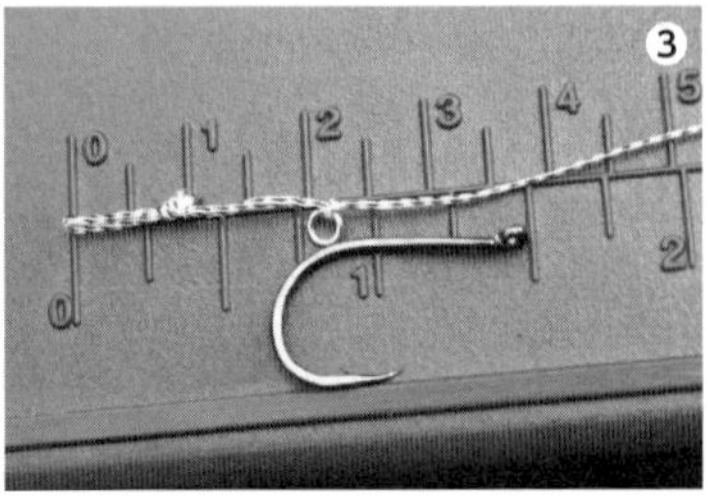

ヘアの長さをボイリーサイズに合わせ、リングはハリのフトコロのカーブが始まるあたりにくるように

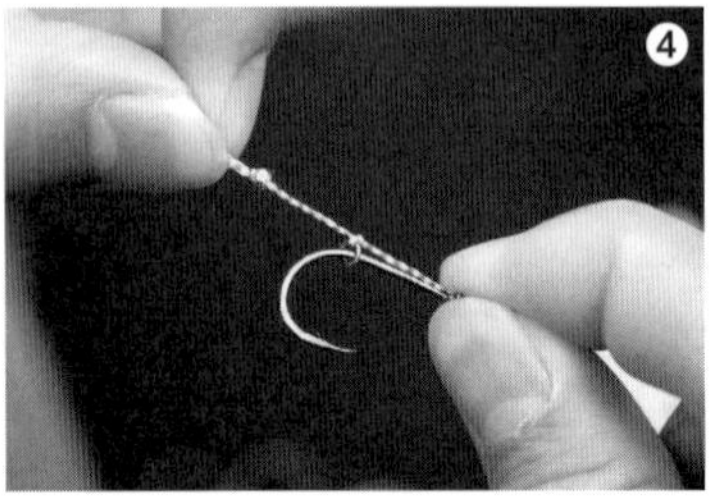

ヘアの長さとリングの位置をしっかり確認する

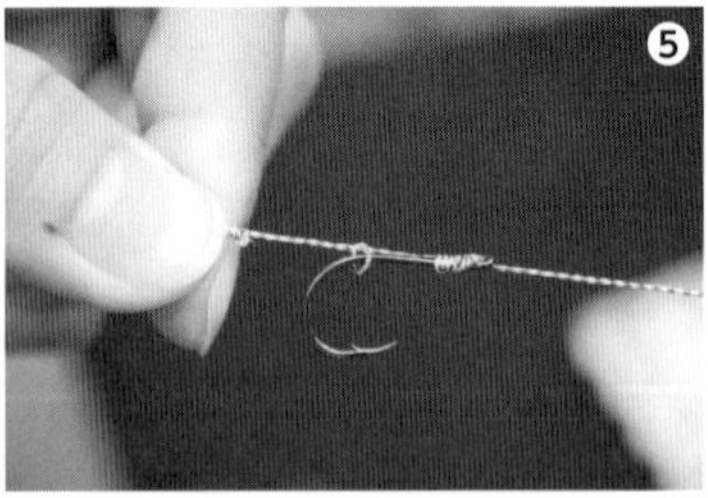

ノットレスノットでハリスをハリ軸に巻く

完成してボイリーをセットするとこうなる

【D・リグ】

スレたコイ対策のため考えられた仕掛けで、フロロカーボンをハリスに使う。折り返したハリスがアルファベットの「D」の字に似ているため、こう呼ばれる。

ブレイデッドラインは柔らかいため吸い込みはよいが、吐き出されやすい。フロロカーボンを使う理由は、透明のため水中で見えにくいことがひとつ。もうひとつは、固くて吸い込みにくい反面、吐き出しにくいと考えてのことだ。

いわば、逆転の発想から考案された仕掛けである。

D- リグ

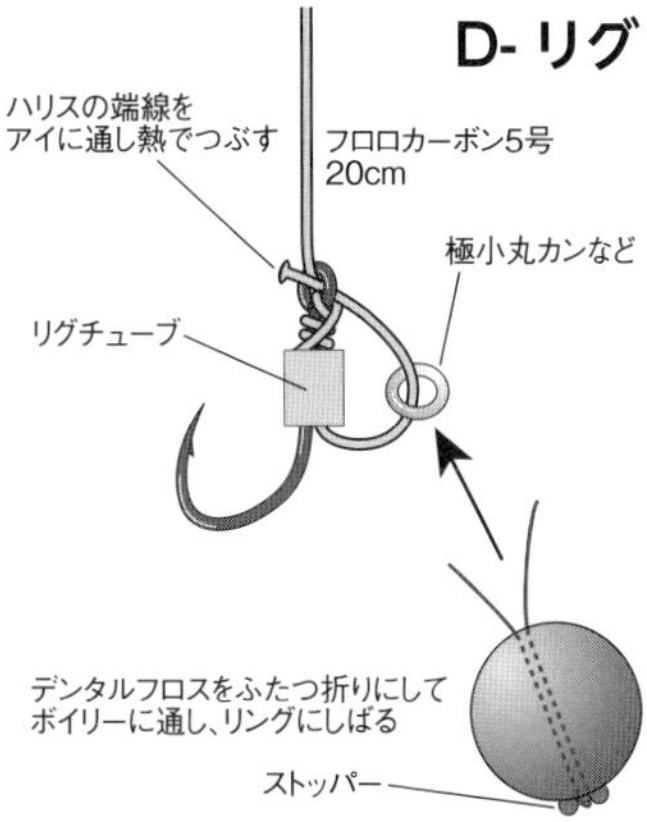

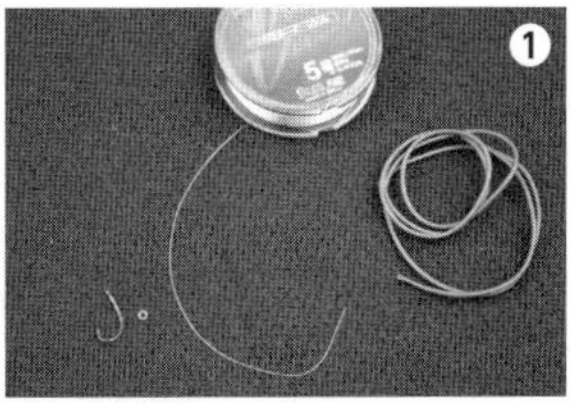

ハリ、リグリング、フロロカーボンライン、リグチューブを用意

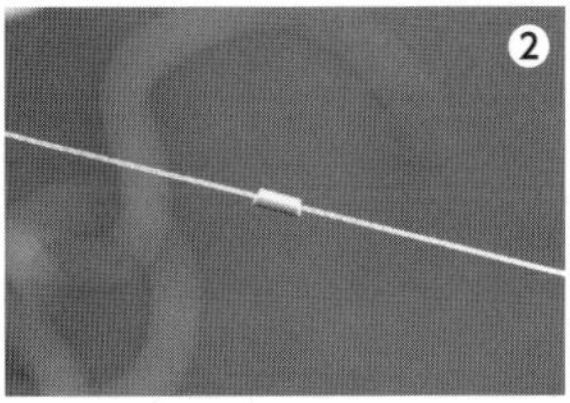

リグチューブを 3mm 程度にカットし、フロロカーボンハリスに通す

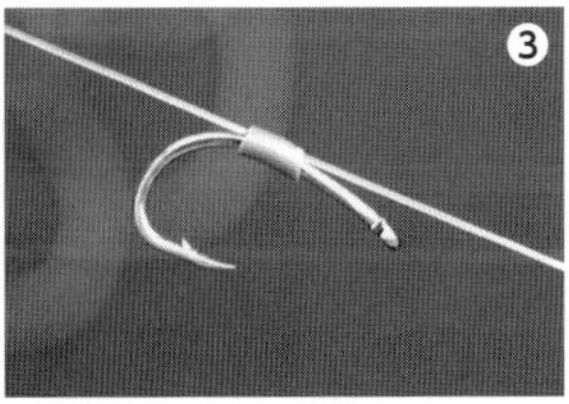

ハリスに通したリグチューブにハリを先から差し込み、この辺りで止める

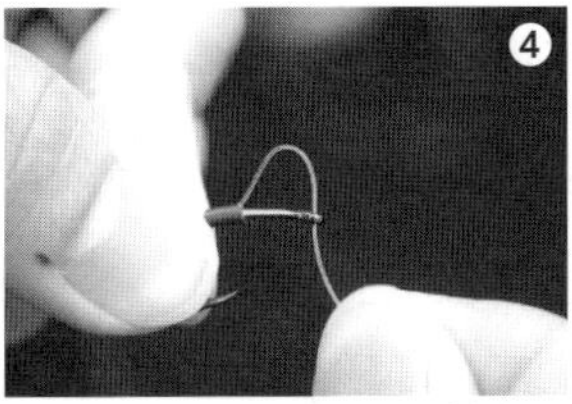

ハリス本線をハリのアイの背中側から通し、ノットレスノットで結ぶ

ハリ軸に巻いたら背中からアイに通しノットレスノット完成

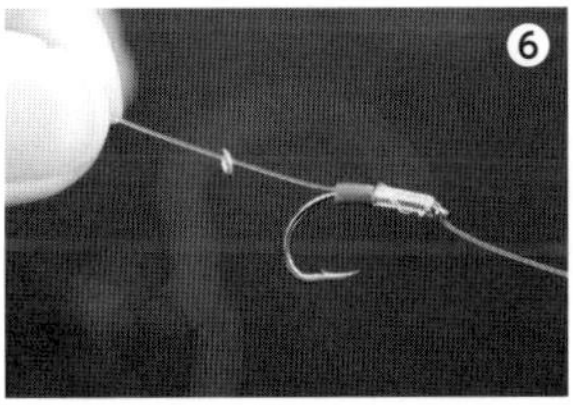

ハリス端線の先端からリングを通す

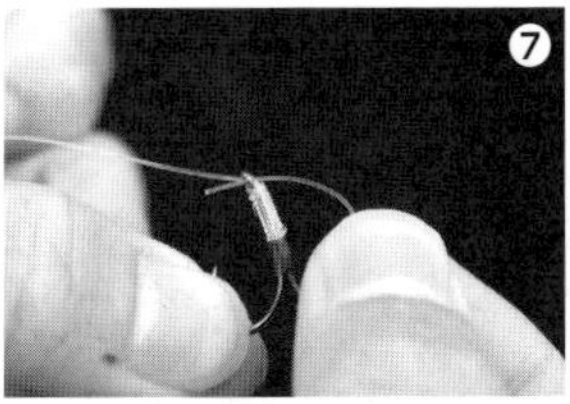

ハリスの端線先端を背中側からアイに通す

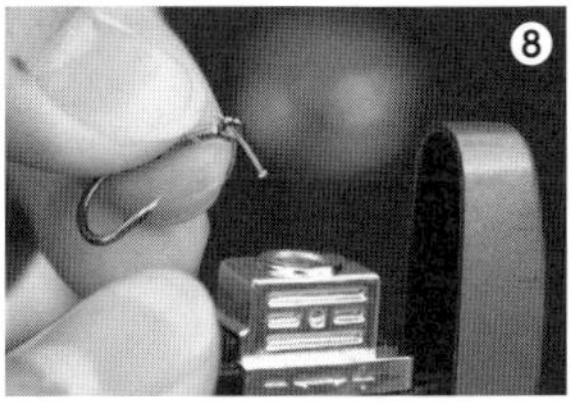

ハリスの端線先端をライターであぶって止める

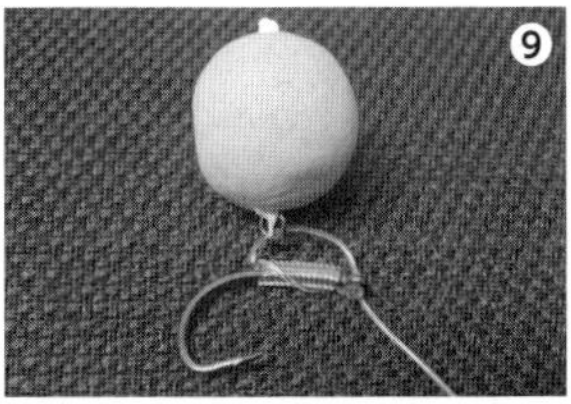

完成した D- リグにボイリーをセットしたところ

第4章エサ

コイエサは難しい。雑食というコイの食性がその要因とされている。

なんでも食べるから逆に、これがベストといいきれないのだ。

さらに、コイならなんでもよいわけでなく、大ゴイを釣りたいという欲望が釣り人を迷路に誘い込む。

迷いだしたらきりがないのがコイエサともいわれる。

コイエサに絶対はない。

まずコイの食性を考えたうえで、基本をマスターしたい。

1　食性から見たコイの生態

【コイは無胃魚】

コイは底棲動植物を食べる雑食性の魚だ。そのエサのとり方は吸引摂餌と呼ばれる方法である。

吻を砂泥の中に入れ、上あごを突き出して周囲の砂やゴミなどといっしょにエサを吸い込む。口内でエサと不要なものを分け、不要物は瞬時に吐き出される。エサだけがのど奥に三列に並ぶ咽頭歯でかみ砕かれて消化器官へ送られる。

この咽頭歯は硬貨をねじ曲げるといわれるほど丈夫で、シジミやカラスガイなどの二枚貝やタニシ、カワニナのような巻き貝もこれで砕いて食べる。

咽頭歯でかみ砕く際の音は大きく、浅い湖沼では、静かな無風のときに、ガリガリという音が地上でも聞こえることがあるほどだ。

コイには明確な胃がないため、砕かれた食べ物は胃で溶かされることがないので、栄養分を吸収した後、タニシの殻や消化の悪いトウモロコシなどの粒は砕かれた状態でそのまま排泄される。

魚はエラ（鰓）呼吸をしている。赤い鰓葉（さいよう）は魚の呼吸器だが、その背中側に付いている棘状のものが鰓耙（さいは）である。これはエサをこす役割を果たす。

【コイの常食は】

ヘラブナやハクレンなどのようなプランクトンイーターは鰓耙が長く密で100近い数だが、コイの鰓耙は短く、数も20前後と少ない。これは肉食魚、雑食魚の特徴である。

また、プランクトンイーターの魚は腸管が長いが、コイの場合は短い。このことから、雑食性とはいっても、常食は動物質のものが多いことが分かる。

成魚の通常のエサは、貝類、水生昆虫やエビ類、イトミミズ、ユスリカの幼虫（アカムシ）、水生植物などである。

雑食でなんでも食べるということは、生活力が強いということであり、環境に対する適応力が強いということである。

現在コイは、平野部から高地の山上湖まで広く分布している。これは、こうしたコイのなんでも食物してしまう食性があるからこそ可能なのだ。

【成長、水温で変わるエサ】

体長1～2㎝の稚魚の主食はプランクトンで、3㎝を超えるころになると、ユスリカの幼虫（アカムシ）などが食べ物の中心となる。

コイは成長と共に、水生昆虫、エビ類、小魚などを多く食するようになる。やがて体調が70㎝を超えるころには咽頭歯が発達してきて、タニシ、カワニナ、カラスガイなどの貝類が比率を増していく。

さすがに咽頭歯の発達しきっていない、このサイズ以下の個体では、貝類の比率が少ないことは、消化器官の内容物を見ると分かる。

コイの摂餌量が最も多いのは、産卵前から夏、そして中秋のころまでだ。

水温低下と共にエサをとる量は格段に減る。天然種のコイは水温が9℃前後になるとほとんどエサを食わないとされる。しかし、寒さに強い養殖ゴイは、真冬でも充分釣りになるし、水温4～5℃という低水温下でも当たってくる。

一般に流れのある河川、特に下流部は真冬でも活発にエサをとることが多い。

【野生ゴイと養殖ゴイの食性】

コイの品種から食性を見てみよう。第1章で解説したように、現在釣りの対象となっているのは、日本在来のわずかな野生種とヤマトゴイに代表される養殖型のコイである。野生種は警戒心が強く、物陰に隠れて人前ではエサをとらず、人に慣れない。一方、人工エサに慣れたヤマトゴイは、人なつっこく、警戒心も強くない。両者の性質の違いははっきりしているが、食性についての相違はあまり語られておらず、明確な差異は見いだせないとされていた。

コイの養殖は古くから行なわれてきたが、野生型のコイは飼育が難しく効率が悪いため、その後、ヨーロッパ、中国から移入されたコイとの掛け合わせが行なわれた。それによって、養殖ゴイを代表するヤマトゴイは、現在ではいろいろな系統のコイとの交雑種が誕生している。マゴイにおいてはヨーロッパ種のDNAを持ったコイが多いが、有名な新潟のニシキゴイは中国系統のものが多いようだ。

ヨーロッパで、釣りの対象となっているものは、「コモンカープ」という体高の高いマゴイと、日本でドイツゴイと呼ばれる「カガミゴイ」、「カワゴイ」などだ。

ヨーロッパで野生のコイから作られたコモンカープにさらに極端に品種改良を加えてカガミゴイが誕生した。日本のコイの鰓耙数が20前後なのに対し、カガミゴイのそれは23〜24もあり、腸も日本のコイよりはるかに長く、よりプランクトン食に近い特徴を持っている。もともと野生ゴイは底でエサをとるが、ヨーロッパのコモンカープ、カガミゴイは成長と共に、底棲動物の捕食率が下がり、プランクトンの摂取率が増大する。脂肪分の多い高カロリーのエサを好む習性があり、このことは、ボイリーというエサにたどり着いたヨーロッパのコイエサの発展に大きく関わっている。

日本の養殖ゴイであるヤマトゴイと野生ゴイの間には、ヨーロッパの養殖種と野生ゴイの間に見られるほど顕著な食性の違いは見られない。

これは、ヤマトゴイが、コモンカープやカガミゴイをそのまま養殖したわけではなく、日本の野生ゴイとヨーロッパ産のコイとの交雑種であるため、両者の中間的性質を持っているものと考えられる。

現在、日本の釣り場で釣れるコイの大部分が養殖型のコイであるのだから、ただ単に「コイ」を釣るのであれば、ヨーロッパのエサ理論に沿った釣りエサを考えるほうが効率はよいといえる。

イギリス生まれのボイリーは、いまでは世界で最もポピュラーなコイエサとなった

【コイの感覚機能】

コイは嗅覚がとても発達していることもよく知られている。シェパードの数十倍などといわれたりもした。確かにコイの嗅覚は鋭く、エサを発見する第1の手段が匂いを嗅ぎつけることである。コイはアミノ酸、脂肪酸、アルコール類、塩類などを感じることができる。

しかし、忘れてならないのは、それをあてにしすぎてはいけないということだ。嗅覚のよさにすがれるのなら話は楽だが、実際はどんなに優れたエサを使ったところで、ポイントをはずせば釣れないのだ。匂いで寄せることには限界があると考えたほうがよい。

人と同様に味蕾という器官を持っているコイは、味覚にも優れている。コイが味にうるさいことは、昔から語られてきたことだ。人間は舌で味を感じとるが、コイが味覚を感じる器官は口内の上部に多数あるほか、2対のヒゲやヒレなど体表でも味を感じるといわれている。これは、泥の中深くエサを捜すため、コイは視覚より嗅覚、味覚でエサを見分けることが必要だからとされている。

コイは視力は悪いとか、近眼などといわれるが、視覚が劣っているわけではない。現在では、色彩感覚もすぐれ、人間と同じくらい、色を見分けられるとされている。色彩面のアピールを考えて白いエサも発売されているし、ヨーロッパのボイリーは、黄色、オレンジ、赤など、カラフルなものも用意されている。

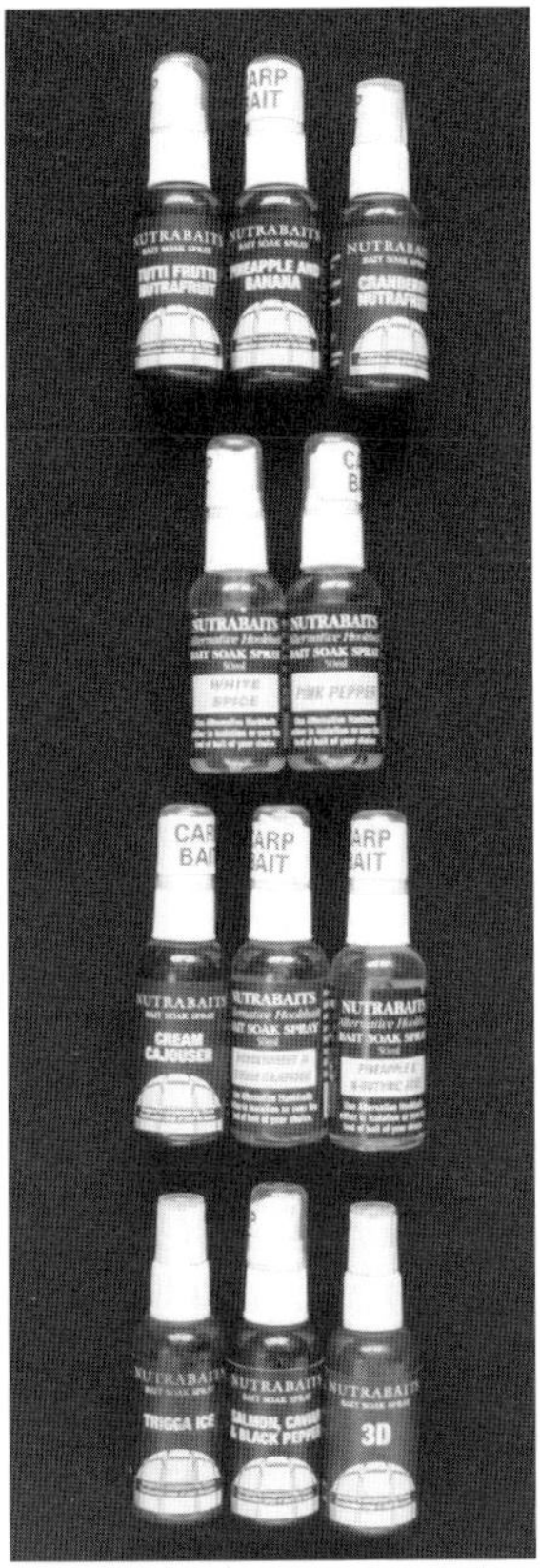

イギリスのベイトスプレー。エサにひと吹きして集魚効果を高めるスプレー

練りエサなどに混ぜて使う誘引材リキッド

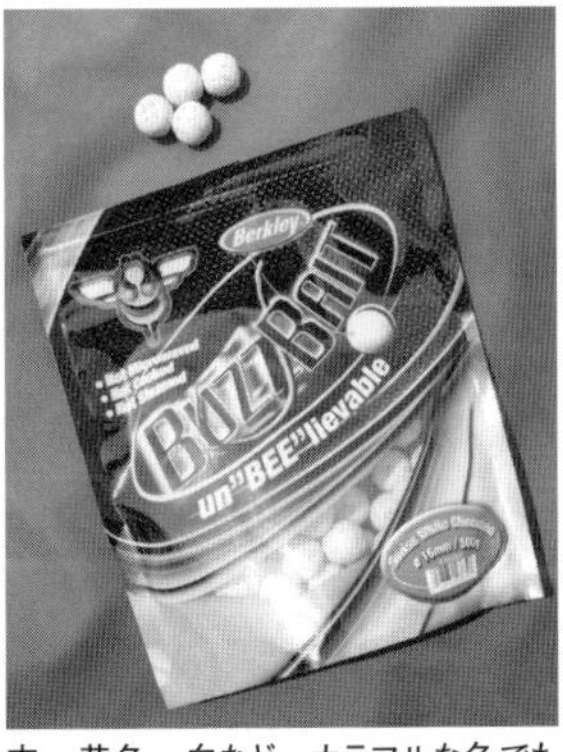

赤、黄色、白など、カラフルな色でも魚にアピールする

練りエサ素材でも白い煙幕効果を考えられものがある

2 コイエサの歴史

【箱釣り】

江戸時代までのコイ釣りは、下級武士の内職であったり、食べることが目的の漁の要素が大きかったが、明治時代になって釣り堀ができると、庶民の間でも趣味として盛んになった。

この釣り堀のコイ釣りは、大正時代から昭和初期にかけて競争が激化し、客寄せのため賞品を提供するようになったという。このころ、一部の人の間では盛んに賭けが行なわれたといわれ、コイ釣り堀の賭博で生活する人もいた、などという話も伝わっている。

江戸時代までは、エサの中心はエビ、ドジョウ、ミミズ、ブドウムシなど生きエサであったが、大正時代になるとサツマイモ、米ヌカ、麦こがし、サナギ粉、魚粉、マムシ粉末などの人工エサも研究された。

釣り堀の場合は、賭けの勝敗を決するのはポイント選定ではなく、エサの比重が大きかったわけで、エサの研究はさらに熱を帯び、各人がマル秘のエサ作りに没頭したようだ。

大正時代までの釣り堀では、上バリに練りエサ、下バリにはミミズを付けるのが一般的だったが、野ゴイと完全養殖のコイとの食性も勝負を分けたという。

釣り堀のコイは養殖魚が普通だが、時として野ゴイが入れられることもあった。野ゴイは警戒心が強く、釣り人のエサに容易には食いつかないので、釣り堀側としてはありがたかったようだ。

放たれるコイが佐久産であれば、養魚池で与えられて食べ慣れているサナギがよく、野ゴイならばタニシやシジミ、エビなどの生きエサが効果的であった。そこで、新魚が入ると聞けば、その産地を探る情報合戦もまた、釣り人の間で盛んであったようだ。

やがて、ヘラブナの釣り堀が誕生し、コイの箱釣り（釣り堀）はそれに取って代わられ、コイ釣りといえば野釣りが中心となっていく。

このころから、サツマイモやムギ、米ヌカなどを素材とした人工エサへと主力は変わる。集魚材として漢方薬が使われ、「ヘラにウイキョウ、コイにセンキュウ」などといわれたのもこのころだ。

【巨ゴイ時代の到来】

1960年代までは、コイエサの主力はサツマイモと練りエサであった。まだクワセ釣りと吸い込み釣りがスタイルの違いとしてはっきり分けられていた時代である。

クワセエサの代表格であるサツマイモは、鍋で煮て1㎝角のサイコロ状に切って使われた。これを「角イモ」という。「イモ煮3年」といわれるくらい、理想の角イモを作るには経験とコツを必要とした。

蒸かしたサツマイモを練り上げてから型に入れ、もう一度蒸かした「イモヨウカン」を角切りにしたものもよく使われたが、理想のエサを作るのは難しく、代用として和菓子屋さんで売っているイモヨウカンがよく使われたのが1970年代であった。

当時は、クワセには大もの、吸い込みには中・小型という考えが、ベテランの間ではまだ根強かった。

練りエサは数種類の素材を配合して水を加えて練るのだが、その素材も時代とともに移り変わっていく。

古くは、サツマイモを蒸かして練っただけの「イモネリ」に始まり、やがて煎り麦の粉末、ヌカ、トウフガラ、小麦粉、パン粉などが配合エサの素材となった。

　ただし、この時代はまだ60㎝のコイが大ものだった時代で、80㎝は巨ゴイ、メーター級は夢、という時代であった。

　1970年代になり、メーカーからコイ釣り専用の練りエサが発売される。まだ粒子が細かく、粉末そのものだったが、1980年代になると粒物素材が加えられた配合エサが製造されるようになった。

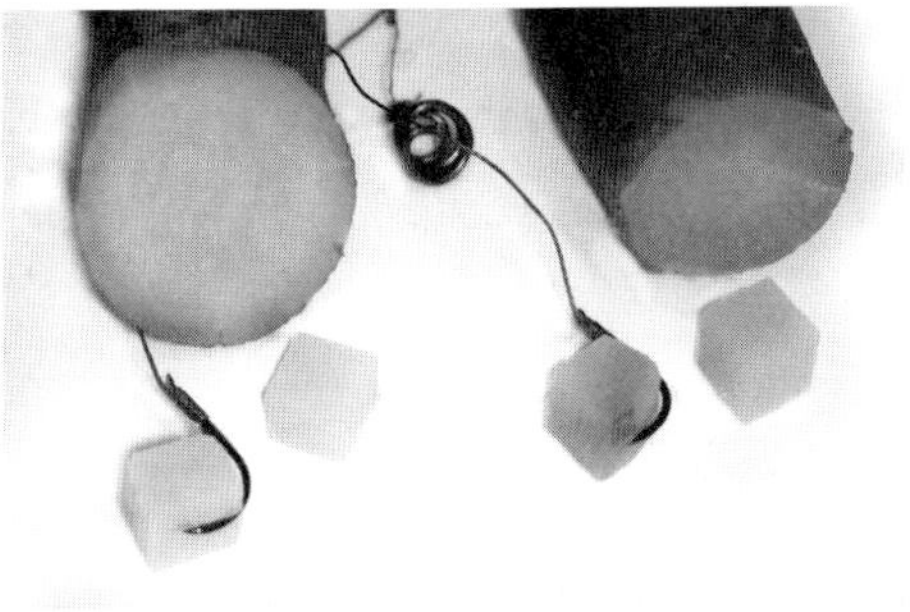
日本のコイ釣りの代表的クワセエサ、サツマイモの角切り。いまではほとんど使われない。サツマイモはイモヨウカンにしたり、そのまま素ネリにしたり、粉末配合エサのつなぎに使われたりと用途は広い。マニアはイモの産地から銘柄まで研究し、自家菜園で栽培する人もいる

釣り人の自作エサにアッペントウモロコシや押し麦、アッペンダイズ、米などの粒物が混ぜられるようになる。

　素材に対しての考えも、魚粉など匂いが強くて集魚効果の高いものは小魚や小ゴイが寄るからと敬遠され、植物性の匂いを控えめにしたダンゴでじっくりとアタリを待つ釣りへと変化していく。

　1980年代半ばには有線式のアタリ報知器が普及し始め、これによって夜通しコイのアタリを待てるようになったため、1～2泊しての長期滞在型の釣りが定着したのだった。

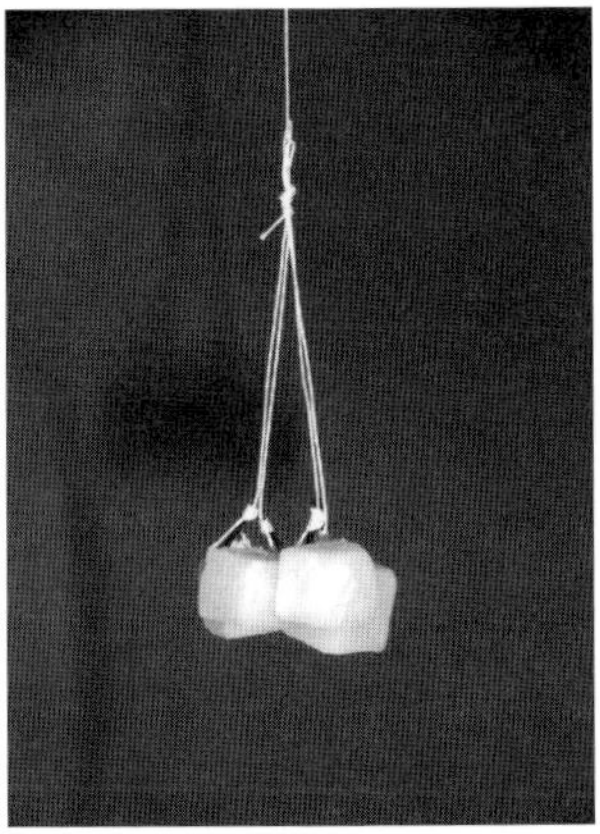
昭和40年代後半から50年代前半にかけて、東京都の多摩川や神奈川県の相模川で流行した通称「イモヨン」。サツマイモまたはイモヨウカンの角切りを4つハリ付けした4本バリ仕掛け。写真は当時の人気ハリス、Gダクロン15ポンドを使ったもの

　やがてアタリ報知器も無線式に進化を遂げ、釣果も順調に伸びた。それまでのクワセ、吸い込みという区別があいまいになり、吸い込み仕掛けのハリにクワセエサを付けた「吸い込みクワセ」という釣り方がポピュラーになったころである。

　2000年になると大革命が起こる。水郷地区でのタニシエサブームである。タニシの威力はすさまじく、1年で過去20年分の釣果を上回ってしまうほどで、釣れれば悪くても90㎝台。90㎝台の後半でなくてはコイではないと錯覚するような事態となったのだ。

　そして2004年、2005年と2年続けて日本からコイ釣りの世界大会に参加するチームが現れて、コイエサに新しいバリエーションが加わる。

　それがイギリス生まれのコイエサ、「ボイリー」である。ボイリーはヨーロッパでは20年以上前からメインのエサとして使われてきたものだ。それが、海外との交流が始まったことにより、ようやく日本でも本格的に使われ始めた。このボイリーは、おそらく今後メインのエサのひとつとなっていくであろう。

【生きエサはなぜ使われない】

タニシでの釣果は当前のことだった。コイの常食なのだから、警戒心がなく結果が早い。天然エサの強さを見せつけたタニシブームだった。しかし、タニシは新しいエサではなく古いコイ釣り入門書にも、コイの常食として紹介されているし、昔から使われてきた。では何が画期的だったのだろうか。それはタニシを殻付きのまま使ったことだった。それまでは殻を割り、むき身で使っていたのだ。

丈夫な咽頭歯を持つコイは、タニシやシジミの殻をかみ砕き、粉砕して飲み込む。もとより、自然界にむき身のタニシなど存在しないのであるが、人間なら中身だけを食べるという、人間側に立った発想である。もちろんコイはむき身のタニシも食べるが、同時にエビや小魚もそれをつついてしまう。殻ごと使うことによって、コイ以外の魚に邪魔されることなく、大ゴイのアタリだけを待つことができたのである。エビやアカムシもコイの好物だが、これらはほかの生物にとっても好物であり、柔らかく小さいために、コイより先に小魚が食べてしまう。

大型のコイを釣るには、小魚や小ゴイの影響をできるだけ排除したい。自然界のコイは、年間とおして、タニシなどの貝類、エビ類、水生昆虫、アカムシなど水中の生物を食しているのに、生きエサがあまり使われないのはそのためである。固い殻を持ったタニシやシジミを常食とするのは、コイ以外ではアオウオくらいなものだから、釣り人にとってタニシはまさに究極のエサであった。

【コイエサに求められるもの】

クワセエサは、サツマイモの角切りに代わって、よりエサ持ちがよく、取り扱いの楽な干しイモがポピュラーになった。ある程度の大きさがあって固さがあることにより、小魚の攻撃を避けられるからである。同様に、トウモロコシも代表的なエサとなっている。

練りエサ素材は、魚粉、サナギ粉などの集魚効材を控え、匂いを抑えた植物性素材が、その成分の中心となっている。集魚素材を入れないことは、すなわち魚を寄せる効能が薄いということ。本来、魚を集めたほうがよいはずだが、小魚のアタリを減らして大型だけを待とうという考えだ。そして、トウモロコシや大豆、麦などを粒のまま加えたのも、同じように小魚を避けるためである。

この考えは、ヨーロッパにおいても同じで、その結果生まれたのがボイリーというエサであった。

我が国では、小魚や小ゴイにエサを奪われないように匂いを控えめにし、大ものアタリをじっくり待つ方向へ向かったのに対し、ヨーロッパではエサを丸めてゆでることにより、固くて長時間待てるエサを考えたのだ。ボイリーの成分は穀類で、日本の練りエサと大差はないが、固く、大粒にすることで小魚を気にせず、強い匂いや豊富な栄養素をふんだんに添加することができたのだ。

コイエサに求められるものとは何か。まずエサ持ちのよさは不可欠だ。次に携行性のよさがある。手軽に準備ができればなおよい。準備に時間が掛かりすぎたり、1日で腐って使い物にならないようでは勝手がよくないからだ。そして、季節を限定せずできるだけ長いシーズン活躍できること。最後にわがままをいえば、大ものが釣れてくれれば申し分ない。

3 コイエサのバリエーション

【ボイリー】

1970年代にイギリスで生まれたエサで、ヨーロッパのコイ釣りを変えたといわれるのがボイリーだ。いまや世界中で広く愛用されている。

大ゴイを釣りたいのは世界中どの国の釣り人も同じである。そのためによく釣れるエサ、万能エサを求めて研究し続けてきた。

ヨーロッパのコイ釣りに革命を起こしたエサ、とまでいわれるボイリー

警戒心が強い大ゴイがエサに近づき、食べてくれるまでハリに残っていることがエサに求められる最低条件だ。大型が吸い込む前に小魚や小ゴイがハリ掛かりしては困るのだ。かといって、小魚がハリ掛かりしないようにハリのサイズを大きくすれば、警戒心の強いコイのアタリそのものを減らすことになってしまう。

イギリスの釣り人も、考えつくあらゆる素材を使ってエサの研究をし続けたが、大ものだけを選んで釣るという難問は解決できなかった。

固く、丸くという発想は、考えてみれば単純だが、そこにたどり着くまでには長い年月を要した

配合エサというのは、いろいろな成分を混ぜ合わせることができ、釣りエサとしての魅力は充分なのだが、水中で溶けるにしたがって、小魚でも吸い込んでしまう。なんとか、その長所を生かしながら、小魚からエサを守れないか。研究を重ねた末にたどり着いたのが、配合エサを練って卵を加え、丸くした状態のままゆでて固くすることだった。

これがボイリーである。ボイリーの名前は、ゆでる＝ボイルするからボイリー、という単純なものだ。

ヨーロッパでは釣りといえばコイ釣りを指し、コイエサメーカーだけでも数十社ある

【ボイリーの成分】

ヨーロッパでは、コイの養殖、品種改良が盛んだったため、そのノウハウを生かしたエサの研究はさすがで、コイの食性を考えた成分で作られており、日本でもその威力を見せている。

ボイリーの基本的な成分は、日本で使われている配合練りエサと同じ穀物である。小麦、大豆などをすり潰して生卵を加えペースト状にしたものが核となる部分で、この母体に栄養素を加え、香り付けと色付けを行ない、球形にし、ゆでてから乾燥させると完成となる。

季節によってコイの求める栄養素は違ってくるので、魚粉、肉骨粉、魚介類のエキス、ミルクプロテイン（牛乳タンパク）、バードフード（小鳥の餌）などの含有量に変化をつけることでボイリーの個性が決定づけられる。

魚粉、バードフードは必要栄養素として、どのボイリーにも含まれている。

ボイリーは成分によりだいたい、魚粉系、バードフード系、ミルクプロテイン（高純度牛乳タンパク）系、コンビネーションの4タイプに分けることができる。

ボイリー4グループ

タイプ	主成分	香り	色	特性
魚粉系（動物質粉末）	タラなど白身魚をはじめとしてイワシ、マグロの魚粉や、レバー粉末などの肉粉、魚介類粉末など。	エビ、カニ、貝類などの強烈な匂い付けが多い。カレー、コショウなどの香辛料と相性がよいのでこれらを配合したものもある。	黒、茶色系のナチュラルな色が多い。	年間とおして使えるが、最適なのは、水温の高い季節で、春の中期～夏～秋の初期。動物性の脂は低水温では溶けにくく、消化もよくないので、秋の中期～春の初期の水温の下がる季節には、あまり使われない。
バードフード系（小鳥の餌）	バードシード（ヒナ鳥の餌）、ヒエ、アワ、キビ、トウモロコシ、豆類、米などの穀類の粉末、もしくは粗挽きしたもの。	バナナ、パイナップル、クランベリー、フルーツミックスなどフルーツ系やクリーム系の甘い香り付けのものが多い。一部スパイスの香り付けもある。	白、黄色、ピンク、オレンジなど明るい色のものが多い。	1年中使うことができる、クセがなく、最も基本的かつ万能タイプのボイリー。特に秋～春の水温が下がった季節には効果的。その香りから、日本ではフルーツ系などと呼ばれることも多い。
ミルクプロテイン系（牛乳タンパク）	粉ミルク、ラクトアルブミン、カルシウムカゼインなど、牛乳から産出した乳清タンパク質。	フルーツミックスなどフルーツ系やクリーム系の甘い香り付けのものが多い。一部スパイスの香り付けもある。	白、クリーム色、黄色、ピンク、オレンジなど明るい色のものが多い。	どちらかというと、秋の中期～冬～春の初期までの水温の下降する季節に向いている。甘い香りの強いものは、夏の高水温期にはあまり使われない。
コンビネーション系	魚介類粉末、バードフード、ミルクプロテインなど、各ボイリーの主要となる成分をブレンドしたもの。	魚粉、魚介類、スパイス、クリームと魚粉の中間的な香りなど付けて仕上げたものが多い。	茶色系の地味な色合いが多い。	それぞれ個性の違う素材の特徴を生かしてブレンドしてあるので、1年間いつでも使える万能タイプ。

【使い方の基本】

この季節はこれと決めつけられない。たとえば、Aさんが「夏には適さないよ」というボイリーでBさんは夏に結果を出している、ということが現実にあるので、ここでは基本的使い方を解説しておこう。

春のシーズン初期は、コイもまだ活動が活発でなく、消化のよいものがよい。成分としてはミルクプロテイン、バードフードの比率が高いものだ。このタイプは、フルーツの甘い香りやミルク系の香り付けがされたものが多い。

水温が上昇し、コイの行動が活発になるにしたがって、魚粉、魚介類など動物性タンパク質を豊富に含んだものが効果的になるとされる。

真夏は体力の消耗も激しく、コイも動物性タンパクを要求するので、魚粉系を中心に使ってよい。

初秋は水温も高いので夏のパターンでよいが、水温低下と共に、春のシーズン初めのパターンに戻していく。

真冬は、バードフードを主成分としたボイリーをメインに使えば間違いはない。

クリーム・カジョーサー。主成分のバードフードにミルクプロテイン、肝臓粉末を加え、クリームの甘い香りを強調したボイリー

パイナップル&バナナ。主成分のバードフードにミルクプロテインを追加。パイナップルとバナナのさわやかな香りを付けた黄色のボイリー

ニュートラベイツのトリッガアイス。魚介類を豊富に含む。動物質でありながら低水温にも強く、4シーズン使えるエサとして人気のボイリーだ

フレッシュフルーツワン。食物繊維を豊富に含み、特に冬から春の低水温の時期に威力を発揮する。イチゴの甘い香りのボイリー

ツナ&スパイス。魚介類成分が豊富な高タンパクボイリーで、オールシーズン使える。魚粉にスパイスがプラスされた香り

ガルプ!カープベイト（バークレイ）のスクイッド&レバー。魚介類の比率を高めたオールシーズンボイリー。イカの薫製風の香り

【ボイリーのフレーバー】

ボイリーの仕上げは香り付けと色付けが行なわれる。フルーツやミルク、チョコレートの甘い香り、香辛料の刺激的な香り、イカの薫製のような強めの香りなどさまざまである。

フルーツの名前が付けられたボイリーにはフルーツの香料が使用されている。

フルーツフレーバーのボイリーは、低水温のときによく使われる。これは低水温に強いバードフードやミルクプロテインが主成分であるからで、フルーツが水温の低い時期に強いからではないと考えられる。

強い魚介類の匂いのボイリーは、フレーバーではなく、配合された魚介類のエキスの匂いである。温かい季節や活性の高いときには、この強い匂いで積極的にアピールするのがよい。

逆に警戒したり、活性の低いときは控えめな香りでしっとり釣るのが基本だ。

魚がいるのに、いまひとつ食い方に思い切りが悪いというときに、刺激を与える意味で一気に強めにするとか、スパイスのきいたものを使うという作戦もある。

真っ白なホワイトチョコレート。目立つということは、早く発見してくれるということ。白色は確かに昔からコイにアピールするといわれてきた

【ボイリーのカラー】

ボイリーはとてもカラフルなエサだ。赤、黄色、ピンク、オレンジ色、茶色、黄土色、緑など、視覚の面からもコイにアピールすることが考えられている。

使い分けは水温、季節で決めるより、その日の水の濁り具合、天候で決めるのが基本である。透明度の高い水では地味な色、濁った水や天候が悪く暗いとき、夜間には目立つ色が基本だが、縛られる必要はない。カラーはアピールのひとつであり、重要なのは内容成分だということを忘れてはならない。

【サイズ】

ボイリーはサイズも豊富で、メーカーによって違いはあるが、10㎜から28㎜くらいまで、ほぼ5㎜きざみでラインナップされている。そのなかで主に使われるのは12～20㎜の間だ。

一般的には、まず15㎜と20㎜を揃えていくのがよい。どうしても小さいサイズが欲しければ、削って小さくするという手もある。

サイズの使い分けは、コイの食い気、活性で変えていくのが一般的な方法である。

冬から春の初めは、12ないしは15㎜の小さめのサイズでスタートする。そして水温が高くなるにしたがって20㎜と大きくしていくのが基本だ。

しかし、大型のボイリーだから釣れるということは考えにくく、むしろ大型だけをねらって釣りたいときに、小ゴイを避けるために、小ゴイの吸い込めない大型のボイリーに変えていくと考えたほうがよい。

ボイリーは通常は1粒付けだが、大ものねらいには、2粒をセットするダブルベイツという方法がある。

【ポップアップ】

普段使われるボイリーは水底に沈むものので、ボトムベイツと呼ばれる。これに対し、比重の小さい浮くタイプをポップアップと呼び、泥深い場所や小石の所で、エサが隠れてしまうのを防ぐために使う。

魚がエサに慣れてきて中だるみ状態のときに刺激を与え、食い気を誘うのにも有効だ。そのアピール効果をねらって、ポップアップを常用エサとして使う人も多い。

ポップアップ。外見はボトムタイプと変わらないが、袋詰めではなく、プラスティックケース入りとなっている

ポップアップが浮くようす。水底がゴミ、ヘドロ、小石などの場所で有効。また、撒きエサのなかで目立たせたり、コイに刺激を与える、アピール効果をねらう使い方もある

ヘアリグにボトムベイツとポップアップを付けたダブルベイツ。このように先端部にポップアップを付けると、立った形が雪だるまに似ていることから「スノーマン」と呼ばれる

【ボイリーの可能性】

ボイリーの長所は、何も手を加えずに既製品をそのまま使うことができることだ。しかも種類が豊富で、状況にあった使い分けをすれば結果もついてくるので、ビギナーが難しいエサ作りに悩む必要がない。

コイ釣りを続けていれば、誰でも必ず感じるのがコイエサの難しさである。

小型でもなんでもよい、というのであれば、それほど神経質にならなくてもよいが、大型に目標を置きはじめるとエサの迷路に入る。練りエサやサツマイモなどの加工エサは難しいし、準備や保管が大変だ。その点ボイリーは手軽だ。

もちろん、ボイリーなら誰でも笑いが止まらないほど簡単に大ゴイが釣れるかというと、絶対にそんなことはないし、それでは逆におもしろくないであろう。ヨーロッパの名手といわれる人も釣れないときは釣れないのである。しかし、結果は釣れなくてもエサで悩むことは少なくなるだろう。あとは使い方で悩めばよい。今後、ボイリーはコイエサの主流となっていくことは間違いない。

【ボイリーのハリ付け】

ボイリーは固いため、直接ハリ付けするとハリ掛かりが悪い。そこで考えられたのがヘアリグだ。ハリスの端線にぶら下げることにより、コイが吸い込んだボイリーに引かれてハリが口に入る。下唇に深くハリ掛かりし、バレが少ない。

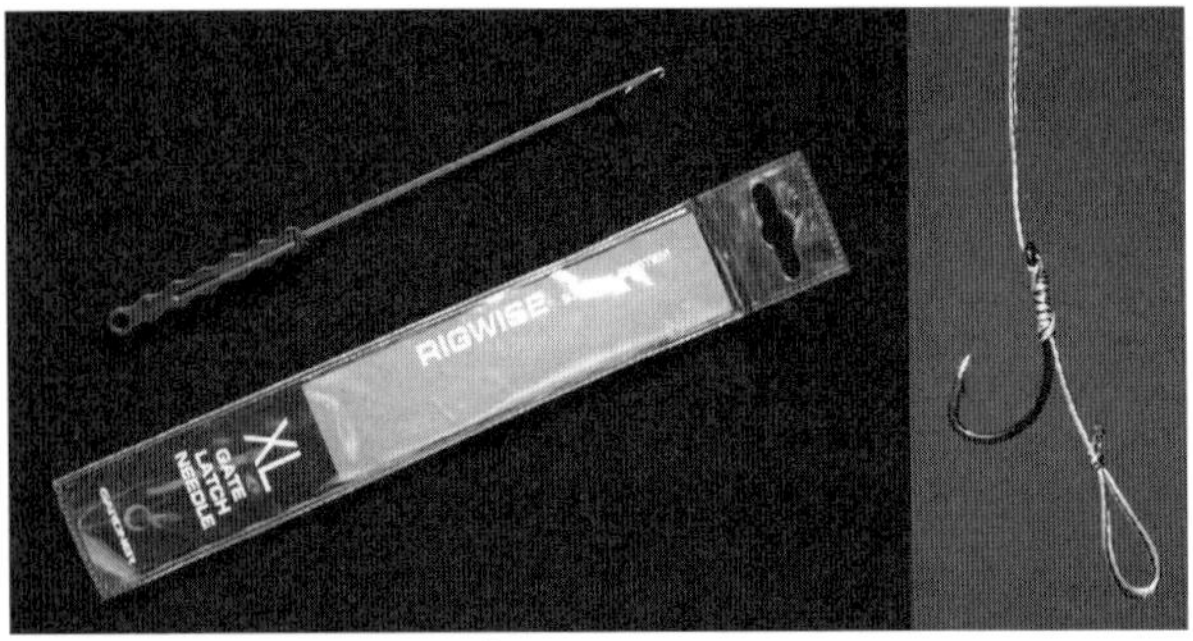

右／仕掛けはノーマルなヘアリグでよい
左／専用のボイリーニードルを用意する

ボイリーのセット方法

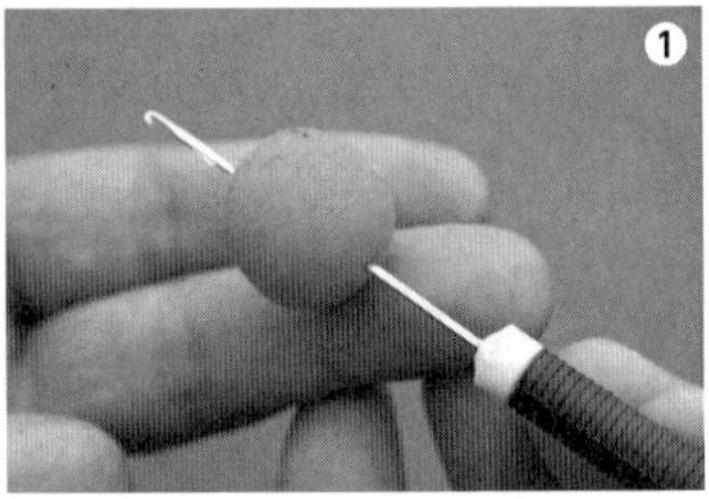
① ボイリーの中心にボイリーニードルを差し込む

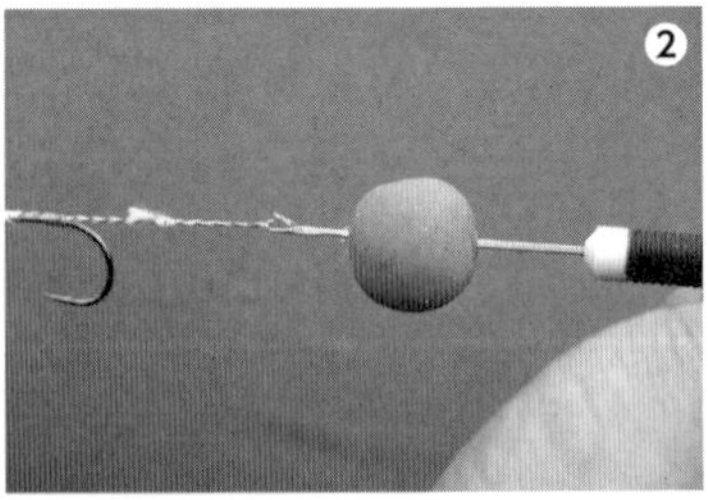
② ヘアリグのチチワにニードルを引っかける

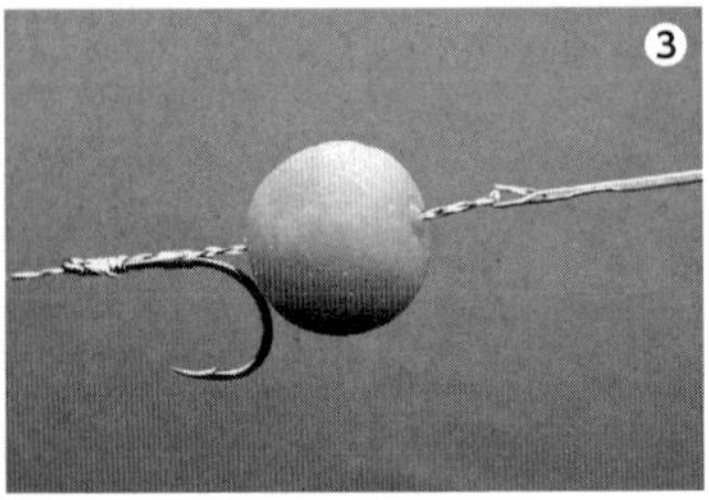
③ ニードルを引いてボイリーの中にチチワを通す

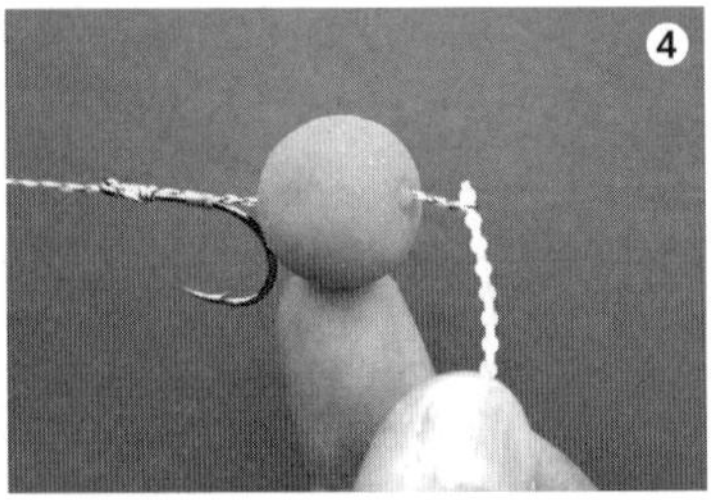
④ ボイリーストッパーをチチワに通す

⑤ ボイリーを下げて、ストッパーの余分を切る

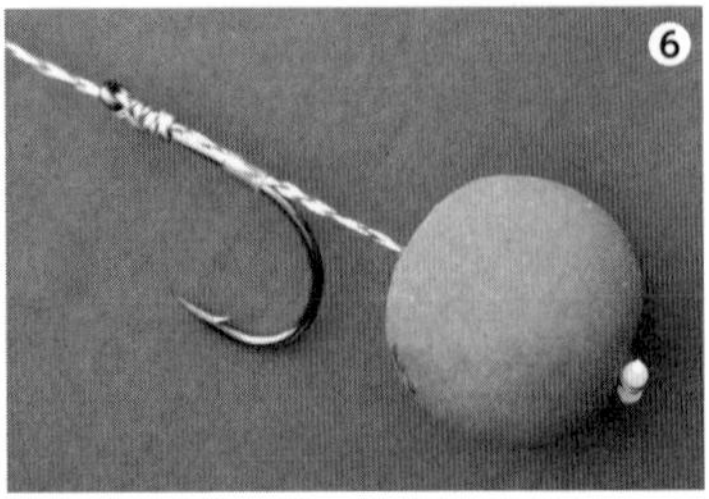
⑥ ボイリーが動かぬようにストッパーに密着させる

【PVAバッグの使い方】

従来の釣りでは、ハリにクワセを付け、寄せエサとセットで投入した。ボイリーの場合はPVAバッグという水に溶ける袋を使う方法が手軽だ。ボイリー自体に寄せ効果があるため、PVAバッグにボイリーを4～5粒入れるだけでもよいが、ほかにペレットを入れたり、粉末エサを集魚材リキッドで湿らせて入れる方法もある。いちいちダンゴを練る必要もなく、とても簡単だ。

PVAバッグは水中では約10秒で溶ける。PVAバッグにはM(左)、L(右)の2タイプがあるが、通常はMサイズでよい

PVA バッグのセット方法

1 PVAバッグにボイリーを4粒前後入れる

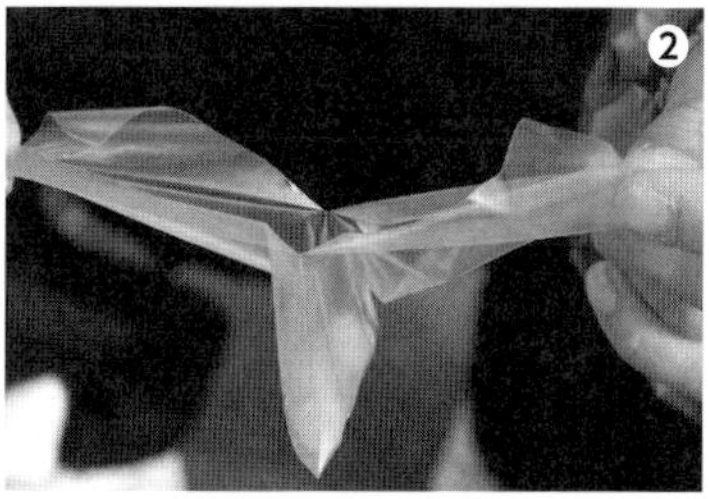
2 PVAバッグの合わせ目を引き裂く

3 ボイリーをセットしたヘアリグをPVAバッグに入れる

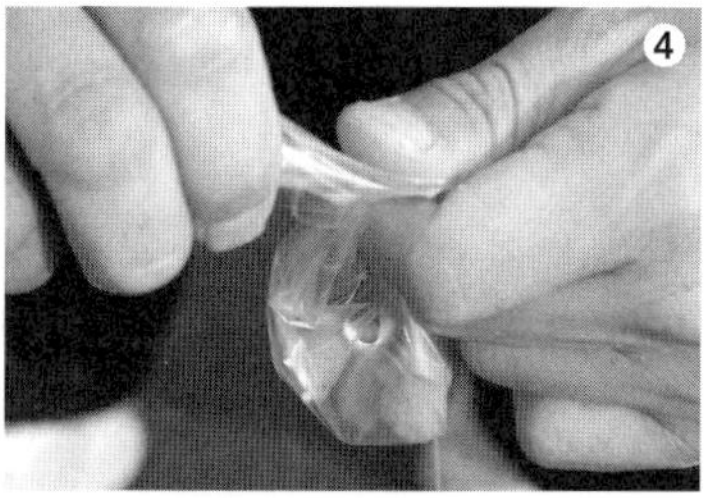
4 PVAバッグを結ぶ

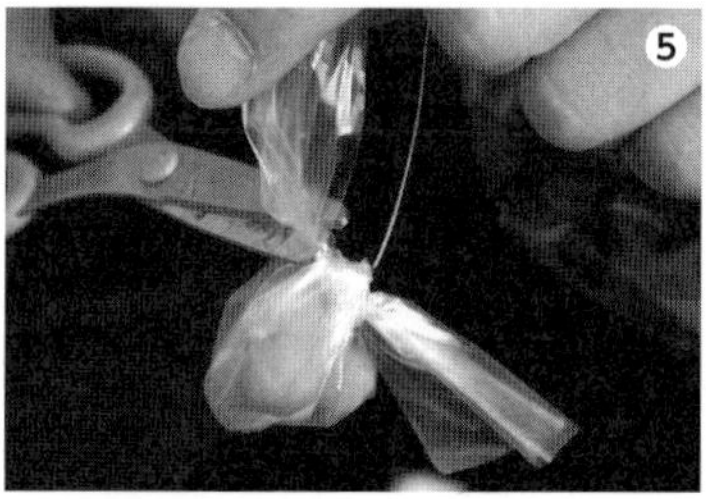
5 余分をハサミでカットする

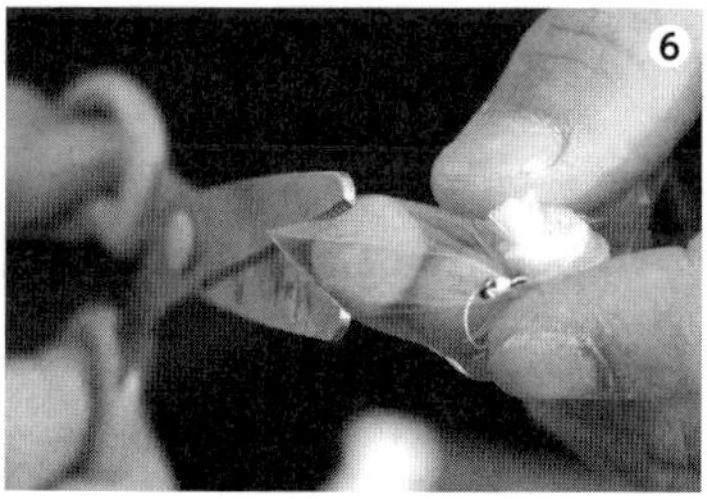
6 水中で空気が抜けるよう両カドをカットする

ダンゴ+クワセのコンビネーション

日本のコイ釣りで最もポピュラーなのが、練りエサのダンゴとクワセエサのコンビネーションである。

目標をどこに設定するかによって、このパターンは難しさが増す奥の深いマニア向けの釣りで、何十年というキャリアを積んでようやくマスターできる面白い釣りなのだ。

ここではダンゴ+クワセのコンビで使う基本的な加工エサを解説する。

寄せのためのダンゴとクワセエサのコンビネーションは最も知られた方法だ

【サツマイモ】

コイエサとして古くから使われ、全国どこでも安定した釣果を期待できる素材。昔はサツマイモの角切りだけを数本のハリに付けて使うこともあったが、現在では単品ではなく、練りダンゴとセットで使われることが多い。

長時間煮たイモを角切りにしたものは大ものに効果的な反面、エサのできの良し悪しが素材の質に左右されることと、エサ持ちがよくないこともあって、イモヨウカンに加工されることが多い。

サツマイモは練りエサの素材としても役立てられている。蒸かしたイモをすり潰して練り、配合エサに混ぜて使う。

ベテランは品種にもこだわりがあり、素材としては、ベニアズマ、コウケイなどの手に入りやすいもののほかにムラサキイモもマニアの間で人気が高い。ヨウカン、角イモともに1㎝角のサイコロ状にカットして使うのが標準。エサ替えは2時間以内で行なうのがよい。

長時間待てるエサとして干しイモがある。同じくカットして使うが、水中でふやけるので小さめにして使う。エサ持ちはよく、そのままでも6時間以上は待てるが、さらに天日で干して8時間以上エサ替えしない人もいる。

実は、干しイモ自体は、コイエサとしてそれほど強力なものではない。コイの目の前にエサがあった場合、イモヨウカンと干しイモではイモヨウカンに軍配が上がる。エサ持ちがよいので安心して使えるというのが再大の理由だ。

ビギナーの人がイモ系のエサを使いたい場合はおすすめだ。エサメーカーからも乾燥させたイモエサが発売されている。

干しイモはエサ持ちがよいため、使い勝手がよい。冬になるとスーパーで手に入るが、丸干しのものがよい。水中でふくらむので、5mm 角くらいの小粒にカットして使う

【イモヨウカン】

古くからコイエサの代表であったサツマイモの香りはコイの嗅覚を刺激する。理想はサツマイモを煮ただけのもので、大ゴイには強いエサだ。ただ、イモの質に出来不出来が左右されるため、いまではイモヨウカンの愛用者が多い。

イモヨウカンは、2時間以内で打ち返しをしていく短時間勝負に向くエサだ。エサを投入して5時間以上もエサを置きっぱなし、という釣りには向かない。

弱点はエサ持ちの悪さ、小魚や小ゴイの攻撃に弱いことだ。特に砂糖やハチミツなどを加えて甘味を強くしたものは、小魚が好む。その逆にサツマイモだけで作ったものは、小魚の攻撃が少ない。

ヨウカンも作るのは難しく、年期が必要で、いまでは野ゴイをねらう一部のマニアだけのエサである。意気のある人はチャレンジするのもよいだろう。

一般には、市販のイモヨウカンでも充分釣りになる。むしろアタリの数は市販品のほうが多い。この場合、ポクポクしたものより、粘るのあるもののほうがエサ持ちがよい。

イモヨウカンの作り方

①ハシが楽にすっと通るくらいまでサツマイモを蒸かす

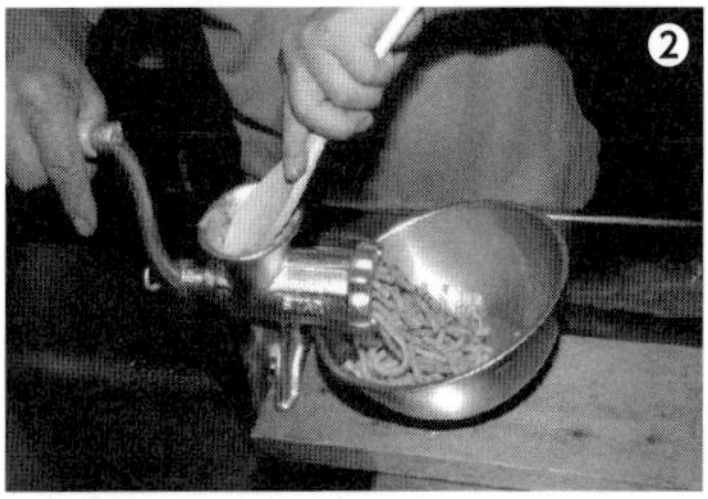

②蒸けたら、熱いうちに皮ごと裏ごし機かひき肉機に2度かける。できればひき肉機がよい

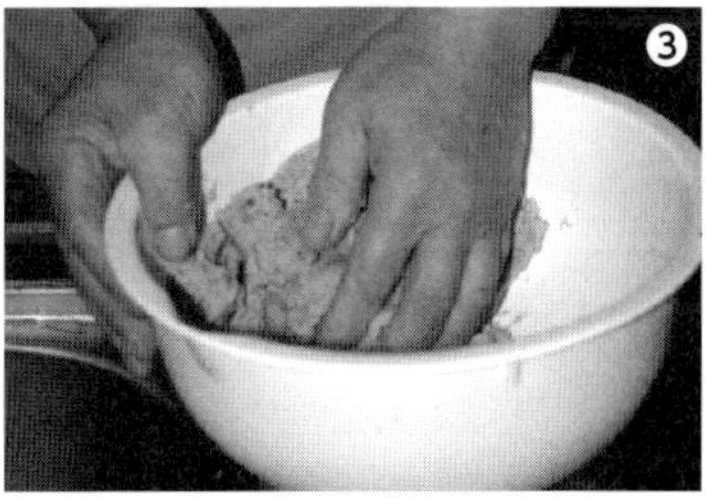

③つなぎに片栗粉、粉寒天、コーンスターチなどを少量加え、粘りが出るまでよく練り込む

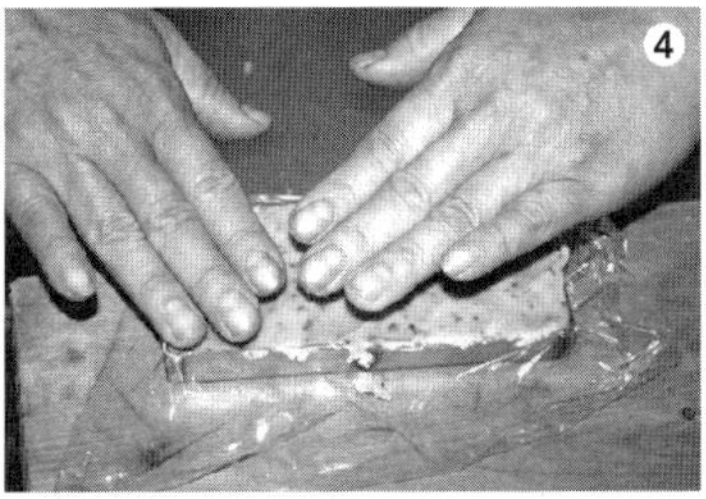

④容器にラップを敷き、練り込んだサツマイモを詰める。手で押さえてしっかり空気を抜く

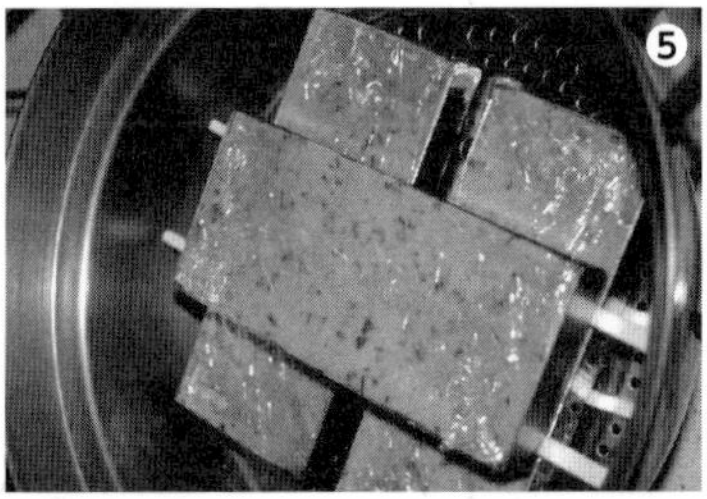

⑤40～60分蒸かし、容器のまま冷ます。保存は冷蔵庫で。使うときに容器から取り出す

⑥イモヨウカンは釣り場で通常1㎝角に切って使う。食いの悪いときは7㎜角

【トウモロコシ】

トウモロコシは世界的に人気が高いエサである。

海外のエサはボイリーというイメージがあまりにも強いが、トウモロコシは海外でもボイリーに負けないポピュラーなエサで、アメリカではむしろボイリーをしのぎ、粒のまま使われたり、コーンパフなど加工品も使われている。これは雑食の小魚が少ないせいもあると思われる。

トウモロコシの強さは、小魚による被害が少ないことである。ニゴイやアメリカナマズのような大型の雑食魚には食われるが、それらを除くと意外に被害は少ない。エサ持ちがよく手軽で、練りエサとのコンビーネーションでは最も使いやすいクワセエサといえる。

缶詰のスイートコーンやコイ釣り用として市販されているものか、自分でトウモロコシを煮て使う。このエサの甘味はコイにとっても魅力があるようだ。

一方、甘味がなくてもエサとして効果があるトウモロコシの使用法がある。

最もエサ持ちがよく、何時間経ってもハリから落ちないものとしてポップコーン用の豆を使うのだ。

これを1時間ほど煮て使うが、固さは煮る前とほとんど変わらずカチカチである。このままではハリ付けできないので、直径1㎜の精密ドリルで穴を開けてハリに直付けするか、ヘアリグにセットする。

このエサはほとんど無味無臭だが、バラケたダンゴエサを吸い込むコイが一緒に吸い込むので食いには関係ない。24時間経っても残っているので、釣り終わったら外して焼酎漬けすれば次回も使える。

トウモロコシは平野部の湖沼、河川、山上湖と、どんなタイプの釣り場でも安定した釣果を望めるエサだ。

手むきにより胚芽と尖帽を残したコイ釣り用のトウモロコシも発売されている

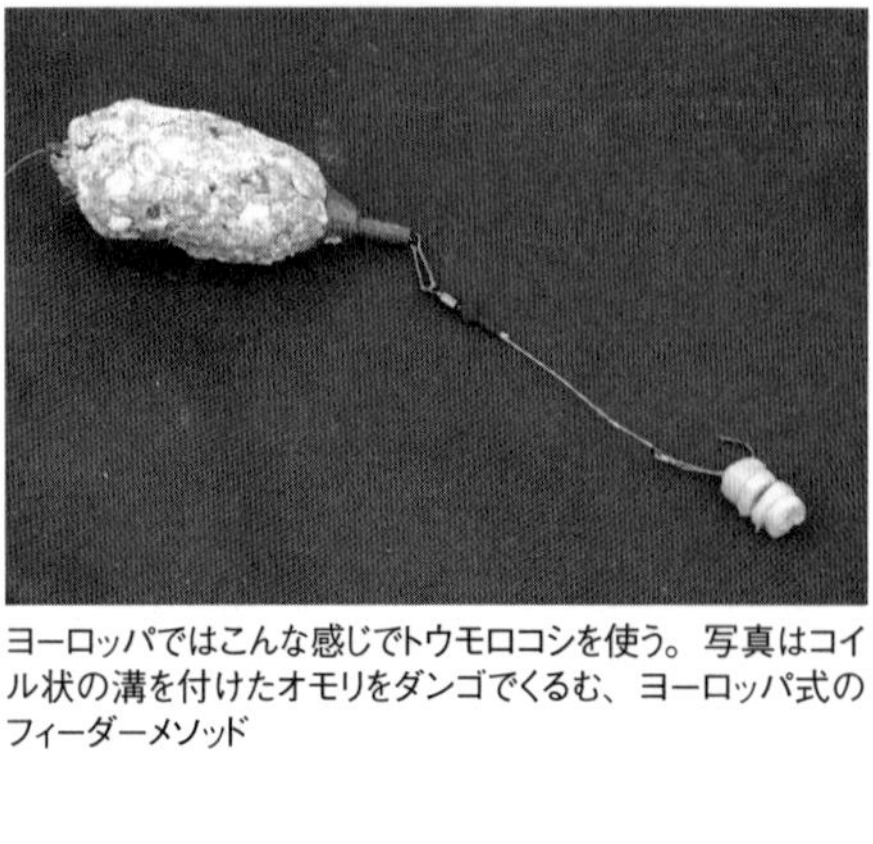
ヨーロッパではこんな感じでトウモロコシを使う。写真はコイル状の溝を付けたオモリをダンゴでくるむ、ヨーロッパ式のフィーダーメソッド

トウモロコシは直付けでもよいが、ヘアリグがおすすめだ

【配合練りエサ】

練りエサも代表的コイエサのひとつ。現在では粉末の単品を練ることは少なく、麦、ヌカ、トウモロコシ、青米などが混ぜ合わされた配合エサを練ってダンゴ状にして使われることが多い。

配合エサは難しい。コイ釣りの難しさは配合エサの難しさだといえる。効果的なエサである反面、微妙な差が、釣果に大きな差となることもある。しかし、それほど面白いエサでもある。

配合エサを研究する人は、重さにして0・5g以下の微量な配合素材にも気を遣い、その日の天候、湿度まで計算に入れて麦を煎る。だから同じ素材を同じ比率で配合してもまねできない。まさにこれは職人の世界である。

しかし、これは野生の大ゴイを標的にした場合の話で、誰にでもできることではないから、配合エサはまず市販品を使うことだ。メーカー品ならビギナーにも使いやすく、安定した釣果を望める。

サイズはともかく、早く確実にコイを釣ろうとするなら、市販の配合エサをダンゴにして、クワセにトウモロコシというパターンが強い。

ところが、大型にねらいを絞るとなると、話が違ってくる。80㎝以上をターゲットにするとなるとはっきりいって難しい。市販品をただダンゴにしただけでは率が悪く、釣り人はまた頭を悩ませることになる。そこに長時間待つ、という手法も加えなくてはならない。

既製品の配合エサを使う場合、どのエサも必ず粉末素材が入っている。また、大粒の素材が多く含まれたものもある。そこでまず、内容を観察してみよう。

A 粉末素材と大粒素材の配合エサ
B 粉末素材と中粒素材の配合エサ
C 粉末素材だけの配合エサ

大きく、この3タイプに分かれるはずだ。よく中身云々というが、既製品の場合は、内容を気にするよりも素材の粒子を基準にエサを使ったほうがビギナーには分かりやすい。

Aタイプは「巨ゴイ用」とか「大粒素材を大量に配合」などと袋に書いてある。ダンゴにして長時間待つ釣りを意識したエサだ。これらは袋も大きいので目立つはずだ。

ビギナーが選ぶのは、Bの中粒素材のものがよい。といっても分かりにくいが、大粒のものはすぐ見つかるだろうから、次はCの粉末だけのものを捜す。これも見つけやすいはずだ。両者が見つかったら、その中間のものを捜せばよい。意外とこの中粒クラスは種類が少ない。

いまのエサはなぜ粒物が入っているかというと、粉ものが溶けたり、流されたり、小魚に食べられても、粒物は残るからだ。そしてコイが回ってきたときにこれを吸い込む。

Aは1投して6時間以上置く、長時間待ちの釣りに向いたエサで、確かに大ものには強いが、これはエサで釣るというより時間で釣るというイメージのエサだ。粒がいつまでも残るので、1日の釣りに向かない。投入点を変えたときに、前の投入点にいつまでもエサが残り、コイに警戒されたり、場荒れを招く。

Bタイプの中粒配合がよい理由は、2～3時間は充分残り、投入点を変えた場合でも、残り粒が少ないので、次の釣りに影響が少ないからだ。もちろん、長時間待ちの釣りにも充分使用できる。

Cタイプ。粉末素材のみ。これは魚粉系のもので集魚効果が高い

Cタイプ。粉末素材のみのもの。粉末だが植物性の素材を使用

Bタイプ。粒の砕き方が細かめ。ほかの素材とのブレンドがしやすい。短時間、長時間の釣り、どちらにも使える

Aタイプ。トウモロコシや麦、大豆がそのまま、あるいは荒く砕いて配合されている。長時間待ちの大ものねらいに

【市販エサを使いこなす】

市販エサはいずれも単品で使用できるが、単品使用の場合は、AかBタイプを使う。袋に水とエサの比率が書いてあるので、そのとおりに混ぜればよい。目分量ではなく、計量カップを使うとよい。

このとき注意するのが練り込まないこと。練りエサといっても練って粘土のようにしては都合が悪いのだ。

よくいわれるのが、「バラケ」という言葉だ。ダンゴは20分くらいでバラケないとだめだ、というように使われる。これは水中での崩れ方の話で、30分経っても1時間経っても、投入したときと全く同じ形のまま残っていてはいけないということだ。

集魚材としてコイを誘うフェロモンを加えた配合エサ

コイは、ダンゴ状態のエサをそのまま食べるわけではなく、崩れて水中に散らばったエサを吸い込むのだ。そのほうが集魚効果も高い。

コツは、荒く、ざっとかき混ぜるように手でエサを回転させて、水を含ませる感じにすること。

粉末素材をブレンドする場合は、Bタイプ3に対して植物性の粉末エサを1の比率で混ぜてみよう。

この場合、水の量も増やす必要があるが、性質の違うものが混ざるだけに水の量には注意する。入れすぎると粘りが出るので、手で軽く水を振りかけながら、まとまるところでやめる。足りなければ、少し振りかける。

しかし、初めのうちは、あまり神経質にならないほうがよい。空中分解したり、着水後すぐに割れて、仕掛けと違うところに着底しては元も子もないからだ。

あまり練り込んではいけないのだな、と頭に入れておく程度でよい。

慣れてきたら、水ではなくサツマイモを蒸かしたもので練ってみよう。イモによって粘りが違うから、配合エサに対して3分の1くらいから半分くらいの比率

配合エサの作り方

計量カップでエサを量りながらバケツに入れる

袋に書いてあるエサと水の比率に従って計量カップで水を入れる

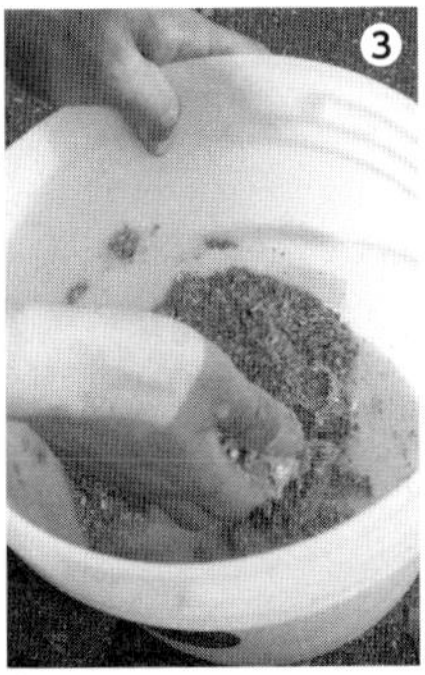

水を均等に含ませる感じでかき混ぜる。練り込まないように注意する

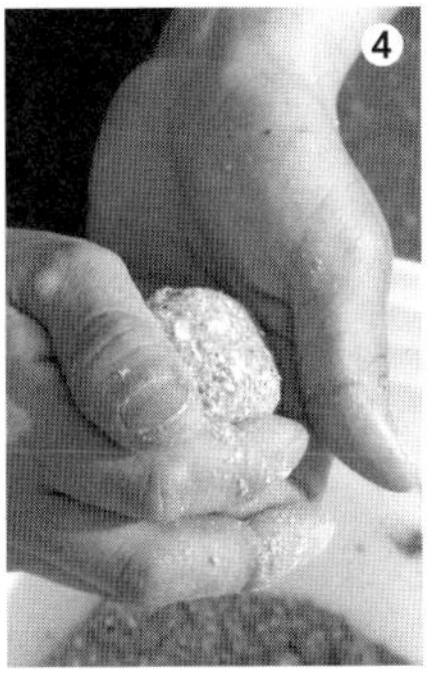

必要な量を手に取って握る。鶏卵くらい

水中でのバラケ方

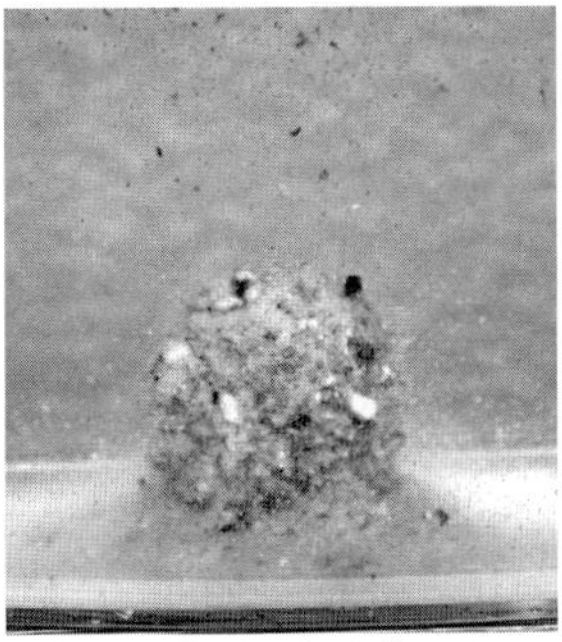
着底すると間もなくバラケ始める

10 分後には半分くらいになっている

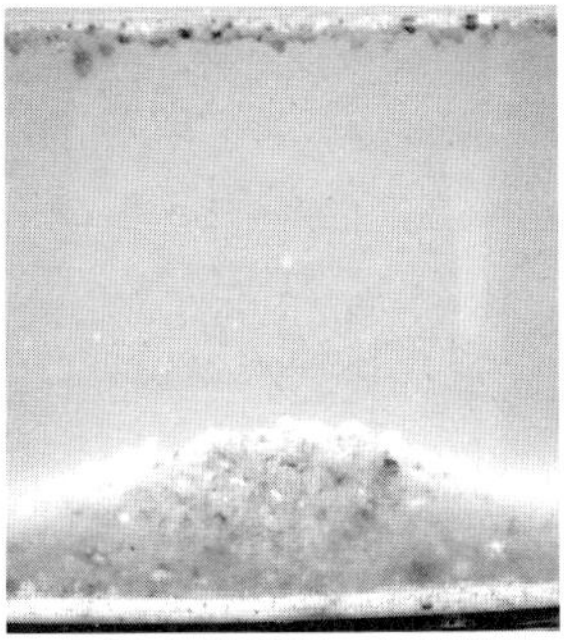
15 分後には砂が崩れるように形がなくなっている

バラケ方の比較

同じエサを同じ水分量で練ったもの。右はざっくりかき混ぜるように粗めに練って握ったもの。左はよく練り込んだもの。10 分後のバラケ方の差が分かる

で混ぜてみて、水分が足りなければ、水を振りかけて調整する。

大ものをねらうときは、配合エサに煎った麦をプラスすればよい。

自分で麦を煎れば最高だが、大変なので初めのうちは麦茶で代用する。麦茶の粒を粉末にするか、水出し麦茶でよい。配合エサと麦茶の比率は1対1にする。

この場合は水ではなく、面倒だが蒸かして潰したサツマイモをつなぎにして握るとよい。サツマイモの比率は配合したエサの半分くらいがまとめやすい。

ラセン式1本バリのエサ付け法・1

ダンゴ+クワセのコンビネーションの代表的なエサ付け方法を解説しよう。

この方法は、トウモロコシや干しイモなどの硬めでエサ持ちのよいものをクワセエサに使う場合に向いている。

自作による柔らかいイモヨウカンだと投入の際にはずれて落ちる危険があるが、市販の粘りの強いヨウカンなら意外と大丈夫で30mくらいの距離までなら、この方法でもよい。

袋包み式仕掛けの場合は、ダンゴを作ったらイトで囲んで固定するだけなので簡単だ。装着法は54ページを参照。

エサにむらなく水を含ませてかき混ぜる

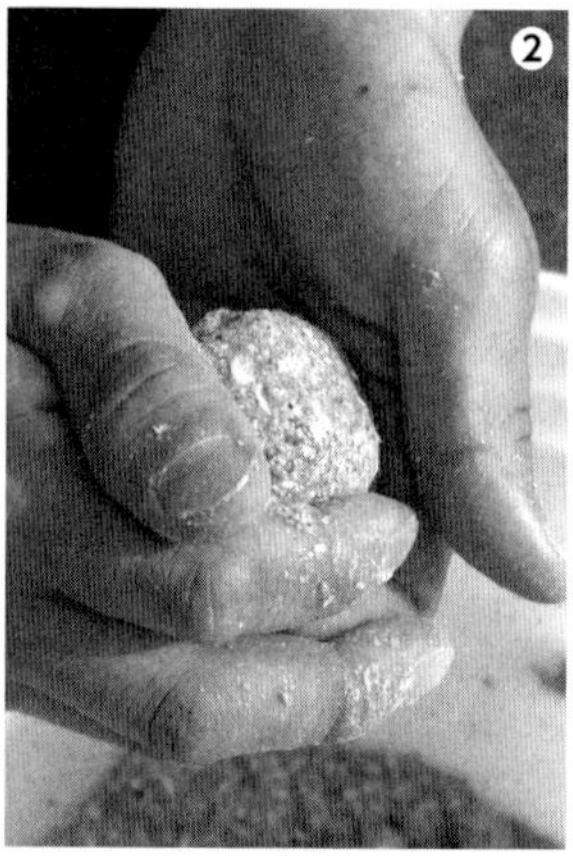

必要量を手に取り、軽く握る

ダンゴの真ん中で２つに割る

割ったダンゴの中央にラセンを埋め込む

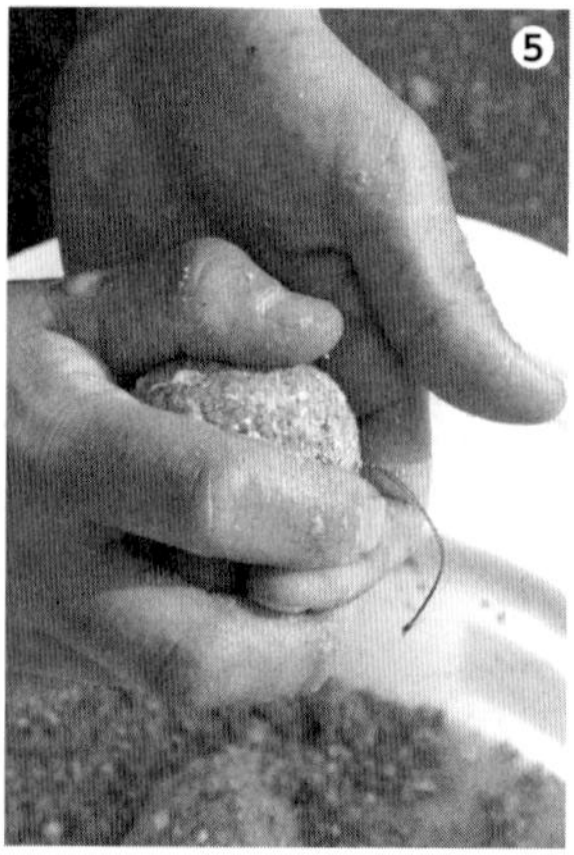

手に水を付けて、ギュッとしっかり握る

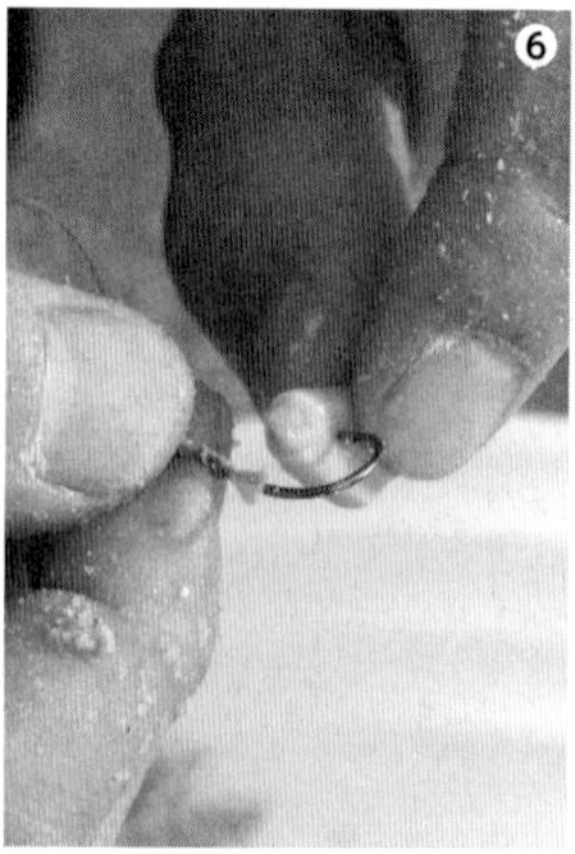

ハリにトウモロコシ、干しイモなどクワセエサを付ける

できあがり。ハリスを上に引いてハリをダンゴまで引き上げると絡みがない

ラセン式1本バリのエサ付け法・2

柔らかいイモヨウカンや角イモをクワセに使う場合に向く。ダンゴの空洞内でエサが保護されるので、飛行中や着水のときにハリからはずれる心配がない。ダンゴは粘りがあったほうが作りやすいのでサツマイモで練るとよい。

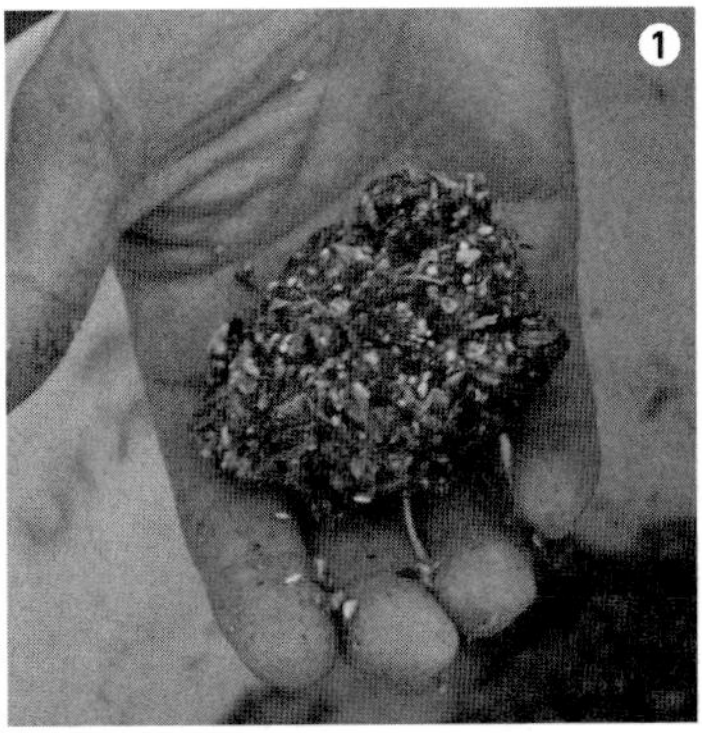

エサを手に取る。鶏卵より少し小さめ

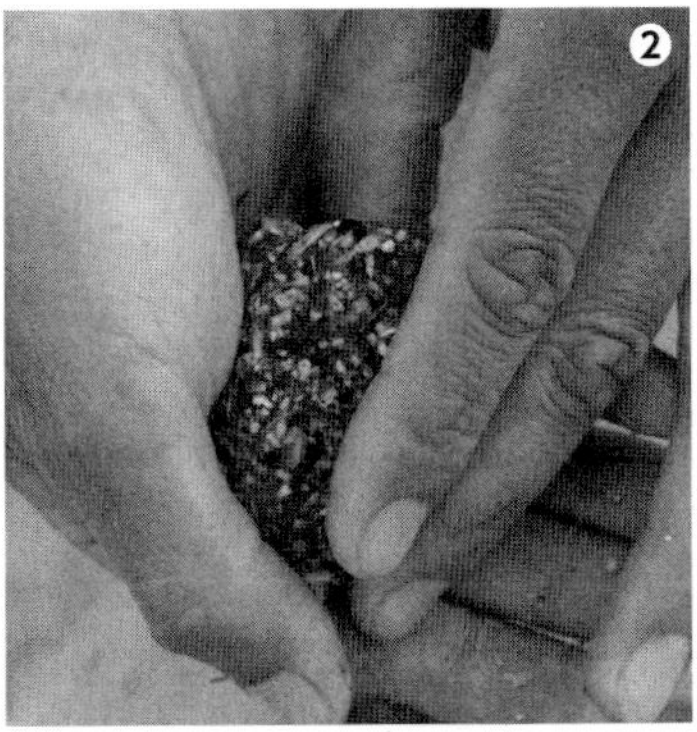

親指を第２関節までエサに差し込み、周りに壁を作るような感じで穴を開ける

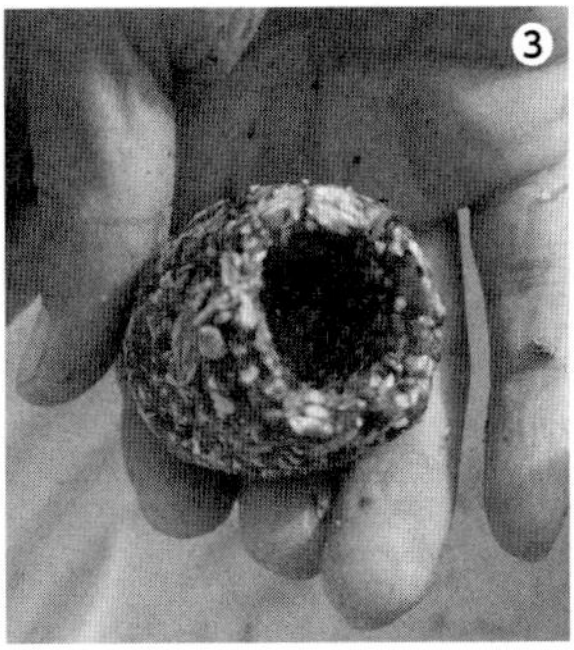

釣り鐘型の中が空洞になったダンゴができる

ウニ通しを中心部の上から差し込む

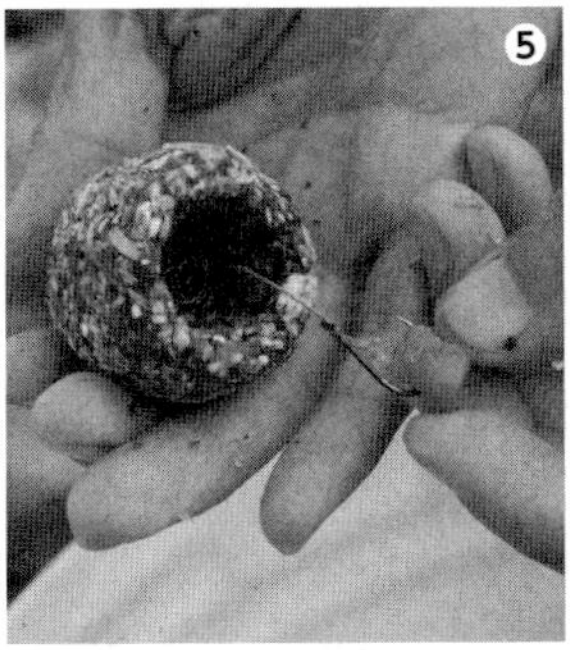

ハリスをウニ通しに引っかけて引き上げ、クワセエサを付ける

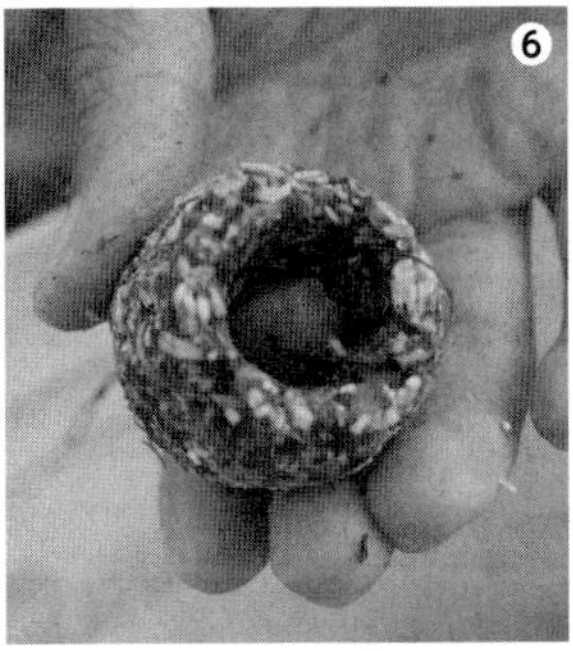

クワセエサを空洞の中に収め、乾燥した配合エサをクッションとして入れる

指に水を付けてダンゴの底の部分をそっと閉じていく

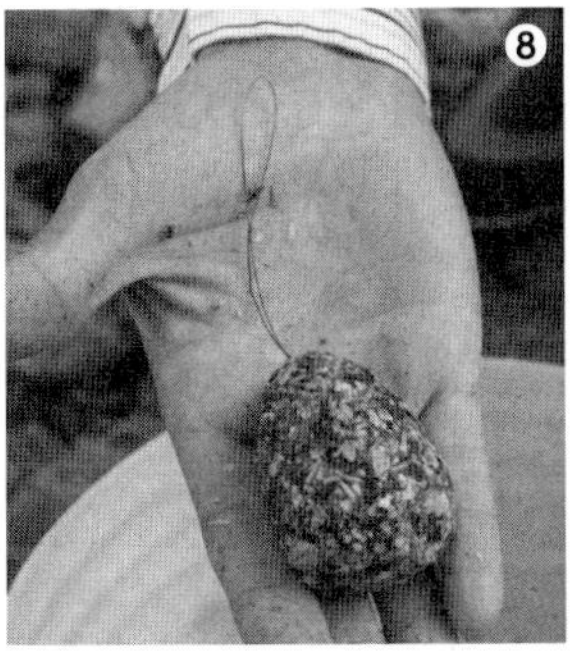

やさしく形を整えてできあがり

【天然エサ】

主な天然のエサにはアカムシ、サシ、タニシ、ゴカイ、ミミズ、モエビ、ザリガニ、カニ、小魚などがある。

コイの常食エサであるタニシは水郷地方を中心に最強のエサとして知られ、特に大型のコイに絞った釣りができるので人気が高い。

アカムシもコイの常食だが、暖かい季節は小魚の攻撃をまともに受けるため、小魚の活動が鈍くなる寒ゴイ釣りによく使われる。

ゴカイもバチヌケのある12～2月の寒ゴイシーズンに使われ、河川の河口部では、冬場に圧倒的な強さを見せる。

【その他の加工エサ】

ソーセージ、ちくわ、ミートボール、ご飯、ドッグフードなど人間の食物はなんでもエサとなる。

ご飯は、ご飯粒をハリに刺すのではなく、小さなおにぎり状に握ってハリを包む。大阪の大川、大和川など一部の釣り場では人気のエサで釣果もよい。

アカムシのエサ付け法

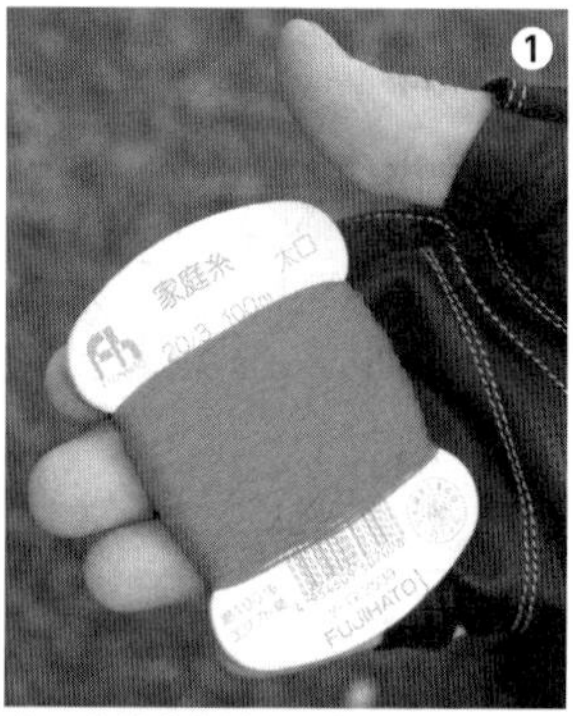

赤の木綿糸(太)を用意する

木綿糸を長め(40cmくらい)に切り、2重にして軽く撚りをかける

アカムシの下に木綿糸を敷いて縛る

しっかりとかた結びで縛る。抜けないようにかなりきつく縛ってよい

ハリの軸に固く縛り付ける

余った木綿糸を切って完成

【エサの保存】

コイ釣りではエサを余らせて持ち帰ることが多い。特に生きエサは保存が大変である。アカムシは新聞紙に包んで冷蔵庫に入れ、死んだものをまめに取り除けば1ヵ月は充分に生きている。

加工エサのなかでもサツマイモなどは夏の暑い日は夕方にはすっぱい匂いがしてくるほどで、日持ちはしない。

市販の配合エサは開封しなければ長期保存できるが、開封後はしっかり密閉して涼しいところで保管する。湿気を含めばカビが生えるし、酸化して品質は落ちるので早めに使い切ることだ。

ボイリーも同様で防腐剤が入っているので、開封しても保存が利く。もともと湿気を含んでいるので、逆に封を開けて涼しいところで保管するほうがよい。

自作配合エサは防腐剤が入ってないので早く使い切ること。古くなれば香りも抜けてくるし、酸化してエサとしての機能は低下する。火を通してないものは、虫がわくこともある。冷蔵庫で保管すればいくらか防げるが、いずれにしてもエサは新鮮さが命だ。早めに使うに限る。

タニシのエサ付け法

タニシの殻に精密ドリル（直径1mm）で穴をふたつ開ける

殻の内側から市販の吸い込み糸（細）を通す

かた結びで縛る

ヘアリグのヘアに縛る

しっかりかた結びで縛ったら

できあがり

第5章 知っておきたい常識と基本

せっかくの休日を水辺で過ごすのだから、
楽しく釣り始めて、笑顔で終えたいものだ。
いくら数が釣れても、どれだけ大ものを釣ることができるようになっても、
その前に釣り人として覚えておきたい基礎知識。
この章では、釣り場でコイと向かい合う以前にこれだけは知っておきたいという、
コイ釣りの常識と基本テクニックを解説する。

【釣り始める前のマナー】

釣り場へ着くと誰しもが一刻も早くサオをだしたい。釣り人というものは水を見ると、取りあえずサオをださなくては落ち着かないものだ。しかし、周囲への気配りを怠ると、見なくてはいけないものも見えなくなる。

へラブナ釣りもそうだが、コイ釣りはどちらかというと1ヵ所に腰を落ち着けて釣る滞在型の釣りである。バスフィッシングや渓流釣りのように、ひとつのポイントはその日の通過点という釣りとは違う。それだけに、サオを並べる場所は、その日1日を過ごす我が家なのだ。

都会に近い釣り場には多くの釣り人がやって来る。誰でも釣りたい気持ちに変わりはない。一時のいやな思いですめばよいが、コイ釣りでは1日、お互いいやな思いで過ごさなくてはならないこともある。

特に川の場合はポイントが限られることが多い。釣り座決定は早い順だから、目指すポイントに先客がいることはしばしばある。後からサオをだす場合は必ず距離を空けて入ることだ。

昔から隣の釣り人との距離は最低20mといわれてきた。できれば30mは距離を置きたいものである。

川で気を付けることは、先着の釣り人の投入点がどこであるかを確認することで、できれば挨拶を交わした後に、「どの辺りにエサを入れてますか」と聞いてみるとよいだろう。

流れのある川では、その釣り人の正面より下流に向かってエサが投入されているのが普通だ。それが本来の打ち方であるし、流れの力によって流されて下手に落ち着いていることもある。

自分が充分距離を空けたつもりでも、正面にエサを打つと、斜めに仕掛けが入っている上流の釣り人のエサの間近だった、ということになるから注意したい。

その人がどれだけ隣との距離を置いたら気にならないか、という問題もある。自分は20mで気にならなくても相手は30mは離れないと集中できないことだってある。自分中心ではなく、必ずほかの人の気持ちになって行動すれば、トラブルもなくなる。

コイの釣り人に限らず、ウキ釣りの人ならどうなのかとか、他種の釣りがどんな釣りなのかも注意を巡らせてみよう。そんな観察力のある人は、「読み」が重要なコイ釣りも必ず上達するだろう。

よくあるのが、バスマンとのトラブルだ。ポイントの真上をボートで通過するだけならよいが、近くからエサ投入点目がけてルアーを投げられたり、ルアーを通過されたりする。これは相手に悪気があるのではなく、まさかそんな沖に仕掛けがあるとは思ってもいないことが多い。そんなときはあらかじめ、「30m沖の杭周りに仕掛けを打ち込んでますよ」と声をかけておくことだ。彼はコイ釣りを知らないだけなのだ。

また、「こんな沖までエサを打ち込んで」とバスマン本人が面白くないこともあるだろう。しかし、それがコイ釣りなのだ。逆にいえば、ボートで移動しながら次々にポイントを探り歩くのがバス釣りなのだ。そうお互いの釣りを理解しあえれば、お互い気づかずに迷惑をかけてしまっても、「スミマセン」。「いや、勝手をいって悪いですね」と、お互いに気持ちよく距離を置くことができるだろう。思いやりを忘れずにお互いの魚を知り、お互いを理解し合いたいものだ。

トラブルを避けるマナー

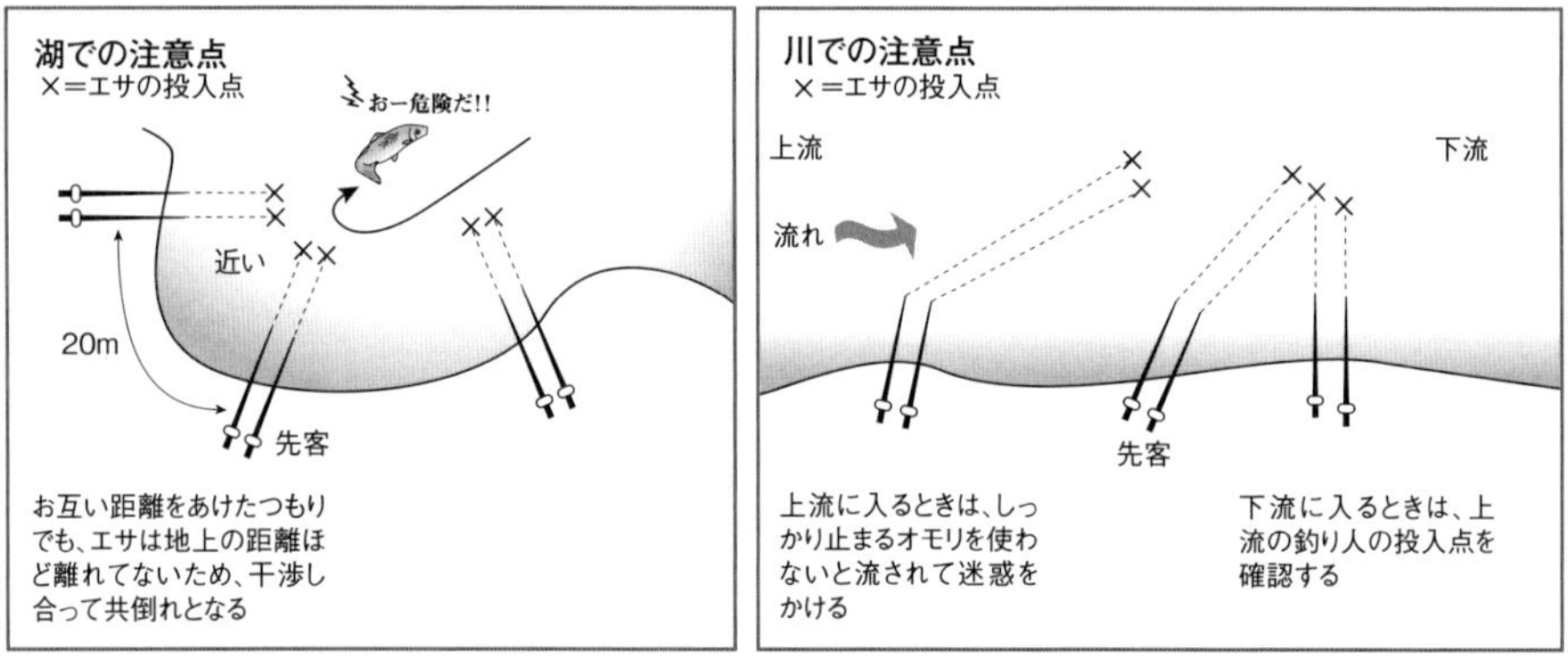
湖での注意点
×＝エサの投入点
おー危険だ!!
近い
20m
先客
お互い距離をあけたつもりでも、エサは地上の距離ほど離れてないため、干渉し合って共倒れとなる
川での注意点
×＝エサの投入点
上流
下流
流れ
先客
上流に入るときは、しっかり止まるオモリを使わないと流されて迷惑をかける
下流に入るときは、上流の釣り人の投入点を確認する

【ハネとモジリの観察】

水辺に立ったら、まず水面を観察する。たいてい夜明けにはコイのハネ、モジリがある。その回数が多く、勢いがあるほど、そして時間が長いほど、魚が活発に動いていると思ってよい。その後によほど天候が急変でもしない限り、その日は期待できる。

これは、コイに限ったことではなく、温水性の魚ならば参考にしてよい。小魚が輪を描きだし、フナがモジリ始め、コイがガバッと顔を出す。それが一段落すれば、魚たちの食事の時間だ。長野県の名手、若林幸雄さんの言葉を借りれば、この朝のハネ、モジリは「朝食前のラジオ体操みたいなもの」なのだ。

最も期待できるのは、垂直にジャンプしたり、横にさっと飛ぶよりも、顔を出して尾ビレを返すように波紋を描いて潜るモジリである。いずれにしても、ハネとモジリは魚が動いている証拠で、たとえコイのモジリがなくても、小魚が動いているというだけで目安にはなる。

ただし、山上湖でのマスのハネは意味が違う。マスは冷水性の魚だからだ。マスが岸近くでハネたら岸辺は冷たく、沖でしかハネなければ、岸近くは温かいと推測できる。

コイがハネやモジリを見せるのは、だいたい以下のようなときに多い。

＊朝夕
＊天候の変わり目
＊気圧の急な変化
＊汽水域で干満での水の動き始め
＊水温の急変時
＊障害物の近く
＊周囲が静かになったとき
＊深夜

小型は活性の高いときにハネを見せ、大型はモジリを見せる、ともいうが、モジリも勢いがあるときはハネに似て見えることがあり、ビギナーの人は、動きに元気がみなぎっているかどうかを見極めればよいだろう。

コイは底でエサを拾う魚だから、水底から上がって来て水面に顔を出すとき、ドジョウのように直下の水底から垂直に上昇し反転して真下に潜ることは少ない。

あくまで基本的なものだが、ハネ、モジリの種類と活性をイメージした図を用意したので参考にしていただきたい。

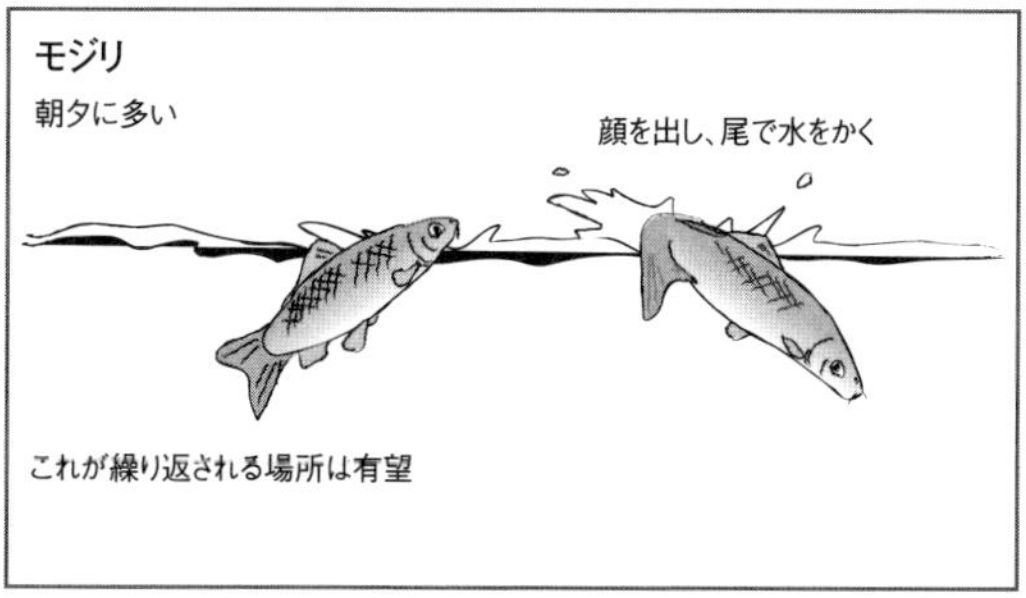
モジリ
朝夕に多い
顔を出し、尾で水をかく
これが繰り返される場所は有望

水面近くをボーッとゆっくり数尾の群で泳いでいるときはヘラブナの鼻上げと同じで、姿が見えてもこのコイは食わない

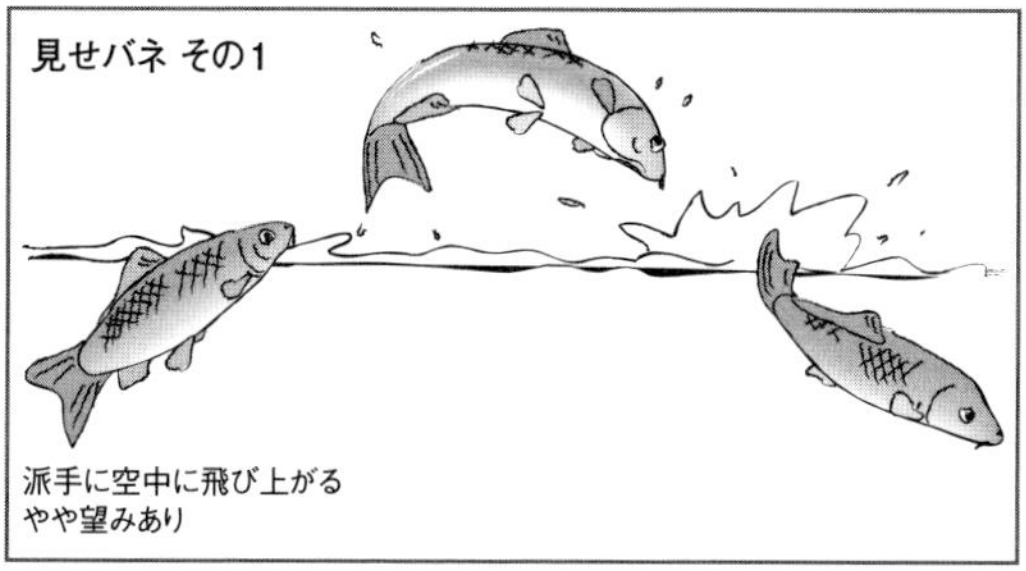
見せバネ その1
派手に空中に飛び上がる
やや望みあり

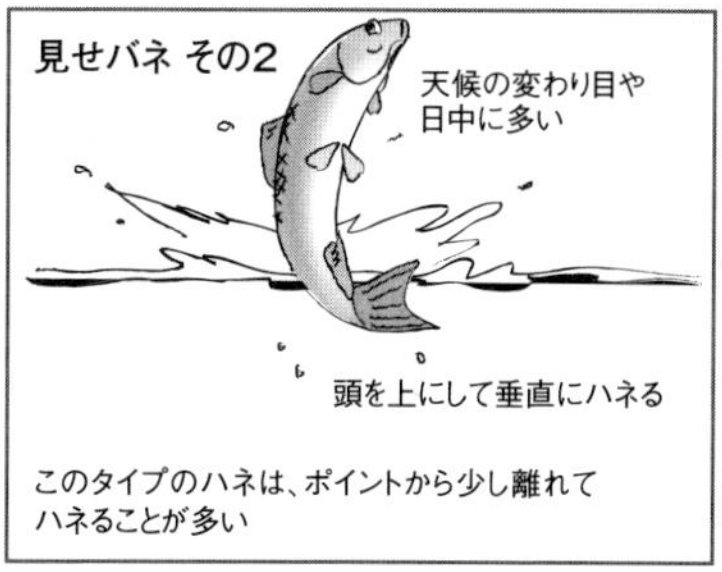
見せバネ その2
天候の変わり目や
日中に多い
頭を上にして垂直にハネる
このタイプのハネは、ポイントから少し離れてハネることが多い

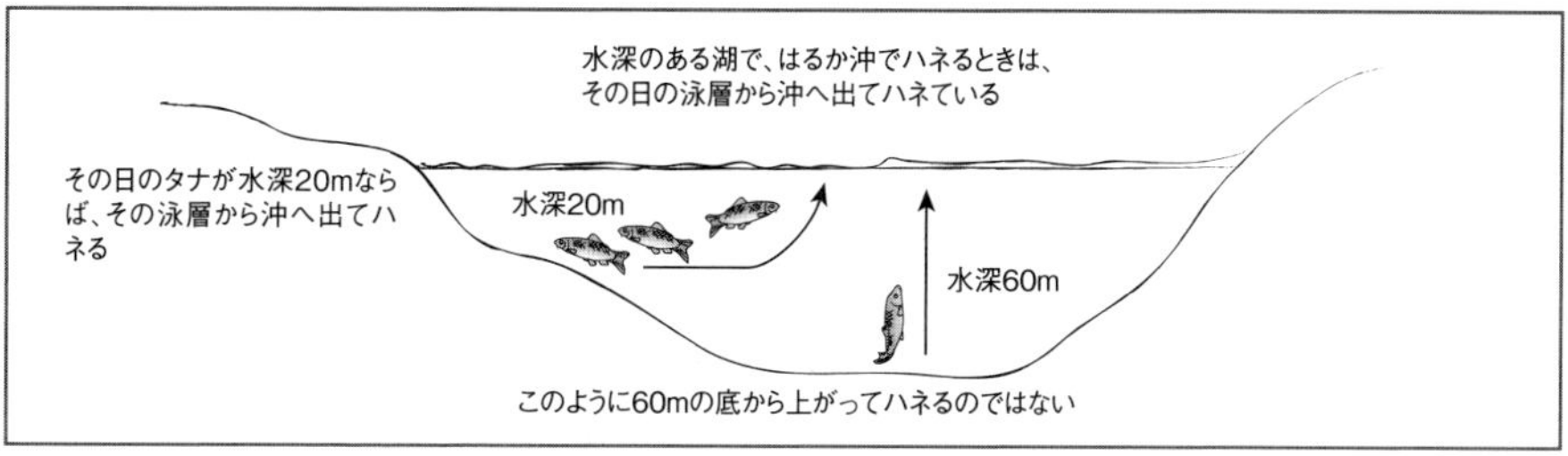
水深のある湖で、はるか沖でハネるときは、
その日の泳層から沖へ出てハネている
その日のタナが水深20mならば、その泳層から沖へ出てハネる
水深20m
水深60m
このように60mの底から上がってハネるのではない

【底探り】

釣り場を決定してからの底探りは、エサの投入点を決めるための確認作業だ。

その釣り場が初めての場所であったら、よくいわれるように、サオを伸ばしてオモリだけでキャストして水深を測るのが第1段階だ。

オモリの大きさは20号以上、30号くらいまでで、もちろんサオの強さ、イトの太さに合った大きさを使う。オモリの種類によって沈下速度は違うので、必ず自分はこのオモリと決め、同じ大きさ、同じ型のものをいつも使うようにする。

ナス型や六角オモリは沈下速度が速く、コイン型はひらひらと沈むので遅くなる。

1秒（1カウント）で1mといわれるが、人によって差がある。カウントの速い人もいればゆっくりの人もいて、大変感覚的であいまいであるが、慣れれば1カウント1mは意外とあてになる。

釣りに関係ないときに、ある程度深さのある場所で、遊動ウキを付けて投げ込んでおき、そこにオモリだけで投げ込んで、自分のカウントと実際の水深を確認して、体に覚え込ませておくとよい。

水深が15ｍを超えるような深場では、人間のカウントでは、ずれが出てくる。さらに深くなればなるほど、オモリの浮力、イトにかかる水圧で、沈下速度も遅くなることを覚えておきたい。時計の秒針を利用したり、専用のカウンターで計る人もいる。そのような水深の計測は、経験で身につけていくしかない。

逆に超浅場の深度計測も難しい。茨城県の霞ヶ浦では、カウントを取ろうにも着水した瞬間に着底という感じだ。このような平坦な湖では水深はあまり気にする必要はないが、どうしてもというなら遊動ウキでチェックするしかない。

水深のチェックは、単に深さを測るのが目的ではなく周囲の地形を知ることが第1目的だ。だから深さ何ｍという数値ではなく、右と左で何ｍ違うとか、左から右へ緩やかに深くなっていくとか、その沖はどうだとか、頭の中で底の地形をイメージして略図を描くためにする。

深さの次は底質だ。どの辺りが泥で、砂地で、藻があって、といったことをチェックする。先ほどの地形図に底質を書き込めば、釣り場マップの完成だ。

というのは理想であって、現実にはそこまでできるものではない。そこまですると1日がかりになってしまう。もし、これから何度も通うことができ、本格的に開拓しようというのであれば、くまなく調査するのはよいことだ。

しかし、日帰りの釣りやたまの遠征では、そこまでやっていられない。大まかに水深を調べ、底質をチェックする程度で終えるのが普通である。

これからサオをだそうというのであれば、何度もオモリを投げ込んで騒がせては、逆に釣り場が荒れてしまう。2日間できるというのであれば話は別だが、日帰りの釣りではほどほどにすることも大切だ。

底探りに根掛かりはつきものだが、オモリを引いてきてゴツッと根掛かりの感触がしたら、それ以上引かず、すぐサオをあおってオモリを浮かせる。そこで引いてしまうとガッチリと根掛かってしまう。次に、その左右に落として、カカリの位置を確認する。

次ページの図は底探りのイメージで、実際はこれほど単純に判断はできない。やはり、経験を積んで感覚を磨いていくのが一番の近道である。

底探りは、水深の測定と、底質のチェックをする。ただ感じて調べて終わりではなく、重要なことは、周辺の地形をイメージすることだ。、限られた時間内で探るには限界があるし、機械で調査したわけではないのだから、結局は底探りは推理の部分が大きい。できれば探りきれていない部分も含めて、チェックしたラインを頭の中で延長してみて、そのエリア全体の地形を推測してみる。その想像した地形からコイのルートをシミュレーションする。その日に生きなくても、続けることによって、限られたデータのなかから推理していく「勘」が養われる

底探りのイメージ

水草

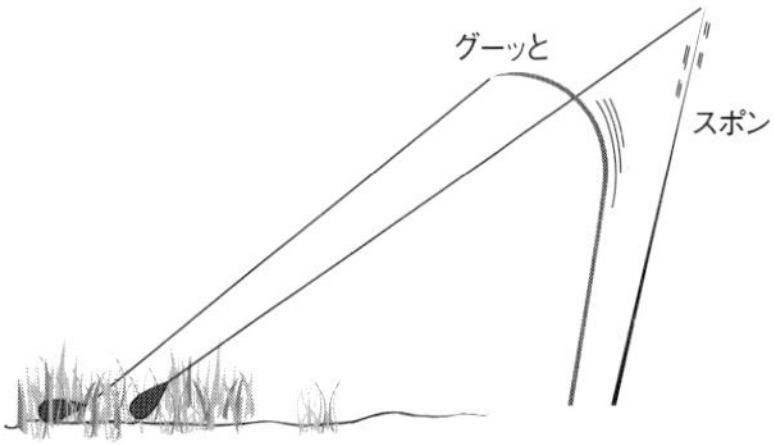

引いてくるとモゾッと止まって、さらに引くとグーッとしなる。力を加えると突然スポンと抜ける。これは藻の切れ目。またグッと重くなると次の藻に入った証拠だ

泥（ヘドロ）

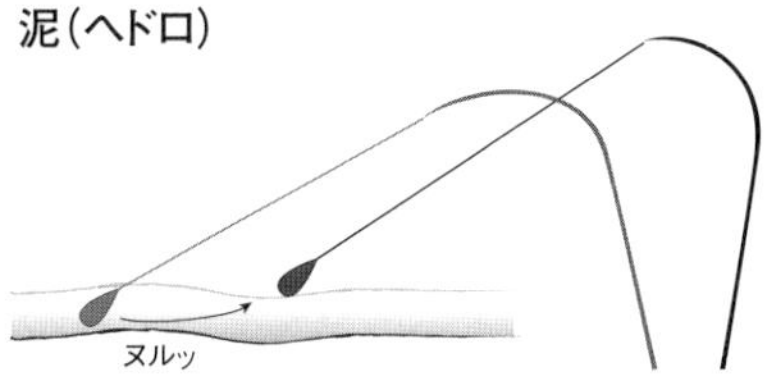

着底したときにズブっともぐる感触。引き始めにグッと重みを感じるが、さらに引くとヌルッと浮く感じ。再びオモリを落とすと、綿の中に沈んだような感触

岩

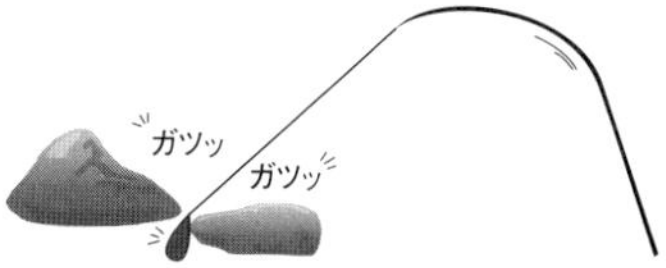

ガツンとした感触

急な斜面

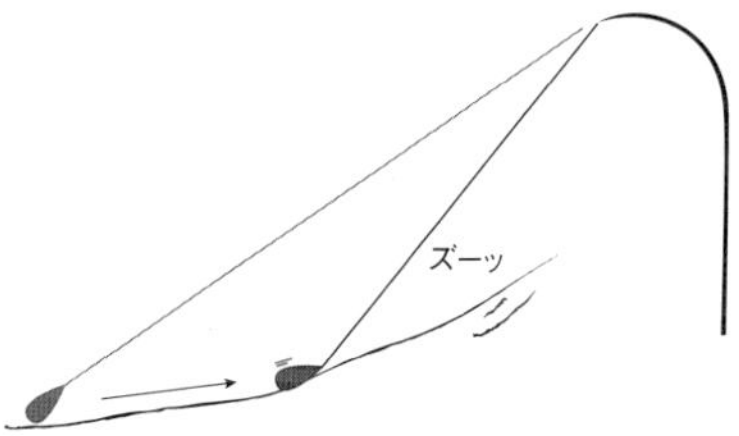

スーッと引かれてきたオモリが何となく重く感じ、抵抗を感じながらもズーっと動いてくるのは、斜面が急になった証拠

砂

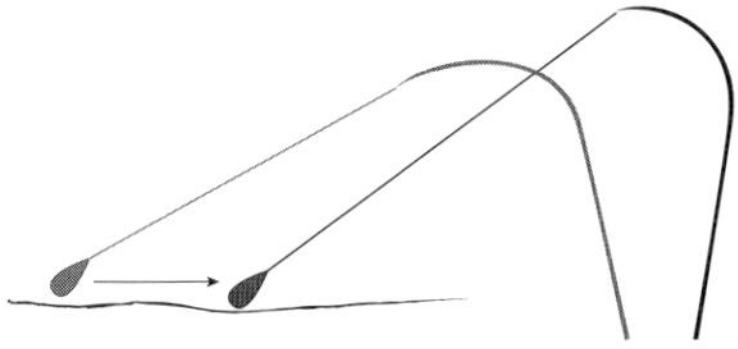

ソフトに滑らかにスーッとくる

石（ジャリ）

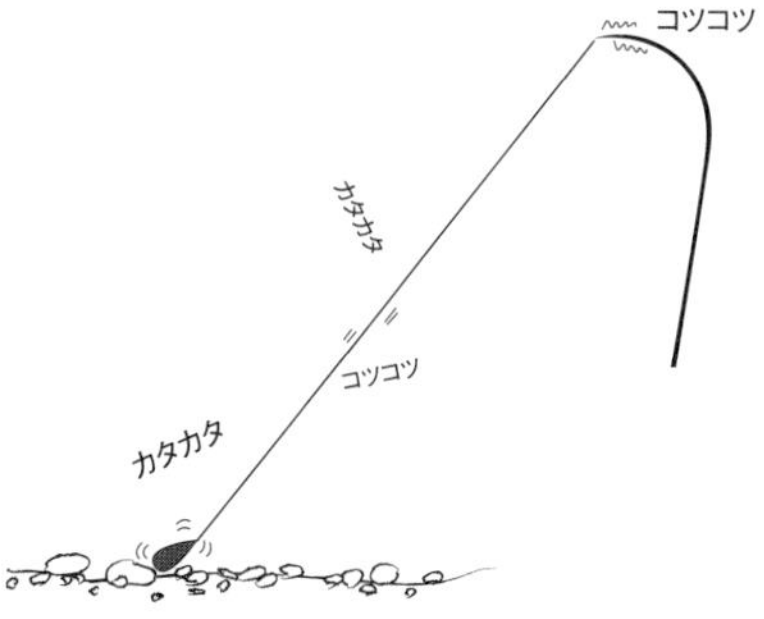

コンコツコツコツコツとサオ先が震動するような感触

カケアガリ

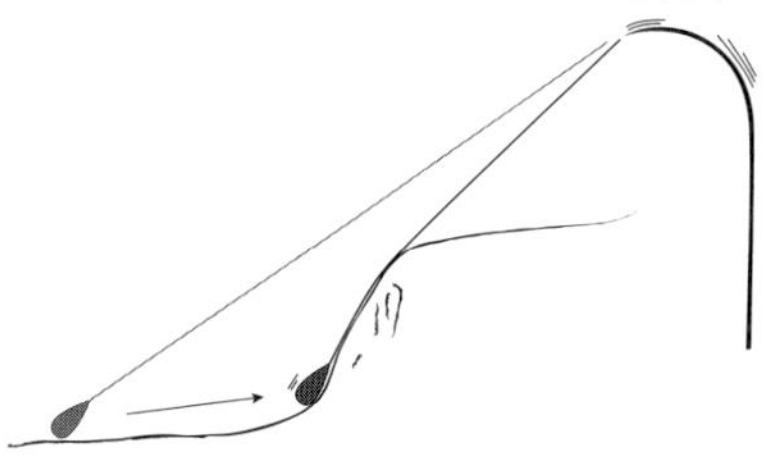

スーッと引かれてきたオモリが手で押さえられたように止まり、グググッとサオがしなる。さらに引くと抵抗を感じながらもオモリはグググと動く。根掛かりの場合は動かない。更に引くとカケアガリを越えてスーッと再び軽くなる

【キャスティングをマスターする】

コイ釣りでは、全力で超遠投ということはほとんどない。遠目でも30～40m程度のことが多く、飛距離よりキャスティングの正確さとソフトな着水音が重要だ。

ほかの釣りに比べて、極端にエサの投入回数が少ないので、釣りをしながらキャスティングがうまくなることはない。

キャスティング練習だけに1日費やす覚悟が必要だが、好シーズンは誰しも釣りたくなるから、比較的釣行回数の減る真冬に、川原にサオを持って練習に出向く人が多いようだ。

スピニングリールは、取りあえず投げるだけなら誰でもすぐできる。練習を積んで左右どちらからのキャスティングもできるようになると、山上湖で釣り場選びに幅が広がる。

両軸受けリールの心配はバックラッシュだが、いまのリールはブレーキ機構が優秀なのでほとんど心配がなく、コントロールはスピニングよりつけやすい。

キャスティングはサオの調子によっても違う。軟らかめのサオはイトのリリースが遅め、硬い調子のサオは早めになる。

オモリだけでのキャスティング練習は、いざ釣り場でエサを付けてキャストしたときと感覚が違う。練習のときも実釣と同じウエートを背負って投げたほうがよい。写真はネリエの重量に相当するゴルフボールを利用したもの

長ザオでの両軸リールのキャスティングは、バスロッドなどと違い、左手でサミングし、右手は上部を持つことになる

両軸受けリールはバックラッシュが気になるところだが、いまのリールは遠心力ブレーキ機構が優秀なのでほとんど心配ない。キャスティングではスプールに親指を当てておき、イトを放出したあとも指を離さず、そのまま軽く当てている

キャスティングの基本　スピニングリールによるオーバースロー

着水音が大きくなるのが難点だが、コントロールがつけやすい。この投法は正確に正面に投げるためのものだから、思い切り大上段に構えて、真正面に「剣道の面」のように振り下ろす。

投餌点に向かって体を正対し、目でしっかり目標を定める

サオ先が左右にぶれないように注意しながら、サオを振り始める

イトが放たれ、サオ尻を持った左手を引きつけ、右手は逆に押し出される

サオと仕掛けは目標を結ぶ線上にある

目は仕掛けを追いながら、フォロースルーに入っていく

フォロースルーをしっかりとって、着水と同時にイトの放出を一度止めてから再び放出しカウントに入る

柔らかい着水音を演出できる　スピニングリールによるサイドスロー

サイドから振り出すため正確なコントロールが難しいが、着水音は柔らかい。

サオを右後方へ倒し、目線は仕掛けの先端を見る

肩を回転させながら、サオを振り始める。顔は仕掛けと共に回転する

最もサオに負荷が掛かった瞬間、イトがリリースされる

仕掛けは下からすくい上げられたように空へ向かって伸びていく

目は仕掛けを追いながらフォロースルーに入る

フォロースルーをしっかり決めて、着水と同時に一度イトを止めてから、再び放出しカウントに入る

理想的な着水音を演出する　スピニングリールによるバックハンドスロー

山上湖などで、木の枝が張り出したりして、オーバースローもサイドスローも使えないときに役立つ。人間の本来の投てきと逆回転のため、コントロールが非常に難しいが、着水音は最高である。

目標に対し半身で構え、目標を定めたらバックスイングに入る

サオを後方へ引きながら、目は仕掛けを追い、体重が後ろ足に移行する

バックスイングのトップで、最大の荷重がかかってサオが曲がったら一気に前方へ振り出す

リリースポイント直前。サオの反発を最大限に生かし、放り投げるようにサオをコントロールする。体重はここから前足に移行

イトがリリースされる。仕掛けは放物線の頂点を目指す

目はしっかり仕掛けを追い、フォロースルーへ。着水と同時に一度イトを止めてから再び放出しカウントに入る

コントロールをつけやすい　両軸受けリールのオーバースロー

両軸受けリールのキャスティングの基本。コントロールは最もつけやすい。近距離に投げることは難しい

投入点に向かって正対し、サオ先を後方へ倒す。このとき投入点とサオは直線になっている。左手親指はリールのスプール右縁を押さえ、右手はリールより約 60cm 上部を持つ

左手を腹に引きつけるように下げると同時に右手でサオを押し出す

イトがリリースされ、サオ先が頭上を通過していく

仕掛けが頭上を通過し、前方へ放物線を描きながら伸びていく

リリースされて伸びていくイトとサオが直線を保つようにサオ角度をコントロールする

サミングで徐々にブレーキをかけ、着水と同時に一度イトの出を止めてから、再びイトを出しカウントに入る。両軸受けリールのサイドスローもオーバースローと同じ要領で投げればよく、フォームはスピニングと同じである

【フィーディングの知識】

フィーディングとはヨーロッパのコイ釣り用語で寄せエサのことである。通常は撒きエサを行なってから、クワセエサの準備に取りかかる。

　忘れてならないのは撒きエサは万能ではないということだ。コイは回遊魚と書いたが、アジやイワシが回ってきたときに短時間足止めに使う撒きエサと同じで、コイの場合も撒きエサはコイを足止めする役割と考えたほうがよい。

　また、釣り始めたら、ポイントに追い打ちはしないこと。コイを警戒させるだけだ。撒きエサは釣り始める前に済ませておく。

一般的なヒシャクによる撒きエサ。練りエサでもボイリーでも使用できる。コントロールはよい

関東ではすっかりおなじみの、タニシの撒きエサに使われた園芸用スコップ。近距離のボイリーにも有効

ベイトスプーン。タニシ用スコップと同じ。近距離はスプーンの手持ち、遠距離はランディングネットの柄をセットして使う

ボイリーのフィーディングには最も一般的なスローイングスティック。慣れれば 100m の飛距離も

ベイトロケットはミチイトの先に接続して、サオでキャスティングする

ベイトロケットはボイリー、ペレットどちらを撒くにも使いやすい

カタパルト（パチンコ）にペレットをセットする

カタパルトでボイリーを投入。コントロールは意外に正確

【アタリを待つ】

昔は、サオの角度を90度近い高角度で立てていたが、リールのドラッグ性能が向上した現在では、ほぼ水平で待つ人が多い。アタリ待ちはドラッグフリーで、ハリ掛かりするとコイに走らせる釣法に変わったためだ。

サオ角度より、待ちの態勢でイトを張るか、たるませるかのほうに考え方が分かれる。たるませ派は風によるイト鳴りに気を遣う。ヨーロッパでは食い上げアタリをとるためイトを張り、レッドコアなどでミチイトを底に這わせている。

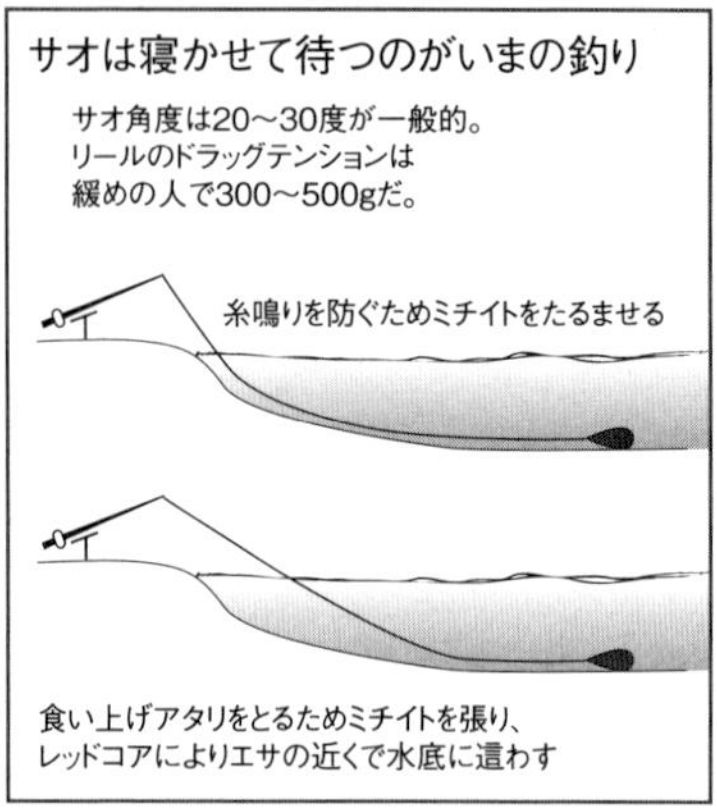

サオは寝かせて待つのがいまの釣り
サオ角度は20〜30度が一般的。
リールのドラッグテンションは
緩めの人で300〜500gだ。
糸鳴りを防ぐためミチイトをたるませる
食い上げアタリをとるためミチイトを張り、
レッドコアによりエサの近くで水底に這わす

この20年、サオは水平に近く寝かせるのが流行。2〜3日の長期滞在型の釣りで風の影響を少なくする目的と、コイにできるだけ余計な抵抗を感じさせずに走らせるためで、当たったときにサオの弾力が利くようにという昔ながらの考えの人は減った

一般的なサオ角度。ドラッグは、ミチイトを手でつまんで引いたときサオが少しお辞儀をして、わずかに手に抵抗を感じた後、固くもなく、かといってゆるゆるでもない状態でするするっとイトが出ていくくらい。ベテランは300〜500gくらいのドラッグテンションに設定している人が多い

強風を避けるときはサオ先を下に向けることもある。コイを走らせて掛ける釣りならではである

ヨーロッパ式のロッドポッドでのノーマルなサオ角度

【アタリとアワセ】

何年コイ釣りを続けていても、サオ先が大きく揺れ、ミチイトが猛烈に出ていく瞬間は舞い上がる。すべてがこの一瞬に凝縮されているといってもよい。

大ものほどエサに近寄ってもすぐには吸い込まず、周囲を何度も回り、吸い込んでは吐き出すという動作をくり返す。これは自然界のなかにはない加工エサの場合の動作だ。

小ものほど、エサの発見、吸い込む、ハリ掛かりする、走る、という一連の時間が短い。アタリが大きく、いきなり勢いよくイトを引き出すのは40～70㎝までの魚が多い。

80㎝以上の大ものになると、このひとつひとつの段階がゆったりしており、アタリが出てからリールのスプールを逆転させて走りだすまで時間が掛かる。

前ぶれアタリは、水底からサオ先に向けて波打つような信号がミチイトに伝わることもあるし、サオ先がふわんふわんと上下動することもある。

もちろん、釣りをしていればコイ以外の魚がハリ掛かりしてくる。ウグイはガツガツッとサオを揺らせ、横へ動いたり、イトをたるませる。

グンッとサオがお辞儀してからイトがたるみ、その後ほとんど動かないのはマブナが多い。

ニゴイは意外と力があり、コイのような前ぶれはないが、大型になるとイトをジージーッと引き出す。

釣り人がアタリを待つ時間は、コイ釣りらしい風景が展開される。歩き回る人、昼寝を決め込む人、仲間との談笑に盛り上がる人がいるかと思えば、逆にサオに鼻先がつくのではないかというくらい近づき、ピリピリと神経をとがらせる人。

いずれもがその人のコイ釣りであり、周囲に迷惑がかからなければ、どんなスタイルでもよいだろう。読書にふけるのだって悪くない。周りの人が近寄りがたいほど張りつめているより、むしろ見ていてほのぼのとする。

ひとついえるのは、名手は動作に無駄がなくゆったりしているということだ。

サオ先には常に注意し、その動きを見過ごしはしないが、イトがスッと張ったからといって電気に打たれたように反応しない。「オッ、来たな」。そんな感じである。けれども人が気づかないほどの微妙な動きも見逃してはいない。

こちらが気づいて、「イトが張ってますね」と言うと、とっくの昔に気づいていて、「うん、さっきからね」と返し、ジジーッとイトが出始めてから、おもむろにサオを手にする。そんなものである。

大ゴイはエサをゆったり吸い込んで、走り出すにもゆっくりしていると書いたが、どこかそれに似ている。大ゴイも名手もバタバタしないものだ。

だからアワセもあわてないほうがよい。サオを手にしたら、イトの出をストップするのではなく、少しブレーキをかける感じで様子を見る。

オモリの重量、ミチイトにかかる水圧、それにイトへのブレーキで充分にハリ掛かりするものだ。

体がのけぞるようなアワセをする人がいるが、必要ない。もっとも、ミチイトの伸びもあるから、数十mも先の魚には意外に伝わらないので、不安な人は少しサオ先をあおってもよいが、近距離での大アワセはイト切れや口切れにつながる。初めのうちは、向こうアワセでハリ掛かりさせるのがベストだ。

【やり取りと取り込み】

サオを手に取ったら、緩めていたドラッグを、手で少し強めに引くとイトが出るくらいまで締める。コイが急に頭を振ったり、反転して走りだしたら、いつでもイトが出せる状態でやり取りに入る。

基本としてサオを立てることを意識したほうがよい。サオとミチイトの角度を、最もサオの弾力が利く90～120度の間に保つよう心がける。

走るコイは無理に止めず、イトを出しながらスプールの回転を指でセーブし、サオをためてコイのスピードに少しずつブレーキをかける感じがよい。

これをくり返し、相手が水面近くに浮いたら寄せに入る。

岸近くに来ると、ミチイトとサオの角度が狭まるのと、ミチイトの長さが短くなることによってイトに負担が掛かるので、いつコイが反撃しても対処できるようここでドラッグをやや緩めておく。

取り込み場所は、釣り座から少し離れた場所をあらかじめ想定しておくとよい。川なら釣り座の下流側に取り込み場所を設定するのが基本だ。

アタリから取り込みまでの動作

当たったら、慌てず速やかにサオを手に取る

緩めていたドラッグをやや締める。締め具合は手で少し力を入れて引けばイトが出ていくくらい。かなり力を入れないと出ないようでは固すぎる

コイの動きに注意しながら、サオをため、リールのスプールの回転をセーブし、疾走する暴れ馬の手綱を引いて馬のアゴを上げるような感じで、コイの速度を徐々に弱めていく

コイの動きが弱くなったら、いつ反転しても対応できる心の準備をしながら、サオをためつつコイを寄せてくる

玉網を足もとに用意、射程距離に入ったら、右手で玉網を持つ。このとき、必ずリールのドラッグを1段階緩める。スプールは指で押さえいつでもイトが出せるように。コイの頭が沖を向いているうちは無理にすくわない

コイが空気を吸って弱り、頭が自分のほうに向いたら、玉網の中にサオで誘導する。決して玉網でコイを追ってはいけない

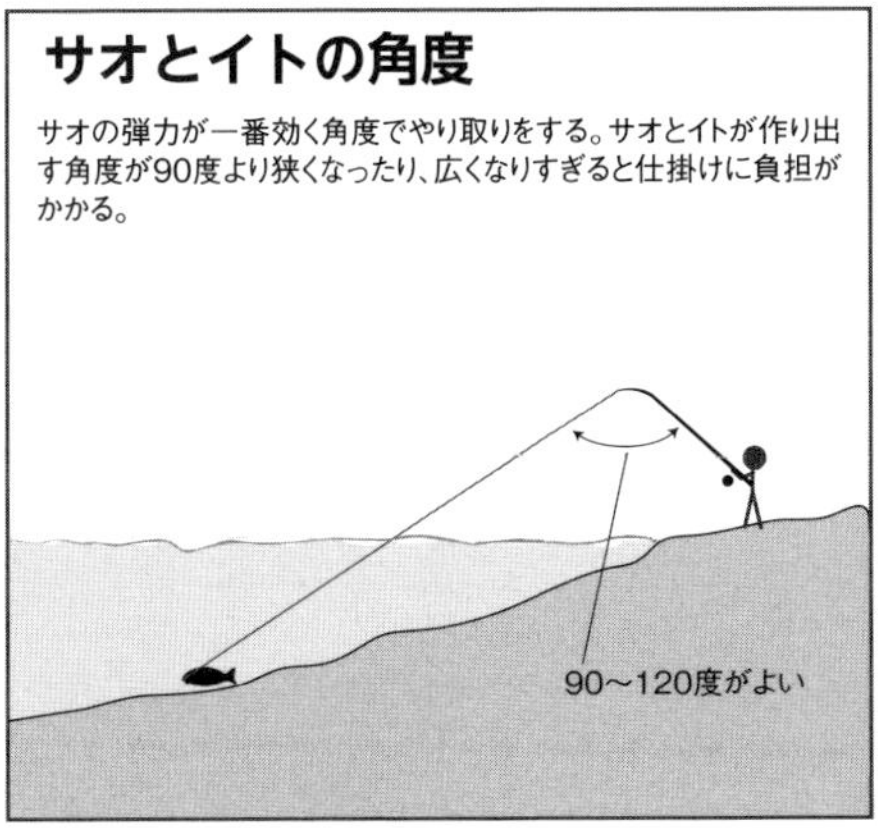
サオとイトの角度
サオの弾力が一番効く角度でやり取りをする。サオとイトが作り出す角度が90度より狭くなったり、広くなりすぎると仕掛けに負担がかかる。
90〜120度がよい

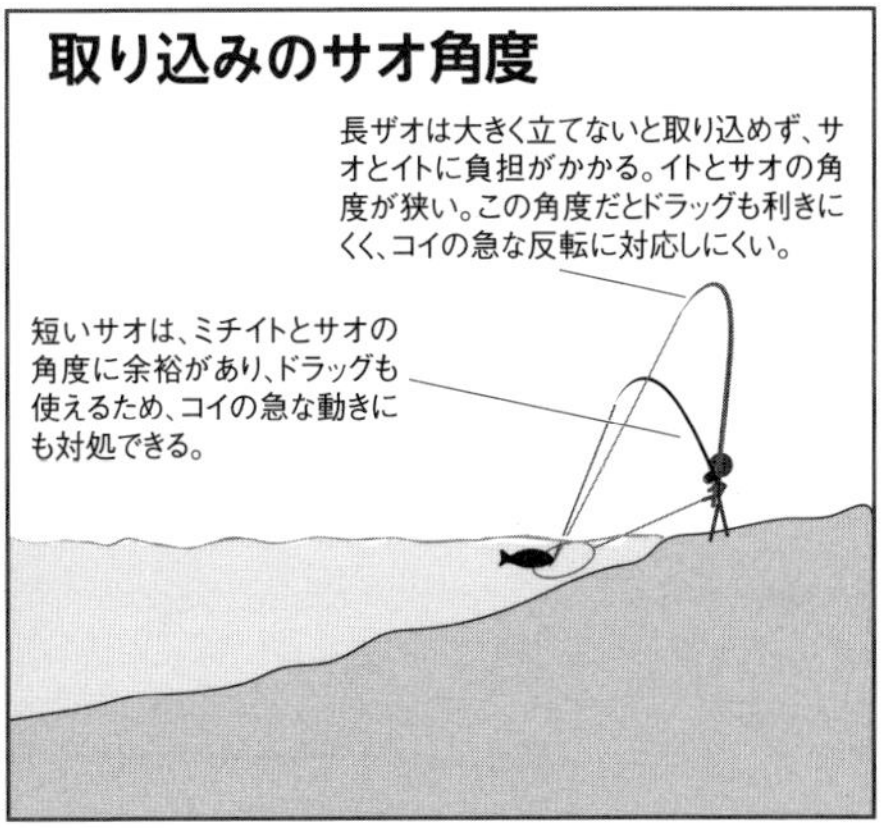
取り込みのサオ角度
長ザオは大きく立てないと取り込めず、サオとイトに負担がかかる。イトとサオの角度が狭い。この角度だとドラッグも利きにくく、コイの急な反転に対応しにくい。
短いサオは、ミチイトとサオの角度に余裕があり、ドラッグも使えるため、コイの急な動きにも対処できる。

【カープケアとリリース】

取り込んだコイは、食用にするのでなければ、できるだけ傷つけずにリリースしたい。泳ぎ去ったコイはさらに大きくなるし、そのコイが産卵した卵から生まれた稚魚は、20年後には1mを超える大ゴイに育っているかもしれないのだ。

理想的にはアンフッキングマットを充分水で濡らして敷き、玉網ごと乗せてハリを外す。ハリが外れたら、玉網をどかし、コイをマットで包むように水辺に運んで、マットごと水中に沈めて泳ぎ去るのを待つ。マットがない場合は、ビニールシートを柔らかい草の上に置き、その上に魚体を乗せることだ。

大会の検量待ちで、どうしてもキープする場合は、カープサックに入れる。できるだけ短時間でリリースしたい

リリースはアンフッキングマットでくるむように移動し、そのまま水中に沈めて泳ぎ去るのを待つ

アンフッキングマットは充分水で濡らし、表面温度を下げ、その上でハリを外す。柔らかいマット上ではコイはおとなしいし、もし暴れても傷つかない

第6章実釣テクニック

コイは日本全国に生息する。
平野部の広大な湖、
川幅のある水量豊富な河川の汽水域、
山間のダム湖や山上湖など、
狭い国土ながらも変化に富んだ釣り場が各地に広がる。
この章では、そんな個性の違う釣り場それぞれの
基本的パターンを考えてみたい。

ステップ1 河川・平野湖

【まず釣るなら平野部の中河川】

確実にコイを釣りたいならばどこに行ったらよいか。都会に近い、それほど大きくない川が一番だ。

川のコイは釣りやすい。当たり前だが、水は上流から下流へ流れる。何千年も何万年も変わらない。洪水で少々地形が変わっても、水がものすごい勢いで上流を目指すなんてことはないから、長い年月の間に培われた個性は変わりようもないのだ。

そんな川でも、市街に近いほうがよい。しかも、あまり川幅のない川が釣りやすい。市街地に近い川は、水の栄養が豊富でエサが多い。そしてコイの数が多い。自然環境はあまりよくないが、それでもエサが豊富ということは、人工的なエサが多いということ。イコール釣り人のエサにも反応がよいわけだ。だから釣りやすい。

まずコイを1尾というなら、川へ出かけよう。都会の近くの川なら、きっと釣果を望める。季節は春と秋が確実だ。

【カギを握るのは流れ】

コイに限らず川の魚を釣るカギは流れだ。コイはカーブを釣れといわれる。カーブとは蛇行する川の湾曲した流れのところ、水底の凹凸など、縦横の地形的変化すべてがカーブだ。地形的変化のある所は流れが変化しているからである。

杭、ブロック、捨て石などの障害物は投餌点の目安になる。川のポイントは流れが決定するから、1年とおして釣り場が変わらない。

ただし、川の釣りで注意しなければならないのは、流れの強弱である。水量によって流れが変化する場所が変わる。釣り場自体は1年中変わらずとも、エサを打つべき場所は、その日の流れの強さ、水量によって違うから、昨日釣れたポイントが今日もアタリが連発となるかというと、そうではない。

朝、釣り場で第1にすべきことは、魚のモジリ、ハネを観察することだが、同時に流れの変化する場所も確認しておく。ゴミが速く通り過ぎる所とゆっくり流れる所。その境目はどこか。ハネもそこで多く見られるはずだ。

川下からの風は好都合である。流れとぶつかって溶解酸素が増え、魚の活性があがる。そして普段以上に流れの変化を明確にしてくれる。写真は静岡県の狩野川で、対岸にぶつかった流れにより反転流ができ、上流（画面右）からの流れと押し合い、流速が緩くなる境目となっている。下流からの強風で波立ち方が違うのがお分かりだろう

【川のコイ釣りの四季】

川によって特徴は違うが、中流部は数が釣れても大型の数は少なく釣りにくいのが普通。季節は春から秋が好シーズン。

下流部はコイも大型で、工場排水などで水温が高いため真冬もよく釣れる釣り場が多い。冬場だけ中流部から下って来る魚もいる。夏は水質が悪く、水温が高すぎるので食いは悪い。

砂底、もしくはそれに準ずる砂泥底を好み、岩や砂利底はポイントとならない。

春は、カーブの内側などの流れが緩く水温上昇の早い浅場がポイントとなる。近くに支流が合流する場所、アシ、マコモなどの水草があれば理想的だ。

夏場は水温が高くなりすぎるので、春よりも流れの強い、流心に近い場所をねらう。基本的には、朝夕と夜の釣りと考えたほうがよい。

秋の川は、コイが広い範囲を回遊するので最も釣りやすい季節だ。春よりも少し深い所、カーブの外の流れが当たって開いていく所、反転流ができる所などがねらいめである。

冬はそのエリアで最も水温の高い場所にコイは集まる。流れの緩い浅場は天候の影響を受け、寒くなると水温が下がるので好まない。水温が安定する、流れがある深場の砂泥底の場所や湧き水のある所にコイがじっとしているのが冬である。温排水の入る場所や、ゴカイのバチヌケのある河口部の汽水域は水温が高く、真冬でも楽しめる。

上／杭周りは川のコイ釣りでも代表的なポイント。写真は大河・利根川の茨城県側。このくらいの川幅の川は、大型はカケアガリに沿ってではなく、沖から杭の先端を目がけて入ってくる、湖のような入り方をすることが多い

右／川のカーブは好釣り場であることが多い。汽水域では潮の干満の影響を受ける。写真は干潮時にカーブの内側の浅場が底を露呈したようす。干潮時になると、釣り人は満潮時にエサを打っていた場所に降り立ってサオをだす

川のポイントイメージ

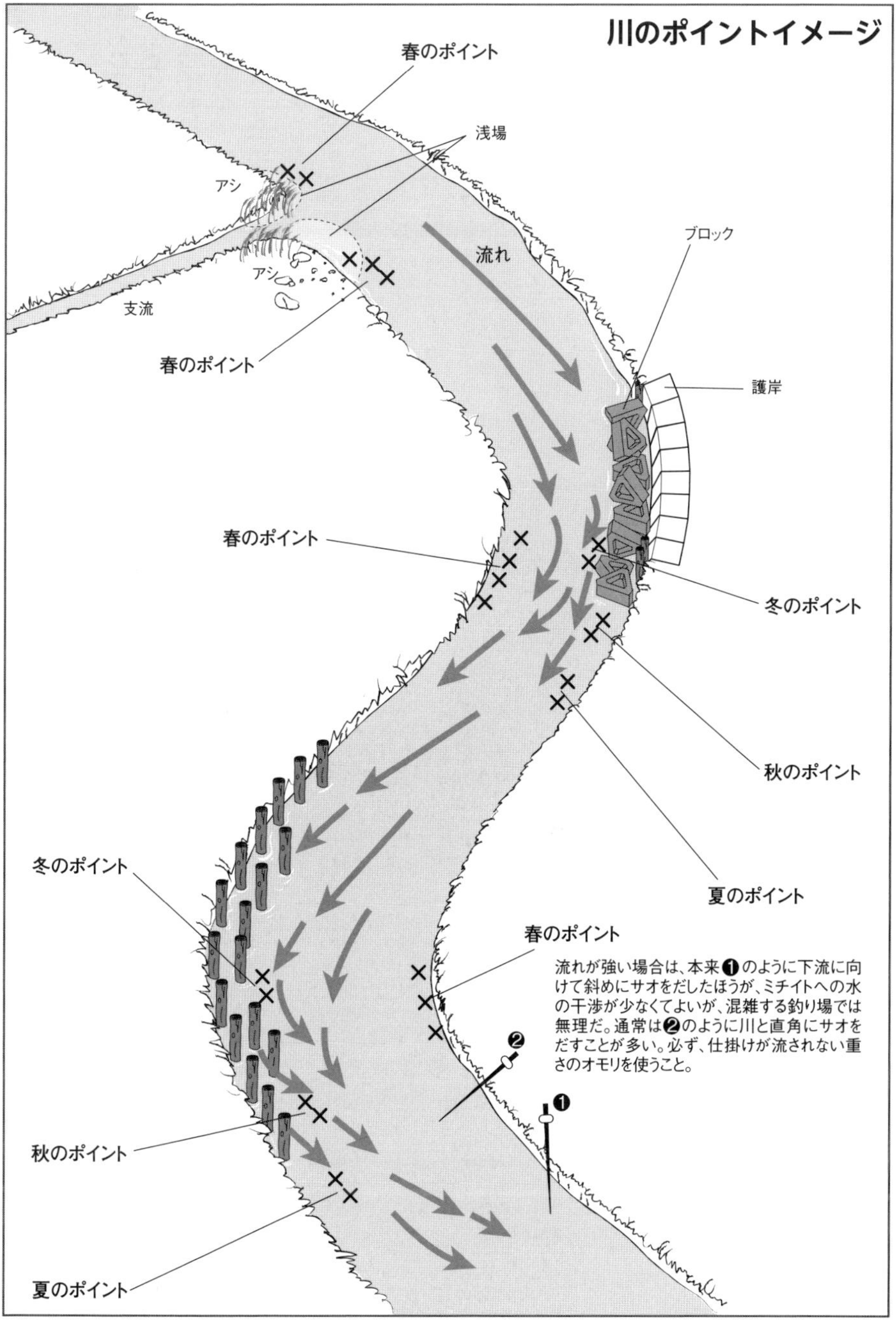

流れが強い場合は、本来❶のように下流に向けて斜めにサオをだしたほうが、ミチイトへの水の干渉が少なくてよいが、混雑する釣り場では無理だ。通常は❷のように川と直角にサオをだすことが多い。必ず、仕掛けが流されない重さのオモリを使うこと。

【デイパターンを考える】

これまで川における四季のポイントを考えてみた。これは基本であるが、自然岸が減った現在、すべての河川にぴったり当てはまるとは限らない。釣り場それぞれに個性があり、真冬に最も数が釣れる釣り場も存在する。特に地球温暖化で、夏の釣りが厳しくなる一方、冬の釣りは昔より釣りやすくなった釣り場も多い。

秋から冬、そして春へという季節の移り変わりがぼやけてきて、季節の境目が分からない釣り場が増えた、冬も春も同じように食い続けることがよくあり、さあ寒ゴイだとか、季節の変わり目だから釣りを変えなくては、と思っていると肩すかしを食らうことも多い。

川へ出向くと気がつくと思うが、実際は春夏秋冬、同じ場所で常連の姿を見かける。年間でそんなに大きくポイントは変わらないのだ。しかし、水量、流速によりポイントが微妙に変わることがある。その考え方の基本を解説しよう。

最近どうも釣れない、という場合、10年前と今と、流れの何かが変わっていないか考えてみるとよい。

橋脚周りも好ポイント。岸と橋脚の間は魚の通り道だが、流れが強すぎる。また、ねらう人が多いので日中は橋脚の向こうを通ることが多い。ねらうなら橋脚で分かれた流れが、その下流で交わる所の少し下流。少し流れが緩くなる辺りがよい

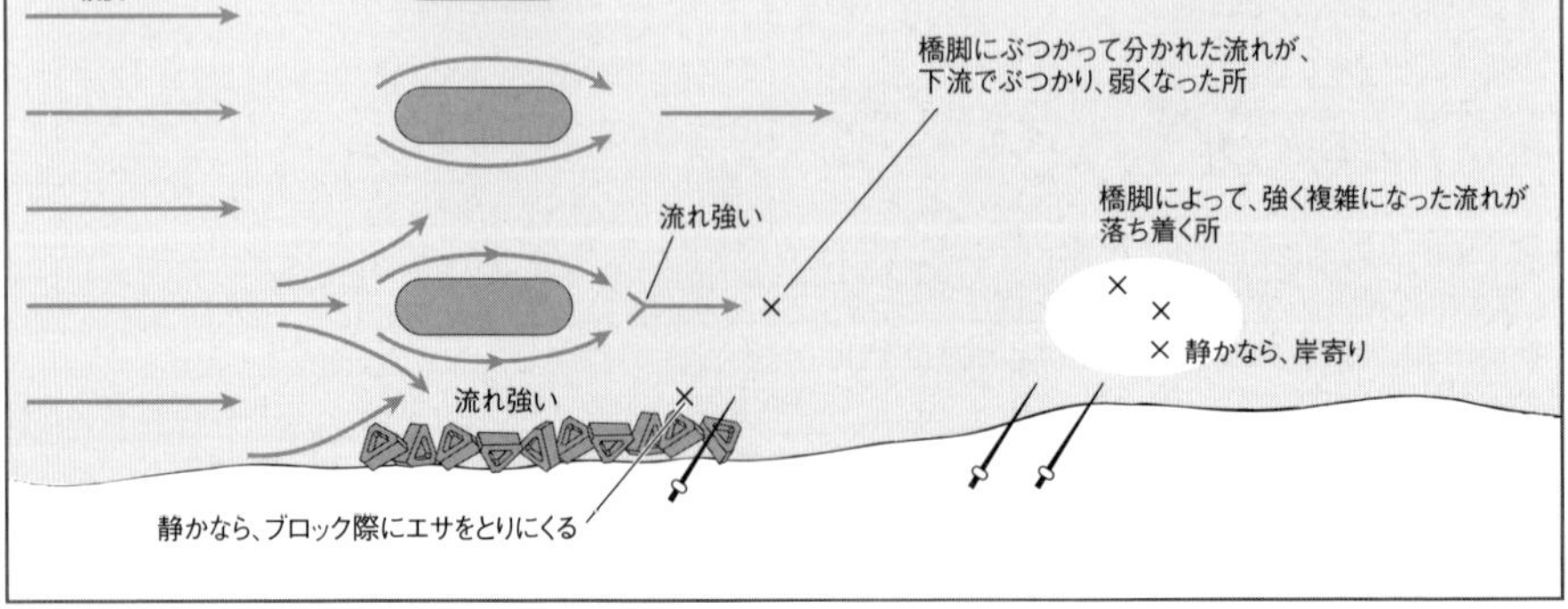
橋脚下流の釣り方
橋脚
流れ
橋脚にぶつかって分かれた流れが、
下流でぶつかり、弱くなった所
流れ強い
橋脚によって、強く複雑になった流れが
落ち着く所
静かなら、岸寄り
流れ強い
静かなら、ブロック際にエサをとりにくる

ひとつのエリアで考えた場合、流れが激しすぎず、また止まるほど緩くない場所をコイは回遊している。平坦な流れも橋がひとつあるだけで変化する。橋脚により流れが分けられ、ぶつかって強くなり、その後弱くなる。

コイは激流には棲まないが、どんなに強い流れも必ずどこかでゆっくりになる。

同じような流れに見えても、沖と川岸では速度が違う。その場合、必ず速い流れとゆっくりした流れとの境が、どこかにあるはずだ。

流れを釣るということは、その流れの変化を釣るということだ。

強い流れが弱くなる所、強い流れとゆるい流れの境目、そこがエサを打つ点である。その点は、水量と流速によって変化する。

水量が増えれば当然、流れも強くなるから、強い流れとゆるい流れの境目は岸寄りに、強い流れが弱くなる場所は少し下流に移動する。

本流に支流が合流する場所。左側から支流が入る。川の合流点は1年中ねらえる釣り場だが、特に春は魚の通り道になるので期待できる

真冬の朝、一面に湯気がもうもうと上がる。ここ神奈川県・相模川の銀河大橋は、温排水によって温泉のように水温が高い。水深わずか 1m の浅場で、真冬に二桁の釣果を得られる

これも川のポイントの代表格、水制ブロック

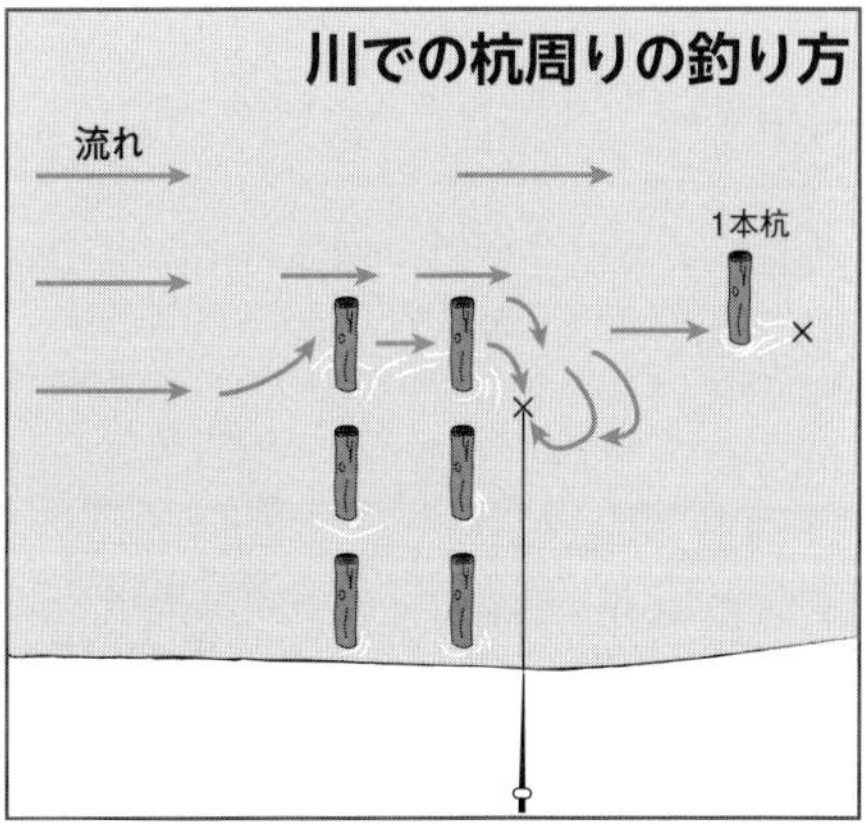

【近いポイント】

川のポイントは意外に近い。

水深10ｍもの深場のある川なら別だが、都会近くの川なら、最深部でもせいぜい4～5ｍ。常に流れがあるため、この程度の水深だと水温差はない。

川が釣りやすいのは、ひと言でいえば、変水層がないからだ。変水層がないということは水深＝タナということを考える必要がない。だからどこでもポイントに成り得る。

といっても釣れる場所とそうでない場所がある。その場合、底の質、流れの強さがポイントを決める要素になっている。

最も流れの速い所を流心という。冬は流れの強い場所がポイントになるから、流心近くがポイントになることが多い。

真冬に流心というと意外に感じるかもしれない。流れが速すぎるように思うかもしれないが、流心とはいい換えれば、「芯」でもあり、同じ流れが川底まで縦に帯になって流れているわけではない。

流心は表層近くにあり、川底では地上から見たほど、流れは強くない。ただ、流心付近の表層は流れが強いから、ここ

最も流れの速い所を流心と呼ぶ。流心は水面に近い所にある。流れが速くても、川底付近は緩くなり、泥や砂が溜まる。

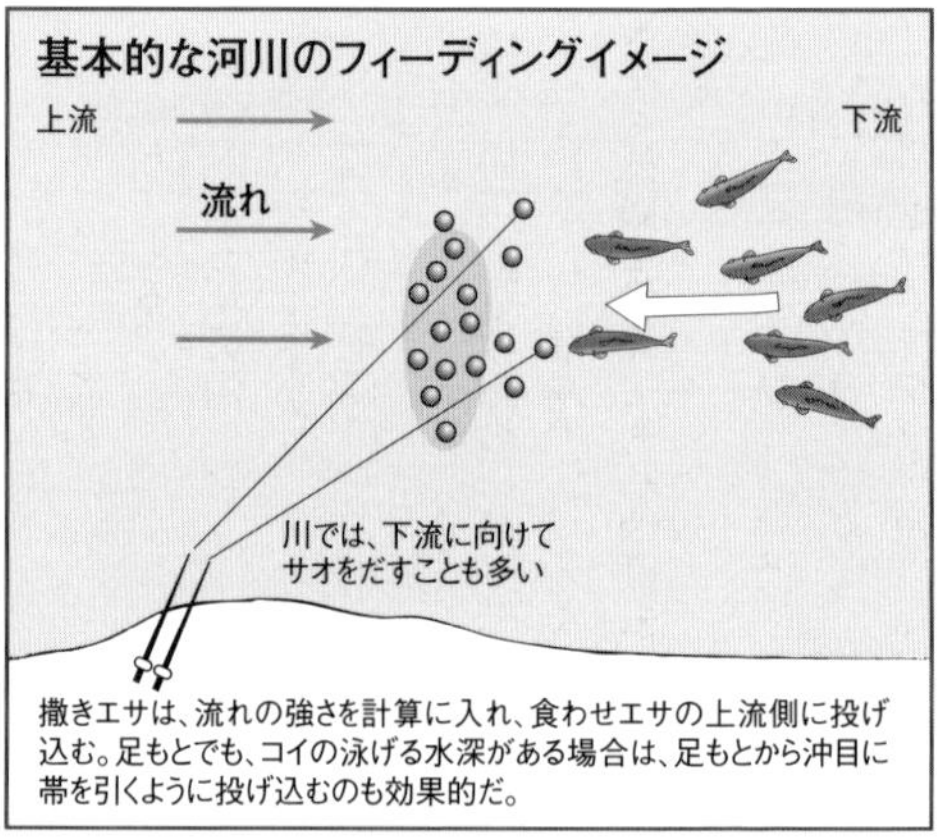

撒きエサは、流れの強さを計算に入れ、食わせエサの上流側に投げ込む。足もとでも、コイの泳げる水深がある場合は、足もとから沖目に帯を引くように投げ込むのも効果的だ。

東京都・多摩川の80cmオーバー。
都心近くの川でもこんな大型が釣れる

をミチイトが通過するようだと流れの力をもろに受ける。仕掛けを止めるために重いオモリを使うか、エサの打ち方、つまり、サオの角度、ミチイトを流れに通す角度を考えなくてはならない。

変水層のない川では、静かでさえあれば、コイは、岸寄りの捨て石や水制ブロックにつくチチブやエビ、貝類などを食べに来る。

エサを打ち込むのは、まず、岸から一番近い変化でよい。その最初の変化は意外に岸近くにあるもので、約70㎝の深さで底が見えていたのが、岸から5～6m辺りで見えなくなり水の色が違う、となれば、その先は1・5mくらいまで少し傾斜が急になっているとか、最初の大きな変化があるはずだ。

利根川のような大きな河川では、コイは沖から入る湖のような接岸方法をとることが多いが、それほど大きくない河川では、静かであれば岸沿いのカケアガリに沿って上流に向かって泳いでいることが多い。

この変化に1本を入れ、もう1本のサオはその沖に投入すればよい。最初はこの打ち方で試してみるのがよい。

【河口付近の水位の上下】

潮の干満の影響を受ける河口近くでは、潮時が釣りを左右する。

一般的には、川の流れにプラスして下げ潮の力が働き水がよく動くときが最良とされる。下げ三分から五分が当たるとか、下げ止まりがよいとか川によっても意見は分かれるが、いずれにしても、潮が止まっている時間帯より、上げるか、下げるか、とにかく水位の上下している時間がよいと覚えておけばよい。

釣り場によっては、大潮の下げに入ると流れが強くなりすぎて釣りにならない、といわれる。

初釣行する川の河口近くへ出かけるときは、水位の上下はあるものだと考え、まず、潮見表で干満の時間帯をチェックしておくことだ。現地で釣りをするうちに、この川は下げ始めにバタバタ来るなとか分かるし、常連の釣り人から潮時に関する知識を教えてもらう機会もあるだろう。

このような釣り場では、潮の動く時間帯に合わせて、エサを準備し、その時間は万全の態勢でアタリを待ちたい。

【川のエサ】

川といって特別なものはない。ボイリーでもよいし、練りエサにトウモロコシのコンビ、食パンでもよい。ボイリーの場合、PVAバッグに入れるボイリーは転がらないように半分に割るとよい。

川のなかには季節限定エサがある釣り場も多い。相模川のように、秋の落ちアユのシーズンは、大型のコイには圧倒的にアユエサが強い川もある。また、冬期の下流部では、ゴカイエサの釣りが始まる川も多い。エサに関しては柔軟に取り組んだほうがよいだろう。

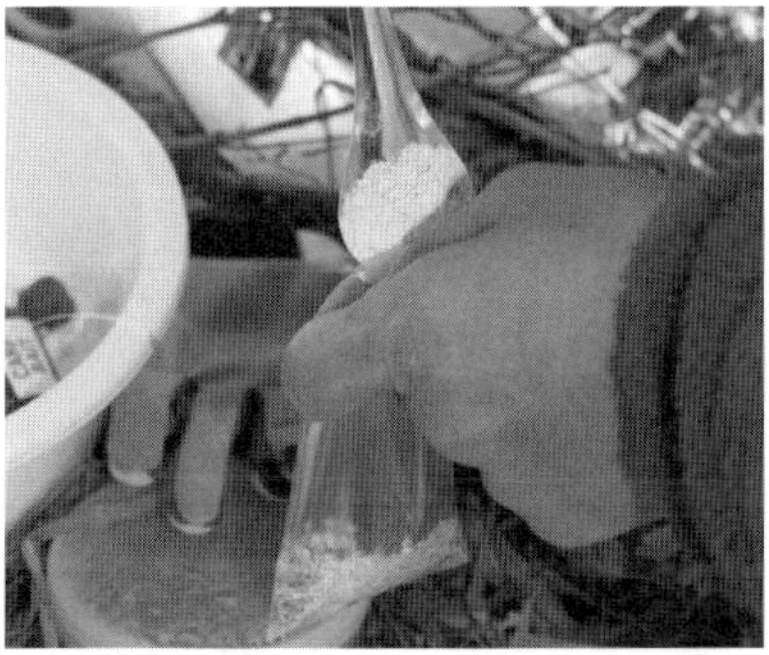
PVA バッグに入れるボイリーは半分にカットして転がらないようにするとよい。また粉末のものをいっしょに入れて、パウダーが煙幕のように流れる寄せ効果を考えるのもおもしろい

【大ゴイねらいなら平野湖】

釣り人は、平野部の湖を平野湖と呼んでいる。

八郎潟、北浦、霞ヶ浦、琵琶湖などの平野湖はいずれも巨ゴイ釣りのメッカである。１ｍを超えるコイを釣るのであれば、平野湖が絶対に強い。

コイのエサが豊富で、水が栄養豊富。コイが大きく育つ要素を満たしているのだ。温暖な平野部にあるので釣期が長く、コイの数も多い。サイズにこだわらなければ、普通の練りエサとクワセのパターンで充分だ。家族連れで初めて訪れて土地勘がなくても、40～50㎝のコイなら、まず間違いなく釣れる。

ただし、大ものを釣りたい、となるとそれほど簡単ではない。

あまりに広く、浅く、そして変化がないのでつかみどころがないだろう。

釣り場が広ければ広いほど、回遊魚であるコイ釣りは難しい。カカリにシビアにつくとか、ベイトフィッシュを追うという明確なパターンの存在するバスフィッシングなどと比べると、釣り自体につかみどころがないのがコイ釣りだ。

この十数年、コイ釣りの話題の発信地でもあった北浦（茨城県）。霞ヶ浦と双子の兄弟であるこの湖もかつての神秘性はなく、すっかり身近な釣り場となった

日本第２の面積を持つ、広大な霞ヶ浦、味気ない護岸の直線的風景のなかにも、こんな釣り場があったりする。平坦で浅いこの湖には、まだ記録更新の可能性があるはずだが

ねらって釣るとか、絞り込んで釣るということを展開しにくいから、必然的に長時間待つ釣りになる。その典型が、霞ヶ浦などの釣りだ。魚は多い、だが大型を釣るには時間も必要だ。そんな釣り場である。

【水深は気にしない】

だから、このような広大で変化のない、浅い湖を釣る場合は、対象をどこに置くか絞ったほうがよい。中・小型の数釣りなのか、大ものだけをねらうのか。それによって考え方も釣り方も違ってくる。

ただいえることは、水深とか変化は気にしなくてよい、ということだ。

逆に気にすると釣り場選びに苦労するし、釣り場が限られてしまう。

岬とかワンドといった地形的変化をあまり釣り場選びの基準にしなくてよいのも特徴だ。北浦の平須とか沼尾、霞ヶ浦の境島、小高のように大ものの数が出る釣り場は、直線的な風景が続く広い場所であることが多い。むしろそんな場所のほうが大ゴイのストック量が多いといえる。そんなことも頭に置いてこの平野湖を見直すのもおもしろい。

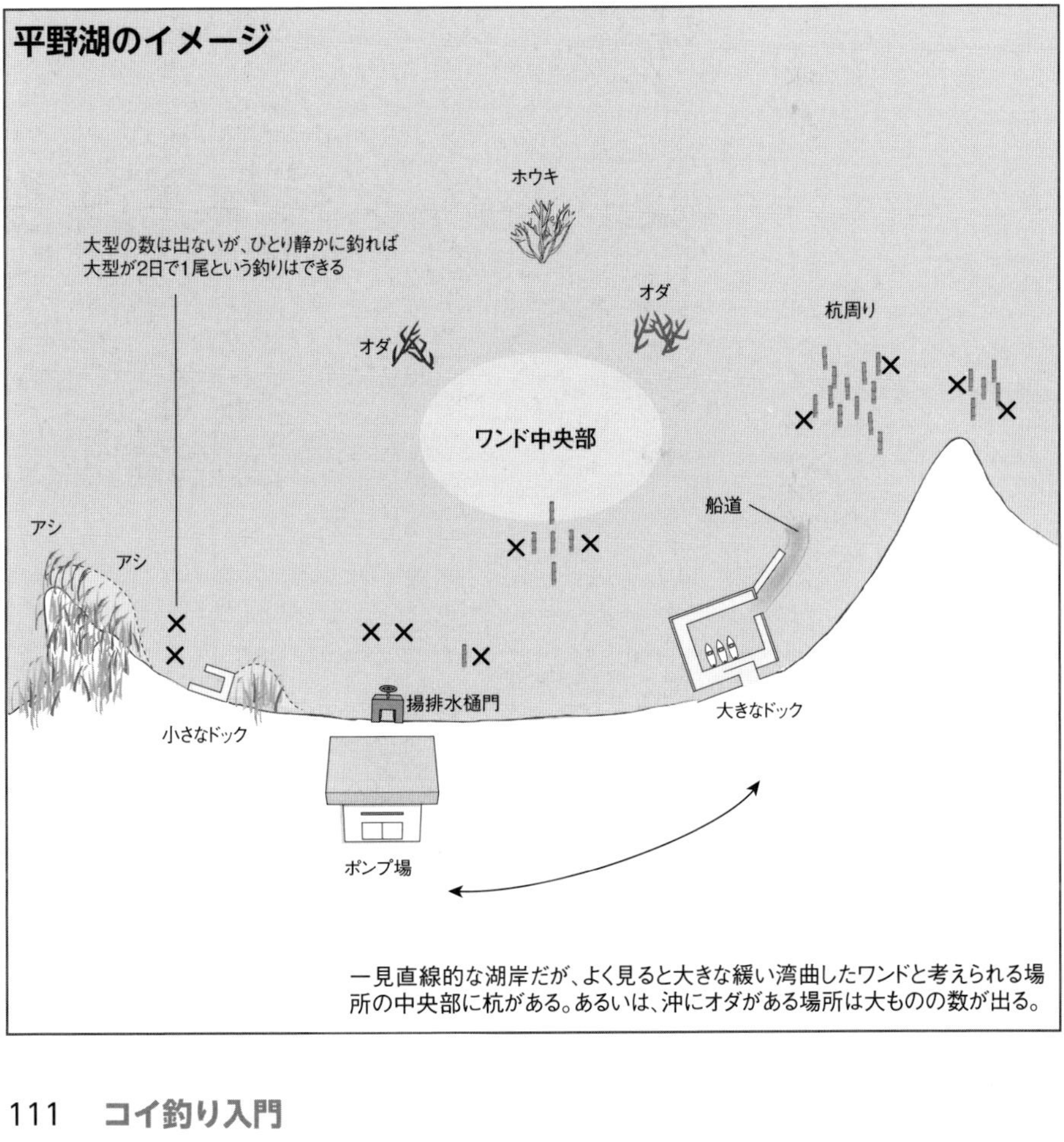

【平野湖の四季】

春の釣れ始めは関東の平野湖で3月初～中旬で、その日によってムラがあり、ポイントは沖めだ。

4月中旬になると一気に活気が出てくる。急激な冷え込みでもない限り、広範囲で釣れ始まる。産卵場となるアシやマコモ、そのほかの水生植物の生えている砂地の浅場に近い、ドックや杭周りがねらいめである。春のシーズンは長く、6月いっぱいは超大もののチャンスがある。

夏は高水温と水質悪化で釣果はよくない。アオコが発生し、悪臭が周辺に漂い、暑さもあって釣り人も減る。

9月の声を聞くと、釣り人の姿を見かけるようになり、お彼岸ころから11月初旬までが絶好のシーズンである。大型の率でいえば若干、春のほうが上かもしれないが、数ではそう変わりはない。

茨城県の北浦では、かつて冬といえば、アカムシによる寒ゴイ釣りが盛んであった。水温が5℃前後に下がっても、北部の泥底の釣り場にはサオが並んだもので、型もよかったが、最近は釣果がよくないせいか、冬場は釣り人が少なくなった。

平野湖の代表的ポイントである人工的ストラクチャー、ドック。変化のない地形の中で大きな目印となるドック内の小魚やエビなどの小動物は格好のエサだ。大好きな障害物として、またエサ場としてコイは必ず入ってくる。最も絞りやすい平野湖のポイントだ

直線的にコンクリートで固められた湖岸に、点々とある樋門には、揚排水樋門、排水樋門、そしてただの樋門がある。揚排水樋門と排水樋門は土手下にポンプ場を備えているのですぐ分かる

各樋門にはこのように名前が付いている。揚排水樋門は水の汲み上げと排水を行ない、排水樋門は排水だけを行なう。樋門の開け閉めだけで通水する樋門より、揚排水樋門、排水樋門は沖に向かって掘られていることが多いのでも魅力がある

杭周りは、コイが必ず立ち寄る場所。杭に巻かれる不安はあるが魅力的なポイントだ

産卵場となるアシ群。春はこんなアシ原の近くにあるドックや、杭周りが乗っ込みを待つコイの待機場所になる

【代表的ポイント】

浅く平坦で障害物が少ない湖岸にあって、ポイントの大きな目印となるのが、人工的ストラクチャーだ。

平野部の湖は、人々との生活とも密着しているので、ドック、樋門、杭など、人間の生活と関連のある人工物が数多く見られる。これらはいずれも小魚やエビ、貝類など、コイのエサとなる生物の住みかとなっている。

平坦とはいえ、山上湖のようにぐーんと落ち込んではいかなくても、わずかに傾斜がきつくなったり、明確なカケアガリとなっている場所もある。したがって、底探りはやはり大切な作業だ。

平野湖も季節による明確な釣り場の区別がない。春はこんな場所、秋はこの場所などといわれるが、釣り場に行ってみると、春に満員御礼だった場所は秋も大にぎわいだったりする。

広くだらだらした地形の沖にコイがいて、平坦な近場全般にコイが散らばっているというイメージを描けばよいだろうか。だから、春にコイがいた場所には秋もいる。特徴があるのは冬だけだ。

【ポイント別の釣り方】

ドックを釣る場合は船道中心の釣りとなる。周囲が1mそこその深さのなかで、船の出入りのため掘り下げてあり、2m前後の水深がある。ドック内は小魚やエビが多く、これをねらってブラックバスやコイが入ってくる。

練りエサの場合は船道のカケアガリに沿ってエサを入れるのが基本だが、タニシの場合は、段差の上の浅いタナにもエサを置くとよい。

また、船道の中央部にも押さえとしてエサを打つ。全部のエサをカケアガリに並べてしまうと、コイが船道中央部を入ってきた場合、すべてのサオが死んでしまう。

何もない平場の場合は、カケアガリに沿ってエサを置くのもよいが、ドックの場合、船道の真ん中を入ってくる魚もいるし、逆にカケアガリに沿って入り、Uターンして中央部を抜けていく魚もいる。必ず変化に沿って入ってくるという固定観念に縛られると、チャンスを逃すこともある。特に、小さいドックの場合はそうだ。最奥のど真ん中でメーターオーバーが釣れたこともある。

樋門の押さえ方は、両サイドから掘れているカケアガリを釣るというのが定番だが、段差の上のタナもねらってみるべきだ。活性の高いときはこちらで当たることが多い。

樋門で注意することは、春に田んぼのアク抜きの泥水が入るときと、田植え後の農薬を含んだ排水が流れ込むとき、それに、秋に収穫した稲を洗ったアクが流れ込むときの3点だ。

極端な泥水が排出されていたり、周辺に小魚の姿がないときは、その樋門は避けたほうがよい。

杭周りは根掛かりとの勝負となる。杭に巻かれたときのカカリ出しというワザはあるが、簡単に身につくものではない。まずは、できるだけサオから離れず、コイに先手を取られないようにすることだ。サオを取ったら自分も動いて、できるだけ杭から離れてやり取りする。

杭周りはアタリの数が格段に違う。杭周りを釣らずして好釣果なしといってもよい。ただし、定置網が入っているときは、迷惑を掛けぬようあまり近くに打たないこと。

【平野湖のエサ】

関東の北浦と霞ヶ浦は、やはりタニシエサが人気だが、これはアメリカナマズの大繁殖を考えると、ある程度仕方がないかもしれない。水温の高い季節は、練りエサもボイリーもアメリカナマズの攻撃をもろに受ける。

全国的に見れば、小型のコイや小魚の数が多い釣り場では、どうしても小ゴイが先にハリ掛かりしてしまうので、大ものねらいならボイリーが効果的だ。

広大で足場のよい平野湖は、選り好みをしなければ、休日でも釣り場には困らない。実績のある場所は、コイの数も多いが、並ぶサオの数もすごい。そこからはずれた小さな釣り場も、メーターオーバーを充分ねらえる。ただ、そのような場所は、メジャーポイントに比べると確かに大型のストック量は少ない。だから、1度の釣行で、90㎝以上を含めて1mクラスをというのは無理だ。しかし、1本のメーターオーバーなら可能だ。ただし、小場所だけにかなりシビアな釣りになる。周辺に釣り人の姿が全くなく、自分もひっそりと釣る、という条件つきだ。

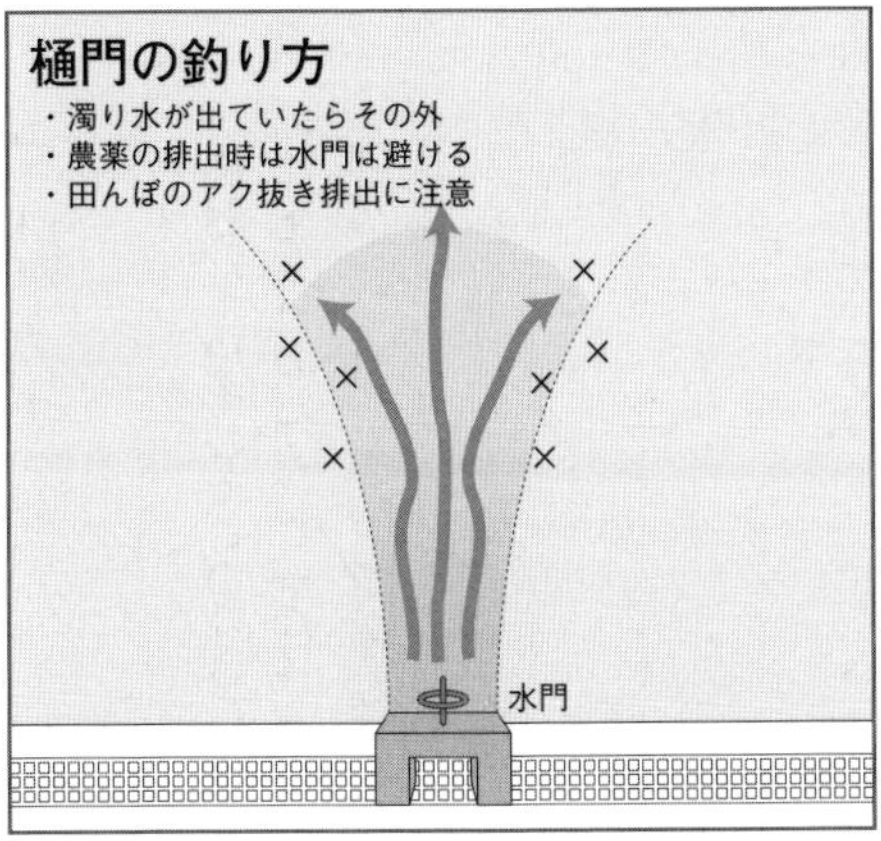
樋門の釣り方
・濁り水が出ていたらその外
・農薬の排出時は水門は避ける
・田んぼのアク抜き排出に注意
水門

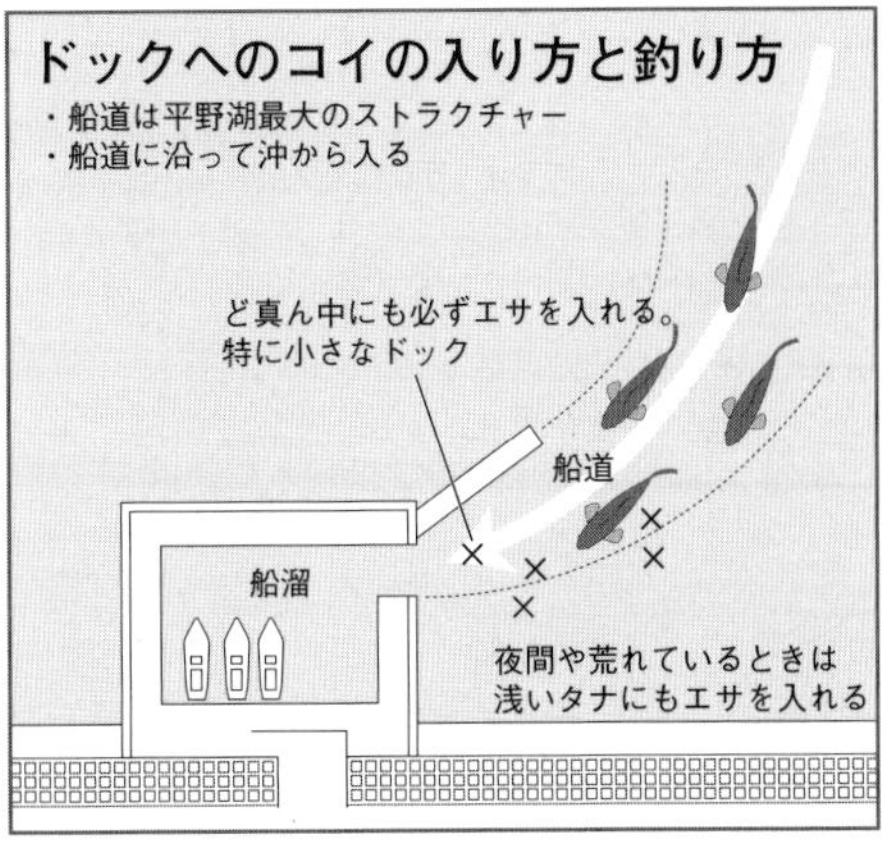
ドックへのコイの入り方と釣り方
・船道は平野湖最大のストラクチャー
・船道に沿って沖から入る
ど真ん中にも必ずエサを入れる。
特に小さなドック
船道
船溜
夜間や荒れているときは
浅いタナにもエサを入れる

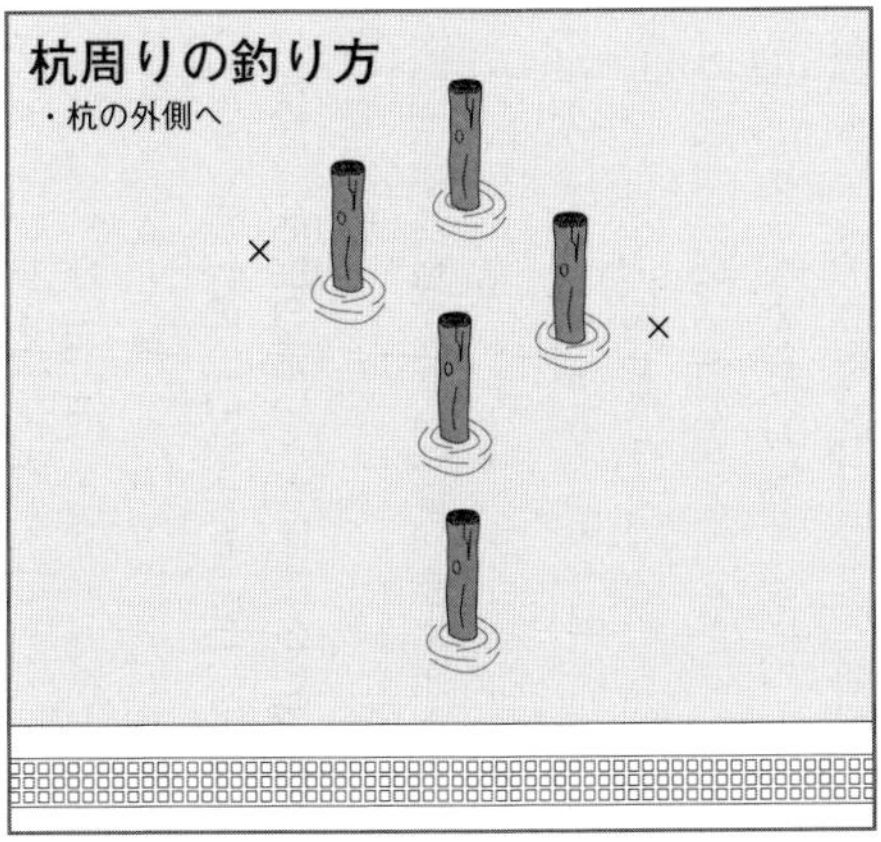
杭周りの釣り方
・杭の外側へ

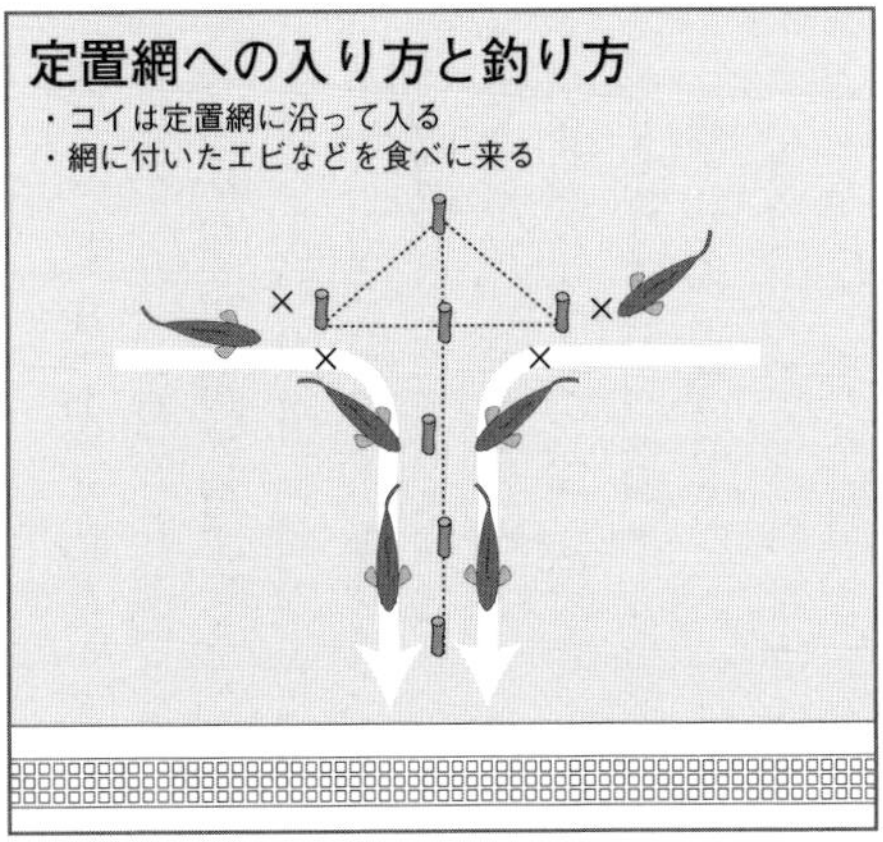
定置網への入り方と釣り方
・コイは定置網に沿って入る
・網に付いたエビなどを食べに来る

日本最大の湖、琵琶湖は北部と南部で全く違う顔を見せる。浅くて平野湖らしい風景の南湖、水深があり秘境の雰囲気が漂う北湖。北部の冬は雪景色となる。このような湖を近くに持つ釣り人は幸せである

ステップ2 山上湖を釣る【山上湖はなぜ難しい】

山上湖はなぜ難しいか。コイがいないから。あるいは大ものがいないから。そうなるのだろうが、要は釣れないのだ。

ひと口に湖といってもいくつかのタイプに分けられる。そのうち、主なものには、断層運動によって水が流れ込んで溜まった構造湖（琵琶湖、青木湖など）、火山噴火による陥没に水が溜まったカルデラ湖（芦ノ湖、摩周湖）、火山活動により河川が堰き止められてできた堰止湖（河口湖、中禅寺湖）などがある。これらの中で標高の高い山間にある湖を山上湖と呼んでいる。ほかにダム工事によって河川を堰き止めた人造のダム湖がある。

普通、山上湖といった場合は天然湖を指している。

山上湖の釣りを難しくしているのは、まず水温の低さだ。これは標高が高いということなのだが、地熱の上昇が遅いから、春の釣期が遅い。

早い所で5月ころからシーズンに入り、6~7月に春の最盛期かと思ったら暑い夏がきて、あっという間に朝夕の冷え込みが始まる。

秋の好シーズンは10月には終わりを告げる所も多い。

もうひとつ釣りを難しくしているのが、その水深である。いまの山上湖の釣りは、水深20mを釣ることは珍しいことではない。水深30mを釣る世界もある。深さのある場所の釣りは、暗闇の中を手探りでものを捜すようなものだ。

なぜ水深があると難しいのか。簡単に説明してみよう。

皆さんがある人を訪ねて出かけたとしよう。

その人の住むビルに着いた。すべてがその人の部屋だが、その日どの部屋にいるのかは分からない。そこが2階建てのビルなら、1階の部屋をすべて訪ね、次に2階を捜せばよい。

しかし、50階建てだったらどうだろう。ひと部屋ずつ訪ねていては、1日ではとても捜しきれない。この季節のこんな天候なら、あの人の性格からして30階の端の日当たりのよい部屋にいるのではないか、と絞り込める能力がないと無駄が多い。たとえ予想した30階の角部屋にいなくても、少なくとも28階から32階までのどこかだろう。そんな読みができないと釣りにならない。

こうしてみると、同じ山上湖でも水深のある湖とそうでない釣り場では同じでないことが分かる。

富士五湖を例にとってみると、河口湖、山中湖、精進湖は、最大水深15m前後と浅い。一方最も深い本栖湖は130m以上の水深があるとされる。そこに広さも関係してきて、浅くて小さい精進湖は釣りやすいということになる。

先ほどの話に戻るが、訪ねたビルのひとつの階の部屋数が少なければ、人捜しも楽だ。水深があって広ければ広いほど、コイ捜しも難しいというわけだ。

山上湖の釣りをそう考えると分かりやすいだろう。

そんな苦労をして出逢えたコイは言葉で言い表せないほどの感動を与えてくれるし、何より山上湖のコイは美しい。釣り人を取り巻く景色だって素晴らしい。

山上湖ファンが、釣れない思いをしながらも通い続ける理由はそこにある。釣れないから面白いという、まさにコイ釣りの本質を楽しむ釣りがそこにある。

【どこを釣る】

コイ釣りであるから、ポイント選びの基本は同じである。カケアガリ、障害物周り、流れ込み、流れ出し、水草などだ。山上湖では、溶岩帯や大岩の折り重なる岩場なども多い。岩場にぽかりと空いたひと坪程度の砂場は絶好のポイントになる。山上湖の大ものはそんな場所で当たる。これはピンポイントの話になってしまうので、もっと広い意味でのいわゆる釣り座をどこに構えるかを考えよう。

湖の地形を見るとワンド、岬、ゆるいカーブ、直線の所がある。コイはカーブを釣れというから、直線の場所を釣ろうという人はいないだろう。だが、自然の湖であれば、完全な直線はないから、わずかな出っぱりとかへこみはあるはず。その場合は釣り座として考えてもよい。

また、湖岸はなだらかでも水中に変化があれば、当然ポイントになる。しかし、1日の短い時間ではそれを調べ上げるのは大変だ。したがって、地形的には岬かワンドのどちらかに釣り座を構えることになる。それではいつくもあるワンドや岬のどれを選べばよいか。

岬に風が当たりできた渦流線。渦流線とは海の潮目と同じで、流れがこすれ合ったり、ぶつかり合う所に発生する流れの渦。プランクトンが発生し、小魚が集まる。投餌点の目安だ

【山上湖は風を釣れ】

川は流れを釣れと書いたが、これは平野湖にも山上湖にも当てはまる。川ほど水の流れが強くない湖では、流れ＝風といってよい。

湖面に当たった風によってできる流れを「吹送流《すいそうりゅう》」という。この流れと風によって、プランクトンやエサが流され寄せられる場所ができる。それを目当てに、ワカサギ、オイカワなど小魚やプランクトンイーターのヘラブナが集まる。そして、コイはゆっくりと後からやってくる。

大きなゆったりした波を起こし、水中の酸素を増やし、水温を上げる南風が最高の風で、南西、西風の順でよい。

最も悪いのが東風で、北東、北、南東と、いずれも水温を下げる風だ。とにかく北と東が混じる風はよくないと覚えておきたい。

また、山では、同じ方向から来ても違う風であることがあるので注意が必要だ。

その日の風向きを気象予報でチェックしておくことも大切だ。朝、湖に着いたらまず風を感じてみる。場所を決めるのはそれからだ。

失敗しがちなのは、人間の都合で釣り場を選ぶことだ。入釣しやすいとか、前回そこで釣れたからという理由で場所を決めてはいけない。

多くの山上湖は夜釣り禁止、サオは2本までだ。2日間の予定で釣行した場合、初日を終え翌日に備えて寄せエサを打つことがある。一夜明けて、その場所が悪い状況でも、その場所にサオをだしてしまう。これもよく見る失敗だ。当日の状況は、その日になってみなければ分からないのに、前日に場所を決められるわけがない。朝のモジリ、ハネ、風の観察に時間を割くことをもったいないと思ってはいけないのだ。

湖の風と渦流線の関係を図示したので参考にしていただきたい

正面の風の場合、水底で風上に向かう離岸流が発生する。下右図のBがそれに該当し、向かう流れと返す流れで、沖には「衝突の渦流線」ができる。当たる風が南風なら最高の場所となる。

渦流線には、岬で跳ねてできる渦流線もある。それが図のAだ。もしこの風が悪い東風なら、Bではなく、直接当たらないAの渦流線の内側にエサを打つ。

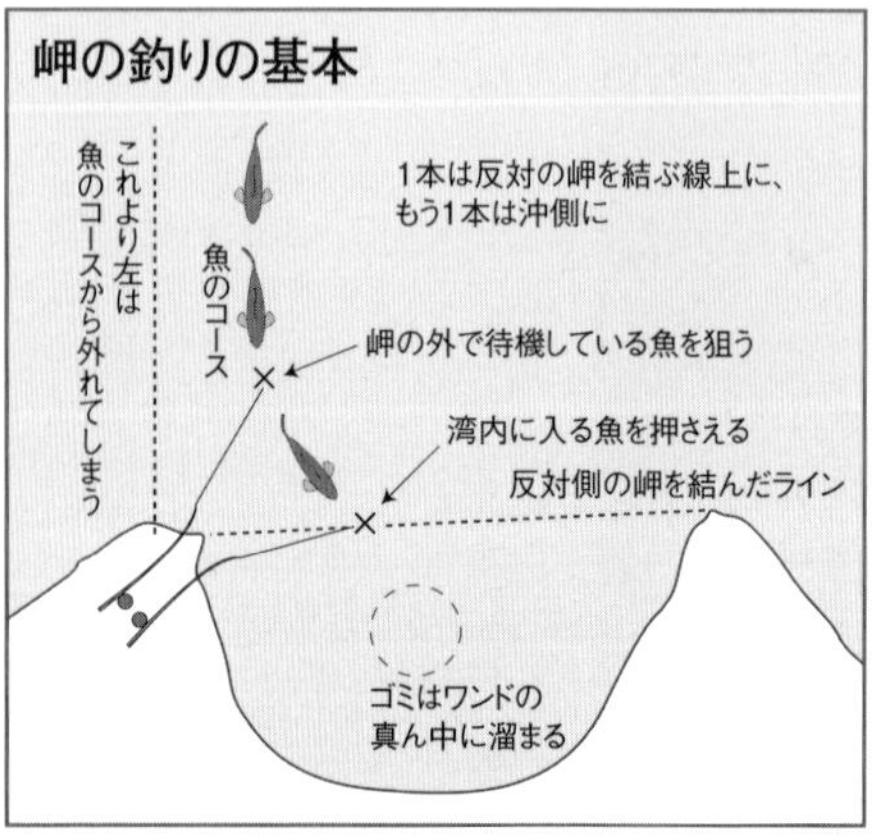
これより左は魚のコースから外れてしまう
魚のコース
1本は反対の岬を結ぶ線上に、もう1本は沖側に
岬の外で待機している魚を狙う
湾内に入る魚を押さえる
反対側の岬を結んだライン
ゴミはワンドの真ん中に溜まる

岬の釣りの基本

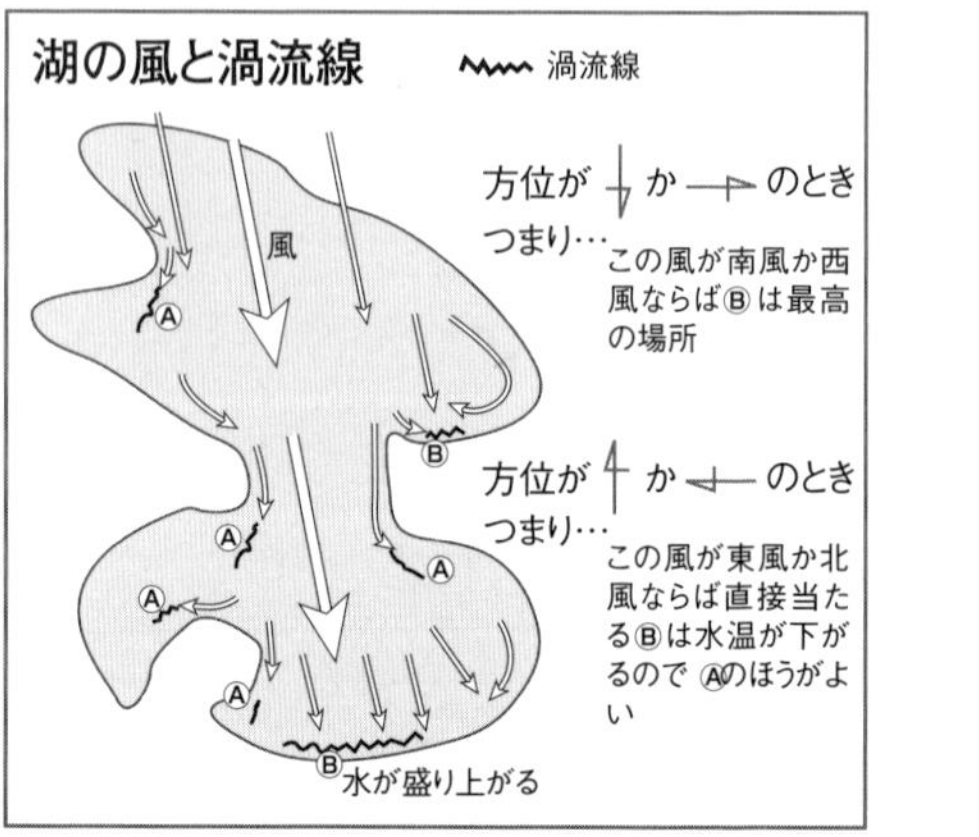
渦流線
風
方位が　か　のとき
つまり…この風が南風か西風ならばⒷは最高の場所
方位が　か　のとき
つまり…この風が東風か北風ならば直接当たるⒷは水温が下がるのでⒶのほうがよい
Ⓐ
Ⓑ
水が盛り上がる

湖の風と渦流線

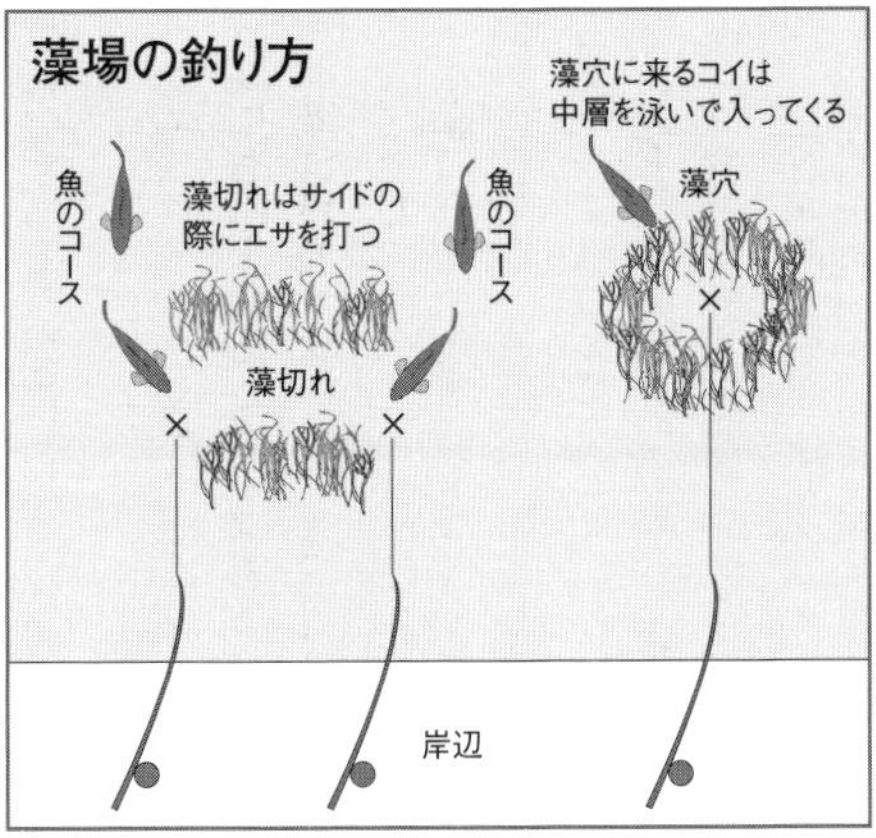
藻場の釣り方
藻穴に来るコイは
中層を泳いで入ってくる
魚のコース
藻切れはサイドの
際にエサを打つ
魚のコース
藻穴
藻切れ
岸辺

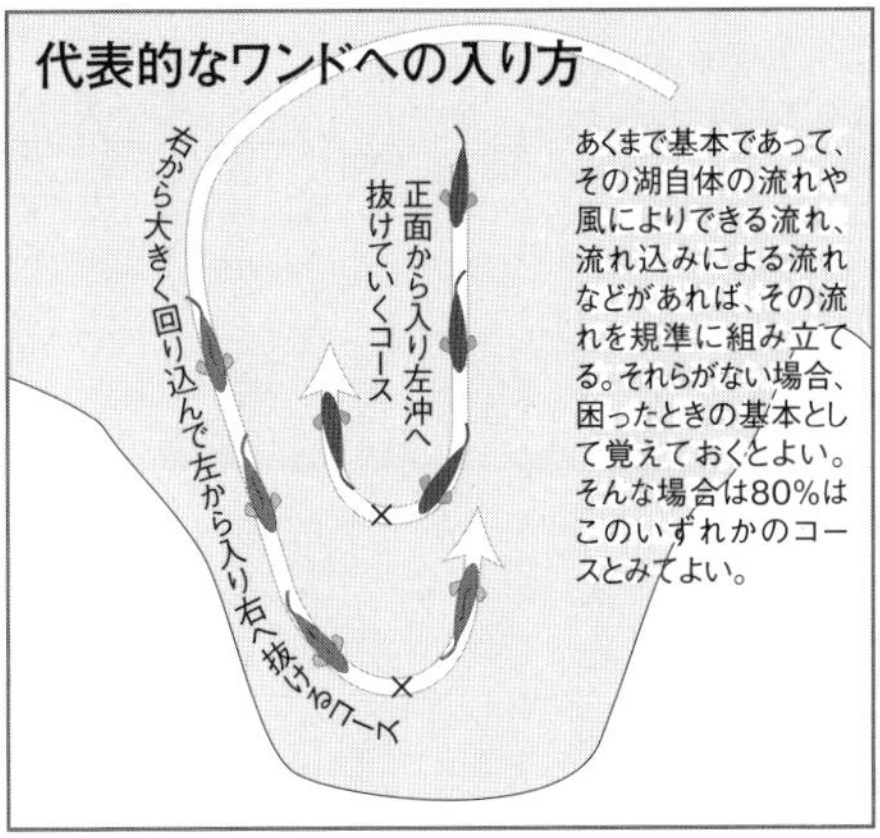
代表的なワンドへの入り方
右から大きく回り込んで左から入り右へ抜けるコース
正面から入り左沖へ抜けていくコース
あくまで基本であって、
その湖自体の流れや
風によりできる流れ、
流れ込みによる流れ
などがあれば、その流
れを規準に組み立て
る。それらがない場合、
困ったときの基本とし
て覚えておくとよい。
そんな場合は80%は
このいずれかのコー
スとみてよい。

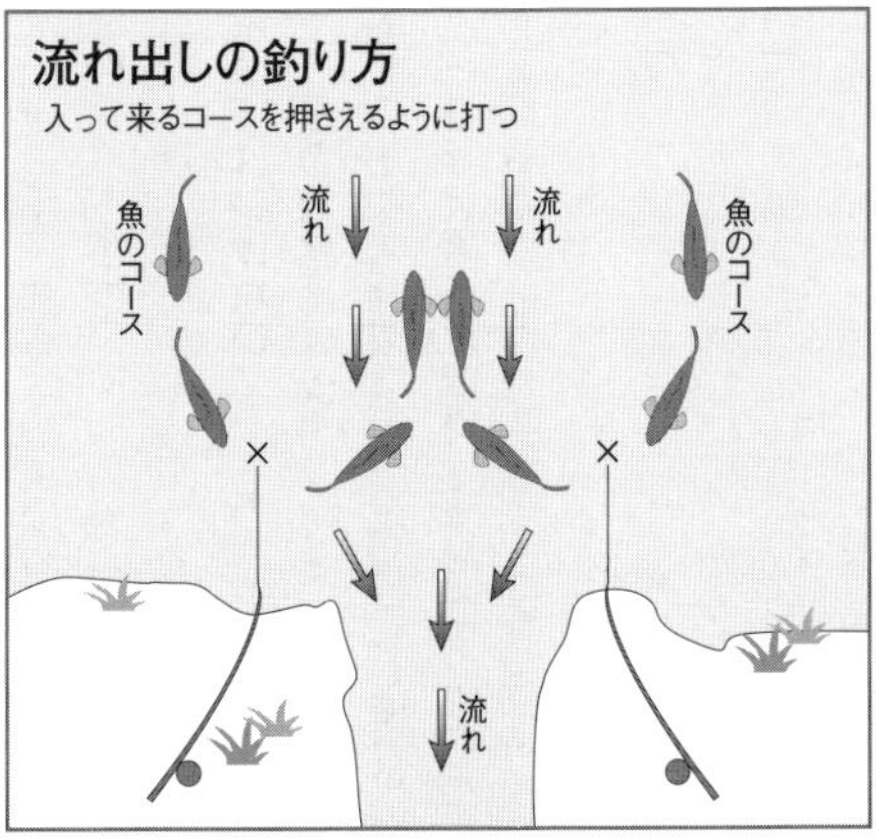
流れ出しの釣り方
入って来るコースを押さえるように打つ
魚のコース
流れ
流れ
魚のコース
流れ

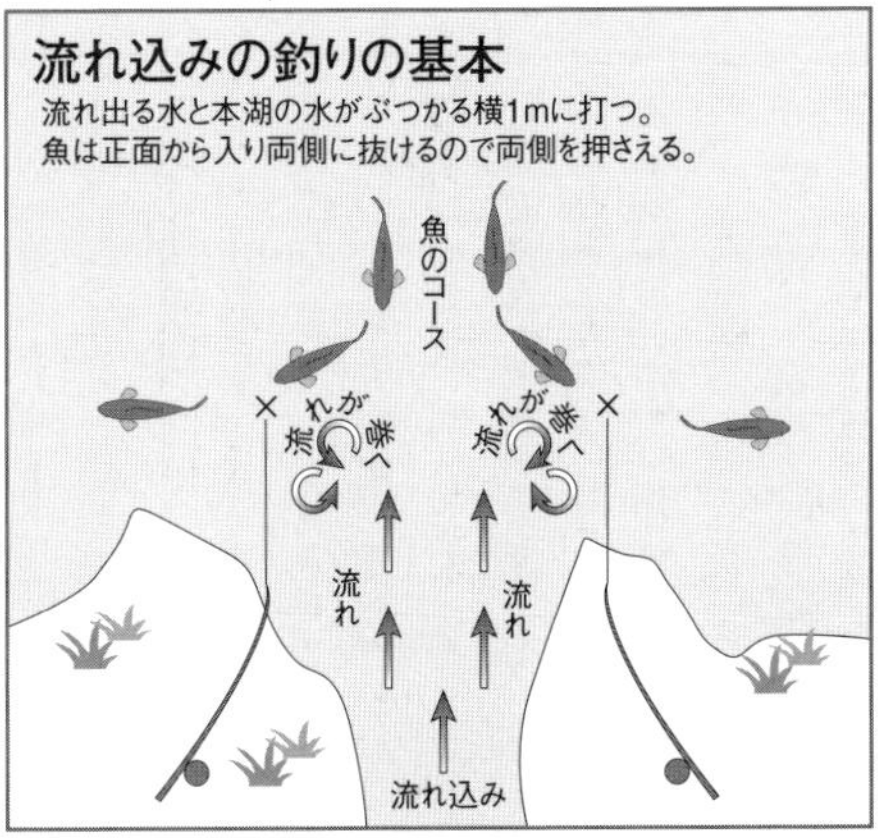
流れ込みの釣りの基本
流れ出る水と本湖の水がぶつかる横1mに打つ。
魚は正面から入り両側に抜けるので両側を押さえる。
魚のコース
流れが巻く
流れが巻く
流れ
流れ
流れ込み

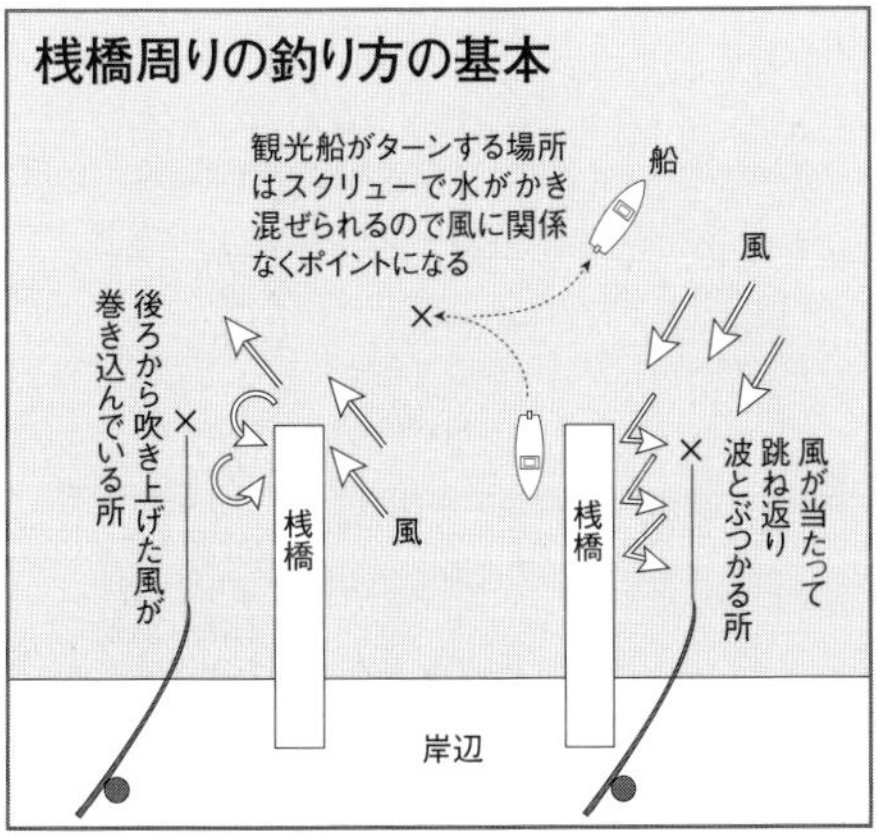
桟橋周りの釣り方の基本
観光船がターンする場所
はスクリューで水がかき
混ぜられるので風に関係
なくポイントになる
船
風
後ろから吹き上げた風が
巻き込んでいる所
桟橋
風
桟橋
風が当たって
跳ね返り
波とぶつかる所
岸辺

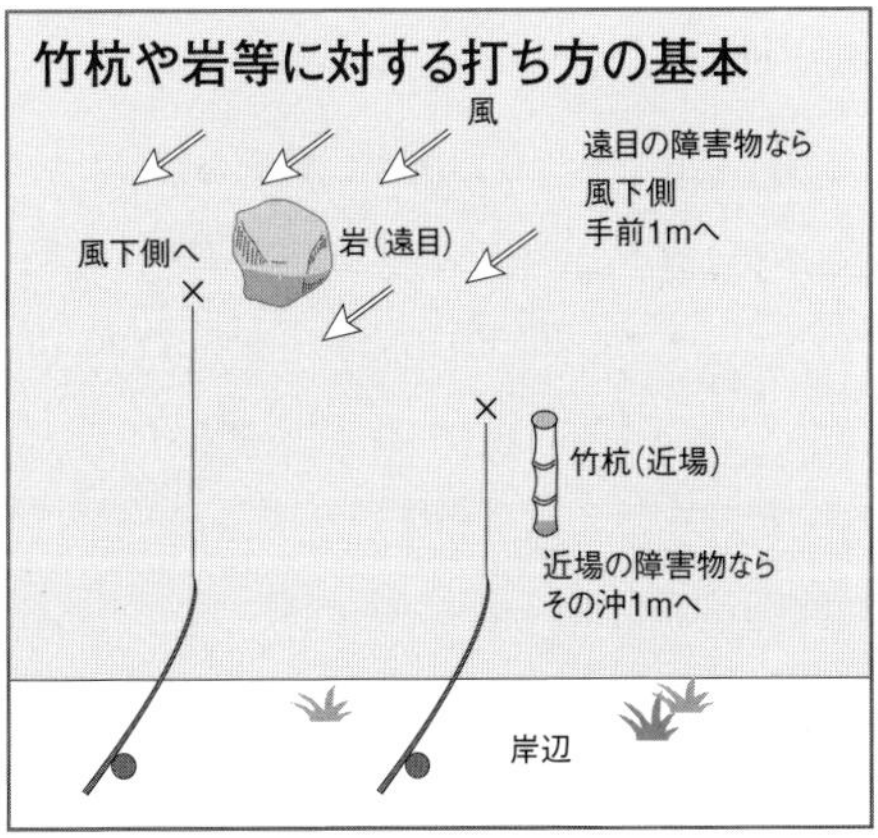
竹杭や岩等に対する打ち方の基本
風
遠目の障害物なら
風下側
手前1mへ
風下側へ
岩（遠目）
竹杭（近場）
近場の障害物なら
その沖1mへ
岸辺

【湖上に線を引く】

釣り場でエサを打つときには、コイがどのコースをとり、どこまで入ってくるかを推測する。

とはいうものの、コイの回遊コースを読むなんてことは簡単ではない。ほとんどの人の場合、推測になってしまう。しかし、それでよいのだ。

誰でも最初は分からない。いや、キャリアを積んでも分からない人のほうが多い。分からなくてもよいのだ。

第1段階として、目に見えるもの、水中に隠れているものなど、自分の分かる周辺情報の範囲で湖上に線を引いてみることをおすすめする。

たとえばワンド両端の岬と岬を結んでみよう。「気温が上昇し、風もよい。きっとその線より内側にコイが入って来るだろう」とか、「冷えているし、ワンド内はバスマンが多く騒がしいから線より内側には来ないだろう」と読む。「それならば、岬を目がけて来て、ターンして行くコイを待ち伏せしよう」と、頭の中でシミュレーションしてみるのだ。

もし釣れなかったらそれでもよいのだ。一度の失敗は、ただの結果であって釣り場の判断材料にはならない。釣れた結果もそうだ。釣れなかった結果、釣れた結果、それを何回も蓄積して初めてデータとなる。そこまですれば、きっと釣れなかった理由も見えてくる。

もちろん、釣れても釣れなくても、山の空気を吸い、サオをだしただけで充分目的は達した。そんな釣りもあってよいだろう。

考える釣りも楽しいし、ゆったり過ごす釣りも楽しい。釣れる釣りは楽しいし釣れない釣りも楽しい。どの形であれ、山上湖を満喫できればそれでよいと思う。

ある湖の生き字引といわれる人に話を聞いたことがある。

「マスもコイも湾内で釣るのが一番だ。放流のマスはでかくなっても湾から出て行かないのがほとんどだ。湾内で釣りなさいというんだが、みんなネイティブをねらうといって、怪物がいるという岬をボートで目指して行く。結果ボウズで帰る。あの岬はマニア向けの場所だ。やめときゃいいのに」。

コイも同じだ。釣りたければ、まず人家の多い、賑やかな湾内がおすすめだ。

山上湖でのシミュレーションの例

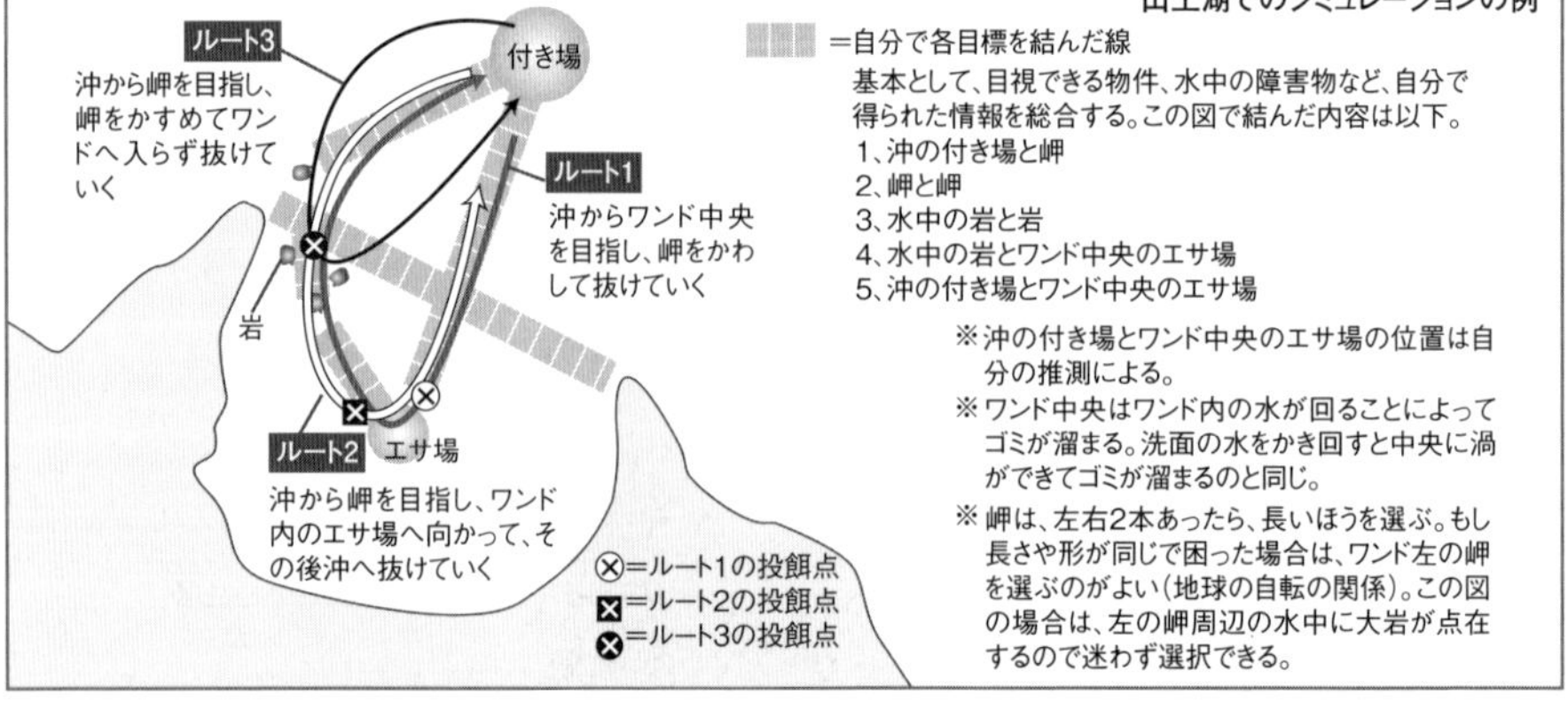

基本として、目視できる物件、水中の障害物など、自分で得られた情報を総合する。この図で結んだ内容は以下。
1、沖の付き場と岬
2、岬と岬
3、水中の岩と岩
4、水中の岩とワンド中央のエサ場
5、沖の付き場とワンド中央のエサ場
※沖の付き場とワンド中央のエサ場の位置は自分の推測による。
※ワンド中央はワンド内の水が回ることによってゴミが溜まる。洗面の水をかき回すと中央に渦ができてゴミが溜まるのと同じ。
※岬は、左右2本あったら、長いほうを選ぶ。もし長さや形が同じで困った場合は、ワンド左の岬を選ぶのがよい(地球の自転の関係)。この図の場合は、左の岬周辺の水中に大岩が点在するので迷わず選択できる。

【本当に水深30mにコイはいるの】

観光船が発着し、食堂や土産物店が立ち並ぶ湾内は、水に栄養がありプランクトンも豊富だ。小魚が集まり、バスも集まる。野生のマスをねらって失敗する釣り人の話ではないが、放流魚は野生化しても湾内に残る。同様に放流されたコイは、成長しても湾内に棲んでいる。やはり、そんな場所が最も釣りやすい。

ところで、山上湖で、水深という問題に直面すると面食らう。深さを変え、方向を変え、やるべきことはすべて試したけれども、アタリはない。

こうなると山上湖の釣りは全く分からなくなる。見当もつかない。

だいたいコイはそんなに深い所にいるのだろうかと疑いたくもなる。

20年も前の入門書を見ると、湖の水深と水温、酸素溶解量の関係が解説されていたりする。ある水深まで潜ると変水層があり、それより深い所は水温が低く酸素もないからコイは棲めない。コイは4～5mの水深が一番好きで、深い所にはいない、とされている。

水温は1m深くなるにつき約1℃ずつ下降するとも書かれている。ならば、30mなどという深さにはコイがいるわけがない。しかし、現実にその深さで釣れてくるし、酸欠に弱いはずのワカサギでさえ40mで釣れてくる。

どうも水中は、科学的理論のとおりにはいかないようだ。特に温暖化など地球環境の変化の影響か、真夏に20m前後のタナで釣れることがある。過去のデータも鵜呑みにはできない状況だ。

山上湖も春は浅場だ。理想的には5m前後で食えば、というところだが、最近はどの季節も以前より深場で釣れる傾向がある。夏には10～15mラインと、昔は晩秋にねらったタナで釣れることが多くなった、秋には20mを超えるラインも考えなくてはならない。

これは深さのある湖の話で、河口湖のように浅い湖では、過去と大きな差が出ない。霞ヶ浦のような平野湖と同じで、風が吹けばかき回され、表層と下層の水温差が少ないからである。

水深のある山上湖の釣りはこの数年で大きく変わりそうだ。釣り人も環境変化に追いつかねばならないし、固定観念にとらわれてはいけないようだ。

とかく釣り人は一度よい思いをすると、そこから抜け出る柔軟さを忘れる。「A湖は15mで釣れたから、B湖も15m」と決めつける。東京の人と大阪の人の個性が違うように、魚の性格も個体差がある。
釣り場だって、緯度も違えば、標高も違う。A湖の結果は参考にはなるが、所詮A湖のデータにすぎない。
その点多くの釣り場のデータを持っている人は強い。B湖はH湖に緯度、標高、地形、水質が似てるからと、それを参考にすることができる。そのうえで、B湖の個性に合わせて修正していく。名手の釣りを見るとそう感じる。
そして最後に釣果を決するのは「感性」かもしれない

ステップ3 ビッグカープを釣る

【大ゴイをねらって釣る】

黄金のウロコが陽の光を反射し横たわる巨体。1mを超えるコイは、コイ釣りをする者の憧れである。メーターオーバーとはいわないまでも80㎝、いや90㎝、誰だって少しでも大きいほうが喜びも大きいのは当たり前。コイ釣りは、やはり大もの釣りである。

大ものはねらって釣ることができるのだろうか。実釣ステップ3は、この究極のテーマを考えてみたい。

大ゴイ釣りと中・小型を対象とした釣りはどこが違うのか。まずはそこから始めたい。

まずいえることは、ビギナーが初めから大ものだけを釣ろうとしてはいけないということだ。

釣りであるから、ねらわなくても1mの大型が釣れることはある。しかし、ここでのテーマはねらって釣ること。釣れれば嬉しいが、結果として釣れたというのでなく、作戦を考えて結果を出すとなるとこれほど難しいものはない。

【大もの釣りの資格】

コイ釣りで大ものとはどのくらいのサイズをいうのか。全国的にアベレージサイズが上がっている現在では、90㎝、10kg以上ということになりそうだ。中型は70㎝以上90㎝未満、重さにして6kg以上9kgクラスまで。小型は、70㎝未満5kgクラスまでとなりそうだ。

大ものねらう釣りを意識する前に、数釣りを覚えろといわれる。山上湖の場合で4kg以上のコイを年間100尾コンスタントに釣る、平野部の河川だったら、その倍の200尾を確実に釣る技術が必要だといわれる。

大小含めて数を釣ることによって、季節やその日の条件によってのコイの動きを把握することができる。

掛けてからの走り、カカリへの巻き方、最後の詰めである取り込み時の抵抗への対処法が身に付く。

単純に大きさだけでなく、コイにも個体差があり、小さくても力のある魚がいたり、賢い魚がいたりするから、それらを体験しコイという魚を知り尽くしてからでないとねらって釣ることは難しい。

【大ものを意識した仕掛け】

大切なことのひとつに、小型を釣らないということがある。数が少なく警戒心が強い大型はエサに対してすぐにアクションを起こさない。エサと見てすぐ飛びつくのは小型のコイだ。それがハリ掛かりしてあわてふためくさまを遠目で見ていて悠然と立ち去るのが巨ゴイである。

ならば小型が吸い込めないような特大のハリを使えばどうだ、と考えるが、太く大きな仕掛けに無造作に食らいつくほど生やさしい魚ではない。

あるクラブのデータで、年間の釣果総数はすごい数なのに、90㎝以上の率が極端に悪いことがあった。メンバーは大仕掛けであった。ところが、率の悪さを見直して仕掛けをサイズダウンしたところ、大型の数は格段にアップしたという。

小ものはハリを少々大きくしたところで、関係なくハリ掛かりする。大バリで率が落ちるのはむしろ大型だ。真っ向からファイトできないような細仕掛けは論外だが、細め、小さめの仕掛けが必要だ。

大ものをねらって釣るのは楽な道のりではないが、願い叶って黄金の巨体を抱いたとき、感動がすべてを忘れさせてくれる

【大ものを意識したエサ】

小ものがガンガン当たってくるエサはパスである。小型のアタリを減らすために、エサの面での工夫を考えてみたい。

まず、匂いを抑えることが挙げられる。麦なら煎り加減を弱くする。魚粉やペレットのような、小ものが早く寄ってしまう成分は配合しないことだ。

あるコイのブリーダーの話では、小型のコイを育てるにはカロリーの高い脂肪を豊富に含んだエサを与えるが、大型のコイには植物質中心の飼料を与えるとのことだ。成長盛りのコイと大型になったコイとは明らかに食性に変化が出る、とは以前からいわれてきた。水産研究所のデータでも同様の発表がされている。

面白いのは、自然界で生息している天然の親魚、つまり野ゴイも同じで、特に秋口からは植物質のエサを求めるという。

栄養素では、タンパク質の量を抑えることが必要とされる。特に、大型ほど動物性のタンパク質はとらないと聞く。

人間も年をとると頑固になるというが、大ゴイは人間でいえば老人で、好みがはっきりしているのだ。

【場所を選ぶ】

ここまで仕掛け、エサの面から考えてきたが、小ものを釣らないためには、それが頻繁に当たる場所を避けることも大切だ。

コイは同じ大きさで群れを作るから、小型が次々当たるようなら、その場所は小型の群れが来ていると判断できる。そんなときは距離で5～10m、深さで2～3m投餌点をずらせといわれる。

最初にまず数を釣ることをマスターしろということは、中・小型が食う場所を知れということだ。それが分かれば、そこを避ける術を知るということなのだ。

では、次に大型のコイの動き方について考えてみよう。

まず、超大ものや野ゴイは沖から入ると考えてよい。岸伝いに動くことは危険が伴うからだ。普段は射程距離外にいて、入ってくるのはよい状態のときだけだ。大ものはその状態になるまで沖で待機している。そして、射程距離に入っても、その期間は大ものほど短い。

ではここで大もの釣りの九ヶ条とでもいえるものを書き出してみよう。

大ゴイ釣りの九ヶ条

1、中・小ものが当たらないエサを使う。匂い、タンパク質を押さえる。
2、中・小ものが当たらない場所で釣る。
3、大ものは一歩遅く来る。大ものほど朝はゆっくり動き、小ものほど早起きで活動も早い。
4、大ものは一歩沖から。警戒心が強い大ものは沖めから用心深く入る。
5、大ものは食う場所が狭くシビア。不自然な場所にあるエサは食わない。
6、大ものはハリの入ったエサを見破る。怪しいものは食べない。
7、大ものに食わせるには演出が必要。
8、中・小ものと大ものと同じ釣り方はだめ。
9、大ものは一番よい状態を待っている。数日間、天候が安定することが必要だ。

大切なことを忘れるところだった。小ゴイはともかく大型は、自分にとって不自然な場所、普段エサのない場所にあるエサには警戒心を抱く。皆さんも、テーブルの上のお菓子なら口に運ぶが、床に落ちたお菓子には手を出さないだろう。

20kgを超える北浦（茨城県）らしい大ゴイ。長さは102cmもある

サオをだせば、常に心のどこかにメーターオーバーを意識している。1mを超えるコイはねらって釣れるものではない。しかし、ねらって釣ることで確率を高くすることができる

【大もの釣りと待ち】

コイ釣りはじっと待っているからいやだ、という人は多い。

釣り場や対象とするコイのサイズによっては短時間で結果の出る釣りもある。都会の河川で、中・小型の魚影の多い釣り場であれば、半日で二桁は子供でも達成できる。

1m級のコイが珍しくない大都会の釣り場もある。しかし、それはごく一部の限られた水域での話であり、それを基準に考えて、大ゴイはねらって釣れるとか、ゲームフィッシングも可能だ、と判断するのは、無謀といわざるを得ない。

ここでいう「大もの」を釣るには「待ち」が必要だ。「待ち」のない大ゴイ釣りはない。その待ち時間が1時間なのか36時間なのかは、その日の条件しだいだ。

例として、1mのコイ1尾を釣るのに要する時間を計算してみると、1年間に100日は釣行できて、「すごくよく釣る人」のレベルで、平均1000時間くらいだろうか。これはその人の腕が上達して、よく釣るようになってからの話である。しかも、メーターオーバーが身近な大きな平野湖に毎週2日間は通えるという環境にある人の数字である。

実際、30年間コイ釣りをしている人でも、メーターオーバーを釣っていない人のほうが多い。人生で数十尾も釣る人もいるが、それは1万人にひとりくらいだ。

海外に目を向けてみると、さらに究極の待ちの釣りである。海外では1回の釣りが7～10日間と長期に渡ることも珍しくない。コイ釣り人口は日本より多いが、日本のメーターオーバーに匹敵する20kgオーバーのコイを釣ったことのある人はその人口から考えると微々たるものである。それでなければ、あれだけキャンプを前提とした釣り用品が発達するはずがない。よい例がバイトアラームで、結局日本も海外も、そのタイプは違うにせよ、機械に頼るしかなかったわけで、大ゴイを釣るには「果報は何日間も寝て待つより方法がなかった」のである。

しかし、ある名手は「大ものはねらって釣れるものではない。けれどもねらわなくては、もっと釣れない」と語った。ねらうことにより、大ゴイに出逢う確率はアップできる。そして、その夢が突然実現するのもコイ釣りである。

あとがき

コイ釣りのごく基本的なことを書き連ねてきた。いまのコイ釣りはこんな世界なのかと、少しでも分かっていただけたら幸いである。

それにしても、自分だけがそうなのかもしれないが、コイとは難解な魚だと改めて感じてしまう。書き進むうちにその気持ちが強くなった。

本書を手に取ってくださった皆さんも、なんだ釣れないじゃないか、と釣り場で感じることが多いだろう。

けれども、それがコイ釣りなんだと、都合よく逃げることにしたい。

ただ、願わくば、少しでも皆さんのコイ釣りにおける楽しみの幅が広がってくれたらと思う。

大先輩である小西茂木さんは、かつてその著書にこう書いた。「コイ釣りのおもしろさを知ったらおしまいだ」と。コイ釣りはそれほど人を惹きつけるが、小西さんもその理由は説明できないとしている。

あれから30年以上の年月が過ぎ、釣り具や技術が格段に進歩を遂げた現在であっても、小西さんのいうように、惹きつける理由は分からないままだ。

変な話だが、ひところ、こう思っていたことがある。「コイ釣りは硬派の釣りだ。そんじょそこらの人間に分かるわけはない」と。いま考えれば、ずいぶん開き直ったような考えだが、当時はまじめにそう思っていたのだ。

同じころ、釣友がこんなことを言っていた。

「会社の後輩がバス釣りをするんですが、コイ釣りに行きたいと言うんです。僕は、自分たちがやってる釣りは普通の人には無理だよ、って答えるんです」

それを聞いてうんうんとうなずいてしまった。

私もかつて、バスフィッシングやほかの釣りをする仲間によく言った。

「コイ釣りだけはしないほうがいいよ。人生を狂わすから」

あのころだってコイ釣り仲間が増えることがいやだったわけではない。

きっと、できればコイ釣りの本当の魅力を知る仲間が増えてほしいという思いが強かったのだろう。

こんなすばらしい魚を相手にするのだから、コイからも「こいつなら相手に取って不足はない」と思ってもらえるような仲間が増えてほしかったのだ。

そして、自分もコイにそう感じてもらえる釣り人になりたいと思い続けてきた。

コイ釣りの仲間はすばらしい。全国の仲間とコイ釣りを語り合うとき、本当にこの釣りの素晴らしさを実感できるのだ。

取材を終えての釣り談義は、帰宅してからの原稿書きのことも頭から吹っ飛ばし、気がつけば日付が変わっていることなど当たり前だった。そんな仲間がコイ釣りをさらに楽しいものにしてくれているのは間違いない。

つくづく思うことがある。

コイ釣りは5年やったら分かった気になる。

10年過ぎると天狗になる。

20年で自分は名手の域に達したと思い込む。

30年。自分の釣りをふり返り、柔軟な心で新たな出発ができるか。聞く耳を持たずの頑固な天狗になるか。分かれ目だ。

そして40年。コイ釣りが初めて、本当に分からなくなる。ただ、1年目と違うのは、

水の底に何かが見える。それがコイなのか、ただの石ころなのかは、まだ分からない。

まだ霞を食べて暮らす年齢じゃない。一から出直しの年齢だ。だから40年前の道具を引っ張り出して手にとってみる。そうすればきっと見えてくる。

コイ釣りとはそんなものだ。私はそう思っている。

コイにとって、自分はまだまだ相手として不足なのだ。

最後になるが、本書を執筆するに当たって、なにかとアドバイスいただいた、長野県の名手、若林幸雄さんをはじめ、ご協力いただいた多くのコイ釣り仲間の皆さんに、この場をお借りしてお礼を申し上げたい。

釣り場でまた語り合いましょう。

２００８年秋　山本和由

決定版コイ釣り入門刊行によせて

早いもので「野に憩う 魚と遊ぶ パスポート」シリーズで本書を執筆してから4年が経ったが、コイ釣りの風景は大きくは変わっていないと思う。というより、やはりコイ釣りの本質は変わらない、といったほうがよいかもしれない。

本書を執筆するにあたって考えたのは、コイ釣りもスタイル、考え方、実技の面で多様化し、昔のようにひとりの理論、スタイルで語ることはふさわしくないということだった。だから、突っ込んだ技術論ではなく、いまのコイ釣りにはこれだけのバリエーションがある、ということを紹介し、あとは釣り人の皆さんが、楽しいと思う釣り、よいと思うスタイルを、そのときどきで選んでいただければよいと。その思いはいまも変わらない。

振り返れば、コイ釣りの出版物に携わるなかで、これからの時代は海外と接点を持たなくてはいけないと感じ、海外の話題を取り上げたのが２００２年のことだ。あれから10年になる。海外の釣りも身近になり、楽しみの幅は確実に広がったと思う。

ただ、昔にくらべて、コイ釣り独特のロマン、ドラマという部分が少し希薄になった気がする。コイ釣りの本当の楽しさを知る人が少なくなったように感じることもある。形式的な面が強くなり、個性ある釣りをする人が少なくなったともいえる。だが、それも時代の流れといえば、そうなのだろう。バリエーションのバランスの変化にすぎない。目標も楽しみも人それぞれなのだ。

これからは私自身、時間をつくって、再び自分の釣りを追求していきたいと考えている。コイ釣りに終着駅はないのだから。

２０１２年春　山本和由

本書は『鯉釣り』（山本和由／つり人社）を再編したものです。

著者近影／右が著者
ルーマニア取材時に大会役員のアーディーと

著者プロフィール

山本和由（やまもと かずよし）

1955（昭和30）年生まれ。東京都大田区出身。
1962（昭和37）年、多摩川でのヤマベ（オイカワ）釣りが釣りとの出会い。そのころからコイという魚へのあこがれが強く、「大人になったらコイ釣り」と心に決める。1965年、小西茂木さんの著書がその気持ちにさらに火を付け、コイ釣り人生を多摩川・砧でスタート。以後、江戸川、北浦、霞ヶ浦とホームグラウンドは変わり、現在はひたすら山上湖へ通う。
2000年より、コイ釣り関係の出版物に関わる傍ら、2004年のルーマニアにおけるワールドカープカップ、2005年、アメリカでの世界コイ釣り選手権、2009年、フランスのワールドカップクラシックを取材。マブナ、タナゴ、ワカサギなどの川の小物釣りや渓流釣り、シロギス、カワハギ釣りなどで忙しく、本職のコイ釣りに行く暇がなくて困る毎日を送る。

決定版《けつていばん》　コイ釣《つ》り入門《にゅうもん》
2012年5月1日 初版発行

著　者　山本和由
発行者　鈴木康友
発行所　株式会社つり人社
〒101-8404
東京都千代田区神田神保町1-30-13
電話 03・3249・0781（営業部）
03・3249・0766（編集部）
振替 00110-7-70582
印刷・製本　図書印刷株式会社

乱丁、落丁などありましたらお取り替えいたします。

ISBN978-4-86447-019-3 C2075

つり人社ホームページアドレス
http://www.tsuribito.co.jp
いいつり人ドットジェーピー
http://www.e-tsuribito.jp